瞧，這個小個子

年譜中的鄧小平

雷雨・著

目次

序

在中國共產黨波瀾壯闊的九十多年的歷史中，所湧現的人物燦若星辰，但就其影響力而言，目前，除了毛澤東，就應該算是鄧小平了！

關於鄧小平的研究著述，應該說已經很多了。我為何會不揣淺陋自不量力，寫出這樣一部作品來呢？我想，大概有三個情結，似乎值得一說。

應該坦率地承認，少年時代對人的影響，實在是難以磨滅，刻骨銘心。在二十世紀六七十年代的中原腹地的小小偏僻鄉村，我們掙紮在祈求溫飽的邊緣上，每天思慮的最為重大的問題是如何不餓肚子，但就在那樣的氛圍中，如此貧寒的三縣交接河道縱橫的荒寒村落，也是很講政治的啊！三十七年前，毛澤東的去世，在這樣的村落裡，也是村民們政治生活中的一件大事，簡直是晴天霹靂，許多人痛哭失聲。此後幾年，鄧小平的名字逐步被村民們所提及，有說好的，有說不怎麼好的，甚至還有人痛罵的。也是後來才知道，在我們村子東南方向的舞陽縣，居然還出現了辱罵鄧小平的標語，也算是一個不大不小的政治事件。這件事，鄧小平也知道了。記得是已經到洪莊楊，我們公社的「首府」去讀書的時候，識字的人也多了一些，喜歡議論時局的人則更是熱烈，當時聽到全公社的老師們被召集到公社的煙站，那裡有一個搭棚子的可以避雨的所在，傳達黃克誠的講話，是關於如何評價毛澤東的；再後來讀了鄧小平答義大利女記者法拉奇問，給人以政治強人成竹在胸一錘定音毋庸置疑的強烈印象。鄧小平究竟是怎樣的政治人物？恢復高考，為右派平反，給地主富農摘帽子，實行大包乾責任制，這一樁樁事情，在毛澤東主政當家的時候，可不都是「修正主義」？簡直就是「反攻倒算」了。這算是一種樸素的少年情懷，試圖瞭解鄧小平究竟是怎樣的一位政治人物。

到南京讀大學的時候，已經是二十世紀八十年代的末尾了。橫跨八十年代與九十年代的大學校園，似乎頗有點山雨欲來風滿樓而又秋風瑟瑟盡荒寒的意緒繚繞。時間總是要無情地流逝，那個時候，青春的迷茫不竭的激情求知的渴望，幾乎每天都是在圖書館裡消磨穿行，而佔用最多時光的則是沉迷在晚晴民國浩如煙海的故紙堆中，好在在這樣的六朝煙水的地方，就這樣做一個窮書生，似乎也很知足。大概是鄧小平南巡講話之後吧，當時的江德興教授對我說，你的畢業論文可以寫寫鄧小平。我當時正在借鑒外國不少學者的理路用力於民國的軍閥土匪研究，怎麼可能對當下的政治人物感興趣？更何況當時的資料也很有限，研究鄧小平，如何下手啊？江德興先生說了三次，但我還是知難而退了。當時，江德興先生的意思，大概是讓我對鄧小平的思維藝術、執政風格、哲學思考、戰略佈局、駕馭複雜局勢的平衡之道做一些力所能及的探討吧？如今，我卻只能從中央文獻研究室編訂的《鄧小平年譜》中擷取一二，編綴成文，也算是一份遲到的作業向江先生彙報吧！

進入二十一世紀以後，尤其是互聯網的普及，各種資料再也不是能被某些人某些機構所壟斷了，這就為所有的研究提供了可能。此前，關於鄧小平的文字，包括鄧小平女兒的圖書，都應該算是很有價值的文本，也厘清了眾多似是而非的傳聞。而美國人傅高義先生在已經七十四歲高齡的時候開始研究鄧小平，也實在令人欽敬而又感奮。《鄧小平時代》的簡字本、繁體版，我都認真地拜讀學習了，也曾兩次與傅高義先生晤面，就鄧小平生平的諸多細節與其進行交流探討，向他真誠請教。而伴隨著中國政治進程的不斷深化，鄧小平的執政風格、思維方法、戰略眼光，日益凸顯出其現實價值和獨特的針對性。但鄧小平對多數人來講，是文件傳達中的鄧小平，是掛一漏萬的影像資料中的鄧小平，是外國人隔海瞭望的鄧小平，是一部分人私下議論的鄧小平，但如何讓皇皇巨著的《鄧小平年譜》的鄧小平為更多的人所知曉，知道他的治國理政的諸多細節？知道他處理內政外交時的言辭表述，知道他在處理具體事務時的行事風格？我想可否從他的年譜中，根據自己淺陋的見識，給大家展示一個血肉豐滿自信剛毅敢於擔當踔厲風發的鄧小平？

願望是好的，但很有可能，力有不逮，可也只能大抵如此了！問心無愧地是，我盡力了。

一、對右派要狠，來不得溫情主義

一九五七年的中國大陸，在諸多文字裡都是充滿了血淚與控訴，新生政權雖然成立還不到十年，但在興奮亢奮之餘，內外的問題也開始漸次顯現，本來是解決其他問題，卻節外生枝，矛頭轉向，反右成了主調，波及之廣，涉人之眾，影響之深，即使時至今日，也很難說已經落定塵埃。

南京有一老者，姓劉，有幾次聚會相逢，沉默，寡言，往往悶聲坐一隅，悄然無語，滿臉愁容，憂慮之狀似陰雲密布，經攀談，才知是知名的「胡風分子」、詩人化鐵，原來有軍籍，反右又遭殃，後落魄於南京一菜市場苟生。據他講，自己的名字也是將錯就錯，幾次與管轄他的派出所交涉，頗遭為難與不屑，也就知難而退了。好在，我們還知道他的詩名叫化鐵。化鐵於二〇一三年的九月在南京悄然去世，但他經受反胡風、反右等諸多運動之後的餘悸常在噤若寒蟬的形象還是深深地印在了我的腦海之中。化鐵只不過是眾多右派、胡風分子中的一人而已。

而反右，定調者是毛澤東，時任總書記的鄧小平則是主要推動者之一。在這一年，至少在五月十五日毛澤東寫出《事情正在起變化》之前，似乎還看不出風雨將至雷霆大怒的明顯跡象，而鄧小平作為總書記，要對諸多日常事項進行處理。黃克誠的《關於裁減和整編軍隊問題的報告》稿，鄧小平在一月二日批報毛澤東：「這個文件我看了，認為可以先予原則同意，待軍委擴大會議討論後，再報中央正式批准。建議這個問題這兩天在政治局常委（會上）談談。」三天之後，毛澤東批示：「退小平同志。此件已閱，可以在這幾天談一下。」

從這一問題的處理，至少可以看出來，當時的中央書記處對軍隊還是有很大的發言權的。至於中央書記處的職責權力範圍變化，多有易動，即使時至今日，也不見得就算定型穩定。江澤民主政之時，前半段中央軍委副主席有政治局常委一席，如劉華清，後改為有兩位政治局委員；而在胡溫主政時，中央書記處有一軍隊代表，如徐才厚等；而到了習李的當下，中央書記處則無現役軍人任職，此間工作協調也許另有渠道，這一調整變化尚有待觀察。

一月八日至十日，鄧小平連續三個晚上，和劉少奇、陳雲、彭德懷、李富春等參加毛澤東召集的一九五六年經濟工作情況座談會。彭總參加這一座談會，是以什麼身分？劉、陳、李都是因為工作關係，鄧小平是總書記，而彭總既不在經濟部門任職，又不在書記處，讓彭總參加是何意圖？一九五九年廬山會議之上，彭總直率發言，震動全場，導致所謂「彭黃張周反黨集團」，不僅彭總政治生命就此跌入深谷，時任總參謀長、中央書記處書記的黃克誠也就此靠邊，雖然黃克誠的中央書記處書記履行手續被免職已經是一九六一年了。此一事件是開國以來，繼高饒事件之後的又一重大政治事件，林彪也因此得以接替彭德懷重掌軍隊，但實際上，林彪在一九五八年已被增補為中央副主席了。也就是在一月八日，鄧小平在胡耀邦請示召開第三次團代會的信上批報毛澤東、劉少奇：「他們的意思是希望主席或少奇同志約他們一談，給大會報告以指示。談話時，我可參加。」也許是為了團代會召開營造一種氛圍，一月十二日，鄧小平到清華大學在師生大會上作形勢報告，直面諸多問題，並對《再論無產階級專政的歷史經驗》做出解釋，鄧小平談到蘇聯時說：蘇聯有錯誤，可以糾正。對蘇聯的估計不適當，造成一種反蘇情緒，這是極端錯誤的。一月二十七日，鄧小平就廣西事件召集陳漫遠、李維漢等開會，討論一九五六年一月至四月廣西省平樂、荔浦和橫縣等地區因救災不力而發生的災民大批逃荒和死亡的嚴重事件。五月二十九日晚九時至次日淩晨，鄧小平連夜處理廣西事件。六月十八日，《人民日報》公佈中央、國務院就廣西事件的處分決定。也許在此後，劉建勛自湖北調至廣西，取陳漫遠而代之，而到了一九六一年信陽事件後，劉建勛又調至河南，取吳芝圃而代之。劉建勛第二次主政河南，是一九六八年至一九七八年，也是資格很老的省部級領導人，一九八三年病逝於北京。劉建勛好像還擔任過湖北省委書記、農工部副部長等職，戰爭年代是二野的縱隊政委。而劉建勛一九七八年調離河南在北京賦閒，是否與紀登奎在政治上的大勢已去有關，就不得而知了。

一月二十九日，鄧小平主持召開書記處會議，議及建立退休制度之時指出：「恐怕只有中國現在沒有退休制度。肯定要搞，一定要做。要說服一部分人先做，帶原薪。要搞那麼一部分人，當『鄉伸』去。」但真正建立退休制度則是多少年之後的事情了。後來，鄧小平再度主事雖然多次堅持要退休，但形格勢禁，風波不斷，兩任黨的總書記先後去職，鄧小平才終於於一九八九年宣布退休。而一九九二年，鄧小平則以一位老共產黨人的身分發表談話，即史稱的「南巡講話」。如今，領導人輪替大體上按照十年的週期操作，但離任離職的領導人仍要發揮「餘熱」卻是不爭的事實，而蘇聯之所以跨台的原因之一則是「老人政治」吧？卡斯楚因身體原因由其弟弟執掌大權，越南的領導人權力交接似乎較為平順，至於其他號稱的社會主義國家的權力更迭，則是各有神通，為當下政治學提供著斑斕五彩的範例；流風餘韻，普丁不也在玩這樣的遊戲？洪森也是執意不願退出權力巔峰，更有非洲的穆加貝快要九十歲了吧？還要為他的國民鞠躬盡瘁不願離開權力半步？這樣看來，美國當年的開國之父們的權力設計，還總不能說都是虛偽欺騙的吧？

鄧小平在一九五七年仍舊是相當的忙碌，陪毛澤東訪蘇，指導起草《莫斯科宣言》；具體指導有關紛繁複雜的西藏問題，多次開會，耳提面命，鄧小平對張經武直言：中央對西藏，實行黨政軍一元化領導，有關西藏的所有財政、人事、經濟建設問題，一律交由西藏工委負責。西藏工委直接受中央領導，中央各部門沒有給西藏工委發指示的權力。鄧小平如此一言九鼎，毋容置疑，一定是得到了毛澤東的首肯與支持的，否則，何以如此鐵腕果斷？六月二十九日，鄧小平就有關「文件指示」向鄧子恢批示道：「震林同志曾提出，指示不宜發得過多，沒有新內容的指示可以不發。他認為，這個文件所說，打一個電話比發指示好。我以為有道理。你意如何？」既然鄧小平已有如此明確意見，並且將譚震林的意見也直言告訴了鄧子恢，鄧子恢難道還會堅持要發這個「搞好當前農業生產」的「指示」嗎？要知道，鄧子恢也是資格很老的革命家了。針對彭德懷的一份報告，鄧小平批告道：「我詳細看了，認為可以，只在個別地方作了修改，請酌。數字我刪了一些，有些以不說為好，此點也請考慮。」彭德懷是元帥，又以性格剛烈耿直著稱，時任國防部長，且有抗美援朝歸來後的赫赫武功，鄧小平的批示相對要客氣委婉，但也是柔中有剛，刪改不誤，態度明確。彭大將軍看了鄧小平的如此明快而知心的批示意見，也許會心悅誠服無話可說吧？

鄧小平陪毛澤東訪蘇，與蘇共唇槍舌劍。這一番經歷，鄧小平晚年回顧，也頗為自得。而毛澤東在莫斯科大學「世界是你們的也是我們的」、「你們是早晨八九點鐘的太陽，希望寄託在你們身上」之語，就是在莫斯科的晚上講的。而圍繞中蘇爭論，鄧小平向兄弟國家共產黨領導人的解釋遊說也是投入了大量精力，越南的胡志明、黎筍都為大家所熟知，但泰國共產黨領導人王斌、馬來西亞共產黨領導人陳平、印尼共產黨領導人艾地如今還有幾人知道？前幾天，陳平逝世，媒體發布消息，許多人對東南亞還有這樣一位領導人還是感到有幾許好奇久違與訝然吧？

似乎要說到一九五七年的反右運動了。鄧小平作為黨的總書記，日理萬機，還要高度關注媒體，重要社論都要審看。二月十九日，鄧小平就新華社提出應該成為世界上最大的通訊社時說：這是新華社發展的方向，要努力，應該有這個雄心壯志。但應該明白，這是一件難事，不是短期內做得到的。辦好一個通訊社要有豐富的經驗，特別是要有一支高素質的記者隊伍。這些都需要幾十年的積累。中央書記處做為一項專題討論新華社的工作，足見中央對新華社的重視，但這是否與毛澤東提出新華社「要把地球上的事情管起來」有關？當時，新華社管事的是吳冷西，《人民日報》是鄧拓，央視在當年還沒有那樣霸氣十足獨領風騷吧？四月十六日與十七日，又議及《人民日報》社，鄧小平說：毛主席講，辦報的人，一天到頭鑽到紙堆裡，不脫出來看看大問題，辦不好報。因此，辦報要經常打聽氣候，在大的方面不走樣。大的不走樣，小的錯誤不要求不犯。要求在大的方面不犯錯誤，首先是思想要清楚，第二是方法對頭。要認真考慮組織一些人專門研究學問、寫文章。人員不要單純從宣教系統找，要從各行各業找。找到好的苗子培養。而對於反右，前面已經提及，標誌性文章之一則是五月十五日毛澤東的《事情正在起變化》，此前的兩個晚上，中央政治局常委擴大會議都在討論整風鳴放問題。毛澤東說：最近這個時期，在民主黨派中和高等學校中，右派表現得最堅決最猖狂。黨內外和右派都不懂辯證法：物極必反。他們越猖狂對我們越有利。他們越做得不合理，就會越快地把他們拋到過去假裝合作、假裝接受共產黨的領導的反面，讓人民認識他們不過是一小撮反共反人民的牛鬼蛇神而已。牛鬼蛇神，這一具有特定含義的稱謂，從此遍佈神州大地。在毛澤東如此疾言厲色之下，鄧小平當然要加以貫徹落實。五月二十一日，鄧小平指示：要組織力量搞幾十篇東西，由《人民日報》放出去。現在分門別類作準備，累積材料，有的寫長文，有的寫短文。五月二十三日或二十七日，鄧小平要求：右派的典型言論必須登報，登出來就會教育共產黨，就會教育中間分子，也會教育左派。六月七日，在出席遼、吉、黑三省有關會議上，鄧小平著重指出，我們要以是否擁護共產黨的領導，劃分左中右，要善於團結中間分子，不要傷害中間分子。孤立右派。右派不僅僅有資產階級思想，而且有政治目的，對共產黨、對人民民主專政是仇視的。六月八日，《人民日報》發表題為《這是為什麼？》的社論，反右在全國範圍內迅速展開。七月一日，《人民日報》發表毛澤東撰寫的社論《文匯報的資產階級方向應當批判》，點出章羅聯盟。七月四日，鄧小平在有關會議上再次指出：這次反右鬥爭比以往任何一次政治思想改造運動都深刻得多，是一場思想鬥爭和政治鬥爭。資產階級思想反映到政治、軍事、經濟、文化各方面，甚至反映到黨內來，應當引起重視。右派的思想言論還有市場，特別是在青年學生中市場更大。七月八日，鄧小平作關於整風反右問題的報告，有「對右派要狠，來不得溫情主義」之語，七月二十三日與二十六日，鄧小平兩次開會討論毛澤東的《一九五七年夏季的形勢》；八月一日，鄧小平討論《關於黨內右派分子的處理意見（草案）》；鄧小平九月七、九日，審閱《人民日報》社論稿《為什麼說資產階級右派是反動派？》、《嚴肅對待黨內的右派分子》；鄧小平九月二十一日，審閱《劃分右派分子的標準（草案）》。

一九五七年的整風本來是反對官僚主義、宗派主義、主觀主義，結果卻是調轉方向，反右派運動暴風驟雨席捲中國大地，到了一九五七年的十二月二十六日，鄧小平還在召開書記處會議，討論籌備召開一屆全國人大五次會議以及右派分子處理等事宜。而來自中國人民大學的女右派林希翎則在二〇〇九年，死於法國巴黎，這個鄧小平早年留學做工五年的異國他鄉。而曾經被打成右派的一個人，多年後成為共和國的第五位總理，他就是朱鎔基。

二、只要黨存在，就要大權獨攬

一九五八年，在後人腦海與印象中，就是反反冒進和大躍進，就是全國山河一片紅，熱氣騰騰，大幹快上，趕英超美。還有就是在軍內反教條主義，批判劉伯承與蕭克。當然還要在炮擊金門上做點文章，表面上是針對臺灣，實際上是敲打美國。作為總書記的鄧小平當然也要搖旗吶喊馬不停蹄，奔走大江南北指導工作要求大幹快上。

鄧小平離京到各地巡查督促，還明確他不在京時由彭真主持日常工作，彭真也不在京時，由譚震林主持。而被史家所關注的南寧會議，反冒進的劉少奇、周恩來等受到毛澤東的嚴厲批評，陳雲大概也在其中，而鄧小平時在四川，沒有參加南寧會議。但鄧小平在二月十三日召開的四川省、地、縣、社四級幹部會議上對反反冒進做出積極回應：在建設社會主義問題上，有兩種方法的鬥爭。一種是搞得快一些，一種是搞得慢一些。毛主席和黨中央的辦法，就是根據客觀可能的條件，加快建設。搞建設也要有革命家的態度，要積極創造條件搞快點。只要是可能的，只要不是主觀主義的就應該快。這是我們的正確態度。鄧小平強調：我們國家的一切關鍵在於黨的領導。黨必須領導一切，是我們一貫的原則。要不要黨的領導，是我們同右派分子鬥爭的焦點。而在三月二十五日的成都會議上，鄧小平就反冒進問題再次發言，這個時候的鄧小平開門見山直奔主題，堅定表明了對毛澤東的有力支持。他說：「反冒進是不好的，挫傷了群眾和幹部的積極性。我對於這場鬥爭，在一個短期之內是有過模糊認識的，沒有意識到黨內有什麼兩條路線的不同，在某些問題上和一些同志有共同的看法，也曾設想過基本建設和某些事情是不是慢一點好，是不是謹慎一點好。」鄧小平說：「和一些同志有共同的看法」，應該就是指劉少奇、周恩來、陳雲等人吧？據說，南寧會議、成都會議，上海的柯慶施表現搶眼，「乘風破浪」，大出風頭，他甚而提出相信毛澤東要達到迷信的程度，服從毛澤東要達到盲從的程度，深得毛澤東的嘉許，而據說曾有周恩來提出辭去總理職務，有柯慶施要取而代之的風傳。當然還是毛澤東審時度勢，也許還有高崗事件的餘波蕩漾，並沒有走馬換將。但在八屆五中全會上，林彪的被補選為中央副主席、中央書記處權力的擴大，五大小組的成立，周恩來的「總理」就有點名不副實了。投桃報李，柯慶施坐鎮華東，也成為中央政治局委員，而李井泉、譚震林也進入政治局，李富春、李先念則被增選為中央書記處書記，似乎工作重心不在國務院而在書記處了。黨領導一切的格局昭然若揭，也是在八屆五中全會上決定，創辦理論半月刊《紅旗》，此部級雜誌後來被更名為《求是》，據說本來要並入中央黨校，結果阻力重重，目前仍舊維持現狀，仍舊是副部級編制，挺立不倒，而所刊載的文章也似乎越來越長了。

關於五大小組的成立，時在六月八日，毛澤東在收閱成立財經、政法、外事、科學、文教各小組的通知上批示：即送劉、林彪、小平、彭真、周、陳、朱、彭閱，交小平辦。此件加了職權劃分，小組成員也有些增加，請你們閱後退小平提付政治局討論、通過，然後發出。有不同意見，請即告我。毛澤東猶嫌意猶未盡，就職權劃分又加寫到：這些小組是黨中央的，直隸中央政治局和書記處，向它們直接做報告。大政方針在政治局，具體部署在書記處。只有一個「政治設計院」，沒有兩個「政治設計院」。大政方針和具體部署，都是一元化，黨政不分。具體執行和細節決策屬政府機構及其黨組。對大政方針和具體部署，政府機構及其黨組有建議之權，但決定權在黨中央。政府機構及其黨組和黨中央一同有檢查之權。也就是在毛澤東這一批示的次日，中央政治局常委會議討論周恩來、彭德懷兩人的工作問題。眾所周知，周恩來自南寧會議以來倍受壓力，而主持軍委工作的彭德懷正在主持召開中央軍委擴大會議反教條主義，此次會議自五月二十七日至七月二十二日，幾乎達兩個月之久。如今，多有文章指責彭德懷對劉伯承、蕭克等人上綱上線激烈過火，但彭總在此間提出辭職，估計也並不是無所顧忌橫衝直撞吧？而林彪的再度活躍，升遷至中央副主席，彭總能沒有絲毫察覺？據說，彭德懷說，劉帥身體不好，軍委擴大會議就不一定親自參加了，有一書面材料即可。但鄧小平的意見則是，劉帥「來比不來要好」，劉帥決意自南京赴會，親自到會場作檢討發言。劉帥此次北行，是自知在劫難逃，束裝就道，坦蕩北上？還是另有衷曲，不得不行，以作韜晦之計？此次會議總指揮自然是毛澤東，彭德懷則在前臺聲嘶力竭，而鄧小平在其間也是舉足輕重把握節奏觀察反應，有毛澤東六月七日致鄧小平的信可為佐證：「六、七月份，你應做兩件事：（一）……（二）幫助德懷同志將軍事會議開好，關鍵是本月一個月，宜與彭等少數同志每三天商量一次。大事抓起來幹，多快好省。」、「軍事會上，你應準備去講一次話，時機可在結尾的時候。」六月九日的會議認為，周、彭「應該繼續擔任現任的工作，沒有必要加以改變。」而在六月二十一日，毛澤東出席中央軍委擴大會議並講話，時有大校蔡鐵根公開發表不同意見，被當場揪出會場，此人在「文革」期間，落魄江蘇常州，被人舉報仍時常呈憤憤不平牢騷滿腹之狀，竟然被一斃了之。蔡鐵根肄業於廈門大學，有每天記日記的習慣。「文革」後，因蕭克之故落實政策。蔡鐵根有一子供職於《人民日報》社，另一子蔡克難供職於江蘇科技出版社。蕭克也是井崗山故人，後在二、六方面軍地位顯赫，論其資歷、功勳，授銜大將，當之無愧，但蕭克素為毛澤東所不喜。此次反教條主義，蕭克更是首當其衝，吃盡苦頭，而劉伯承因地位較高，也有鄧小平從中周旋，處境較蕭克為好。六月二十一日，毛澤東在軍委擴大會議上發表講話這一天，鄧小平撥冗到劉伯承住處探望，多年搭檔，此次相逢，心境各有不同，是抵掌而談暢開心扉？還是各懷心思無語黯然？有人說，與鄧小平的軍事搭檔，紅七軍時是李明瑞，在蘇區時有鐘宜慶，而時間最長的則是劉伯承。在牆倒眾人推紛紛批劉伯承之時，甚而有人說，仗都是鄧小平打的，云云，鄧小平立即制止：沒有好的司令員，政委能起什麼作用？六月二十九日，鄧小平在參加毛澤東召集的有關會議上，當毛澤東講到對劉伯承的評價時說：「劉伯承工作積極認真，對組織是尊重的。伯承今年六十六歲了，又有病，不要搞得太緊張。」七月八日，鄧小平將劉伯承準備的發言稿批報毛澤東：「這是伯承同志的發言稿，他要我們幫他看看。我已打印幾份送幾位同志幫他看看。現先送這一份看看。」毛澤東在次日即批退鄧小平：「退小平同志，伯承此件寫得很好。所附七大講話一段，也是好的。」而在七月八日中午，毛澤東召集會議，討論軍委擴大會議的有關事宜，除鄧小平參加外，林彪、李先念、彭德懷、賀龍、葉劍英、劉伯承、黃克誠、譚政等與會。林彪的出席會議，意味深長，而鄧小平在看到毛澤東關於劉伯承發言稿的批復後，又與陳毅、聶榮臻、葉劍英、黃克誠等研究劉伯承的發言，此後在七月十四日、七月二十二日又開會研究，如此眾多將帥出場，反對軍隊內的教條主義，直指劉伯承，真可謂高度重視陣容龐大。七月十九日，鄧小平出席中央軍委擴大會議並發表講話，講話分量很重，茲摘錄一二，可見端倪。針對中央軍委，鄧小平評價說：軍委的領導，基本上是正確的，方向是對的。軍隊各方面的工作都取得了很大的成績。當然，也還存在著缺點，主要是思想不夠解放，落後於群眾。遠離實際、遠離群眾的結果，就是辛辛苦苦的官僚主義。論及如何對待馬克思主義與中國的實際時，鄧小平說：我們必須尊重馬克思主義的共同原則、普遍規律。但是光這樣不行，還必須把馬克思主義的普遍規律和我們自己的特點、實際結合起來。普遍規律是大同，否認大同就是修正主義，否認自己的特點與實際，就是否認小異，就是教條主義。犯修正主義的錯誤，我們建不成社會主義；犯教條主義的錯誤，我們的事情同樣會遭受失敗。談到學習蘇聯，鄧小平指出：學習蘇聯是不錯的，應該學。但是我們不能總跟在人家後面走，要有自己的創造。要敢想、敢說、敢幹，富有創造性。如果外國沒有的話，我們就不能說，外國沒有的圖，我們就不能畫；外國沒有的字，我們就不能寫，那麼我們就永遠不能超越別人，就不能對世界做出我們的貢獻！八月八日，鄧小平和林彪、劉伯承、賀龍、陳毅、羅榮桓、葉劍英等七位元帥一起討論蕭華提出的軍隊幹部調整方案，八月二十六日，又約集彭德懷、劉伯承、賀龍、聶榮臻、葉劍英、黃克誠等開會商議，擬出人事、機構配備方案。從中可以大致看出，鄧小平對軍隊工作的居間協調不僅傾注大量精力，而且是不折不扣的一個要角。

一九五八年五月二十五日，八屆五中全會召開；而又在十一月二十八日至十二月十日在武漢召開八屆六中全會，毛澤東在此次會議上提出他不繼續擔任國家主席侯選人，而在此前鄭州會議的基礎之上，通過了《關於人民公社若干問題的決議》。在九月二十七日，鄧小平在遼寧談到人民公社時說：農村的人民公社，遼寧的架子搭得比較早，全國最先成立人民公社的就是遼寧和河南。但是搭起架子，不等於事情就了結了，還要很好地做工作。公社一定要在一個充分的物質基礎上才能搞得很好。農村公社一搞起來，逼得城市也非搞不行。十月十日，鄧小平在石家莊又說：「各級人民公社黨委都要大權獨攬。」在保定，他再次強調說：「人民公社黨的領導很重要，只能加強不能削弱，只要黨存在，就要大權獨攬。」十一月六日至十日，鄧小平出席第一次鄭州會議，接替時任河南省委第一書記的吳芝圃，主持起草《鄭州會議紀要》，實際上就是《鄭州會議關於人民公社若干問題的決議（草案）》。而人民公社的被取消，恢復鄉鎮建制，則是鄧小平主持改革開放之後的事情了。

一九五八年的鄧小平還要協調籌備迎接一九五九年國慶十周年建設十大工程的有關工作，還有與蘇聯的有關爭執、接待赫魯雪夫來訪、金日成的來訪，而鄧小平在十一月三日下午得便參觀遵義會議紀念館時回憶說：會議室找對了，我就坐在那個角裡。後面原來是蔣家大院，大家都住在那裡，現在沒有房子了。那個院子的結構複雜，是幾進的院子。記得當時在走廊裡議論走四川的問題。那個時候覺得走廊很寬，現在覺得窄了。關於鄧小平是否參加了遵義會議，日後成為一樁公案。有人回憶說，不記得鄧小平參加過此次會議。後來，又有人就此事求證於鄧小平，鄧小平說，記不大清楚了，我的經歷夠光榮的人，參加無助於我的光榮，不參加，也無損於我的光榮。

一九五八年的七月十二日，鄧小平聽取胡耀邦彙報共青團三屆三中全會有關情況，當瞭解到有的地方團委希望只接受團中央垂直領導時，鄧小平明確指出：黨的領導最重要的是同級黨委的領導，離開同級黨委還有什麼黨的領導？黨是無產階級最高組織形式，有人總是不大願意承認這一條。黨領導一切，是一切問題根本的根本。在談及共青團工作時，鄧小平的話講得直率而尖銳：「你們總是喜歡搞形式，喜歡蹲在房子裡寫文章，好像一篇文章就解決了問題。工作要踏實些，什麼工作都是一點一滴堆起來的。踏踏實實不會妨礙積極性，轟轟烈烈的局面是無數的人踏踏實實幹出來的。」鄧小平的這番談話，除了胡耀邦在場外，是否還有胡啟立、胡克實等人？

一九五八年就這樣過去了。即將到來的一九五九年，要迎接國慶十周年，而本意是糾左的廬山會議卻因彭德懷的發言而迅急轉向，「彭黃張周」被打成反黨集團，林彪開始主掌軍隊，一反常態挖空心思迎合毛澤東，而在這一年，就在吳芝圃擠走潘複生的河南大地，饑荒蔓延，開始在信陽出現了餓死人的慘狀。

鄧小平正是因為骨折沒有參加廬山會議，從而避免了眾口一辭落井下石於彭德懷的尷尬。

三、立場不站穩，最容易出毛病

一九五九年，適逢建國十周年。熱得過頭的大躍進要適當降溫，此年又出現西藏問題，而八屆八中全會上更是風雲突變，彭德懷等因「右傾」而垮臺，中蘇關係又起波瀾。這一年，還要召開二屆人大一次會議，毛澤東不再繼續擔任國家主席，而朱德致信中央，明確表態自己不能擔任國家主席並提議由劉少奇擔任此職，「更為適當」，「至於我的工作，歷來聽黨安排，派什麼，做什麼，祈無顧慮」。

元旦剛過，鄧小平或參加或召集一系列會議，就二屆人大國家機構調整和有關人事配備問題致信毛、劉、周、陳、林和彭真：中央書記處討論了國家機構和人事配備問題。對國家機構，只擬將國務院的司法、監察兩部撤銷，其餘一律不動。人事配備方面，全國人大常委名單，都是經過書記處討論提出的。但是，國家主席、副主席，人大常委會委員長、副委員長，政協主席、副主席，國防委員會副主席，國務院總理、副總理，這些名單，是我根據一些同志的意見和我個人的想法擬出的。建議常委各同志先談一次，修改後再印發中央政治局、書記處各同志徵求意見，然後再提交中央二月會議討論。鄧小平自稱是根據一些同志的意見和其個人想法，擬出這一名單的，會是誰的意見？除了毛澤東，要麼是中組部長？由此可見，鄧小平當時位居中樞，責任之重。

一九五九年的四月十八日至二十八日，經過精心籌備的二屆人大一次會議與三屆政協一次會議召開，此前的三月二十九日，在毛澤東主持召開的中央政治局常委擴大會議上，談及國家機構及人事配備時，鄧小平說：這次人代會主要是把國家主席變一下，其他不動，我是主張這次一般不作大變動。其他的如果要變，四年以後再動。這個名單是個基本上不要動的方針。我國的政協和人民代表大會在一塊開會，這是一個發明。在四月三日，鄧小平在綜合整理八屆七中全會各小組討論的意見時，批報毛澤東、劉少奇、周恩來、陳雲、林彪、彭德懷核閱，並表明自己的意見：毛主席仍應作政協名譽主席，這次也需要重選一次。毛澤東在四月四日批復：我沒有上屆是名譽主席的印象。如果上屆沒有就不要增，請查一下。如果有，可以照舊。毛澤東的國家主席都不幹了，說是要集中精力思考大的戰略問題，他還會再意名譽的政協主席？針對劉少奇擔任國家主席一職，在上海召開的八屆七中全會上，鄧小平再次給予說明：我們認為以劉少奇同志為國家主席，宋慶齡和董必武同志為副主席，朱德同志為全國人大常委會委員長，周恩來同志繼續擔任國務院總理和全國政協主席，這是比其他方案更為合適的方案。以劉少奇同志的能力和資望，以他現在在黨內所負的責任，出面兼任國家主席職務，是比較好的。但鄧小平這番話的落腳點卻是：尤其重要的是，毛主席的核心領導作用，不管形式上如何改變，都不會有實質上的變動。但從後來的實際運行來看，效果不太理想，以至於劉少奇在十年後的一九六九年屈死河南開封之後，國家主席一職一直虛懸空置，到一九七〇年議及四屆人大召開重提是否設立國家主席一職之時，波瀾又起，波譎雲詭，林彪就國家元首設立公開表態最終與毛澤東決裂分道揚鑣，林彪父子九一三折戟沉沙，其罪名之一就是「搶班奪權」，想當「國家主席」，此事至一九七六年毛澤東去世，無人再敢提及。鄧小平重新主政後，宋慶齡彌留之際，有「國家名譽主席」的稱謂，為恢復國家主席體制預熱。此後，似乎水道渠成，李先念擔任國家主席，再後來是較李先念年長兩歲的楊尚昆，而第三代核心出現之後，國家主席與黨的總書記、軍委主席「三位一體」，從江澤民、胡錦濤到當下的習近平，國家主席體制大體上算是基本穩定下來。這一看似名譽的禮儀上的職位設置，還是多少帶來不少人心理上的微妙變化，洞若觀火的鄧小平此番講話也絕不是無的放矢的吧？而也是在上海的八屆七中全會上，毛澤東在講到「權力集中在常委和書記處」時，竟然在大會上講了這樣一番語驚四座，讓各方大員目瞪口呆、面面相覷、各自思忖的重話：

權力當然不只集中在常委和書記處，但是總要有一個核心機關，經常注意問題。中央的主席是我，常委的主席是我，所以我毛遂自薦為元帥。書記處的總書記就是鄧小平，你就當個副元帥。行不行？毛澤東為元帥，鄧小平為副元帥。你們贊不贊成？如果贊成，就照這樣辦。一朝權在手，便把令來行。唐朝人的兩句詩。鄧小平，你掛帥了，一朝權在手，便把令來行，你敢不敢呀？

毛澤東在文革期間被稱為偉大的領袖、偉大的導師、偉大的統帥、偉大的舵手，所謂「四個偉大」，毛澤東也接受默認了，但在一九六九年九大之後，毛澤東開始反感這「四個偉大」，令林彪有點措手不及，而林彪被稱為「副統帥」，是否受毛澤東稱鄧小平為「副元帥」的啟發不得而知。但林彪作為「接班人」寫進黨章則更是登峰造極了。「副元帥」也僅僅是一種形象的說法而已，古今中外的軍事史上，似乎還沒有出現過副元帥這一說法吧？朝鮮有「次帥」之說，介乎元帥與大將之間，而越南的胡志明沒有軍銜，德高望重的武元甲也僅是大將軍銜吧？

一九五九年，也是同一九五八年一樣，召開了兩次中央全會，除了四月初在上海召開的八屆七中全會，七月二日至八月十六日，八屆八中全會在廬山召開，史稱廬山會議，鄧小平因右大腿骨折住院治療，未能出席這次會議，本來要糾「左」的毛澤東因反「右傾」而使左傾錯誤更進一步發展。而在一月九日，鄧小平在有關會議上就提出，「今年勞力中浮腫病不少，一定要實行八小時勞動，最忙十二小時，否則要出大亂子，要適當估計到體質減弱的情況。對春荒問題，要再三講，要引起足夠重視，寧肯估計得嚴重一點。現在並不是沒有辦法，問題是要及早注意，及時調劑。要一個個公社，一個個生產隊查清，現在還有不敢講的。要一面節約，一面調運糧食。春荒再不注意，問題更大。」一月二十六日至二月二日，在省市自治區黨委第一書記會議上，鄧小平也說：「宣傳要鼓幹勁，但要實事求是，力戒浮誇。去年在宣傳方面確實有不實事求是的浮誇現象。」二月二十日，鄧小平在上海一會議上講話，談及一九五八年的工作，他評價道：去年是全面大躍進，各方面發展很快。但真正冷靜地來看一下，農業還沒有翻身，工業也沒有翻身。總的說來，科學技術、工農業水平，我們還是落後的。我們國家「一窮二白」的形勢，還沒有基本解決，當然有所改變，但是還沒有根本改變。根本改變還差得遠，還需要十五年或者更多一點時間，才能真正把我國建成一個工業強國。我們對成績要有足夠的估計，但是同時也不能言過其實，迷惑自己。去年下半年宣傳工作有點浮誇，有不少是言過其實的。有一些事情本來做得不錯，但是擦上了一層厚厚的粉，不光外國人，連我們本國人也不相信。這樣的例子在報紙、刊物、電影中都有。公開宣傳要謹慎，寧可做的多說的少，不要說的多做的少。在五月五日會見匈牙利客人時，鄧小平更是坦率直言：「不要說中國什麼都好。講經濟水平，中國比你們落後一百年，比整個歐洲落後一百年。不過，這種狀況可以改變。十五年、二十年或二十多年，可能有所改變，但絕不是三五年就有很大的改變。」五月二十一日，鄧小平在會見波蘭客人時，更是表現出相當的清醒與謙遜，他說：「我們有缺點，這也不是什麼壞事。有了缺點，克服了，得到了進步，這樣缺點，也就成了好事。矛盾、缺點、錯誤，永遠是解決一批又出現一批。我們經常召開政治局擴大會議，中央全會或各省市委第一書記會議，有的事先沒有議事日程，也不作什麼決定。這樣做的優點就在於及時地和地方上的同志們共同發現問題。」而鄧小平的最後一句話，則尤為令人感慨，他這樣說道：「中國社會主義建設實際上是從一九五三年才開始的，還不能說已經有了經驗。」而鄧小平在五月二十七日向蘇聯駐中國大使尤金介紹國內情況時也說：「去年我們雖然是大豐收，但由於辦公社食堂，吃飯不要錢，用掉大量糧食。我們已經注意到了這個問題，要逐步整頓。」

鄧小平做為黨的總書記，對西藏問題的處理可謂是殫精竭慮，事無巨細，一一過問。一九五九年三月十日，西藏上層集團發動叛亂，公開宣布「西藏獨立」，三月十一日、十二日，鄧小平參加劉少奇召集的會議，討論處理西藏問題；三月十四日，鄧小平又參加劉少奇召集的研究西藏叛亂問題；三月十四日至二十三日，鄧小平主持書記處會議，議題還是西藏問題，張經武、張國華等與會；三月十七日，鄧小平指出，當前首先是準備堅決平息叛亂，改組西藏地方政府，改組藏軍，實行政教分離，然後實行民主改革。三月二十三日，鄧小平在離京赴滬途中，仍與劉少奇、周恩來研究西藏叛亂問題。四月十九日，鄧小平約談西藏有關負責人。五月七日，鄧小平與毛澤東、林彪等接見十世班禪與阿沛阿旺晉美；五月十五日，鄧小平同班禪談話；五月二十日，鄧小平聽取譚冠三、鄧少東關於西藏工作的彙報，譚是西藏軍區政委，鄧少東是副司令員。五月二十五日，鄧小平和汪鋒、張經武談西藏問題。鄧小平如此高密度地關注處理西藏問題，稱之為嘔心瀝血，毫不誇張。

一九五九年又要過去了，因骨折而未能上廬山參加八中全會的鄧小平，在八中全會結束四天後，周恩來到醫院看望鄧小平，大概也會通報一下會議的有關情況吧？此次廬山會議，當事人或後人多有記述、回憶、研究，最為著名的則屬李銳的《廬山會議實錄》。此次會議，涉及人頗多，並不僅僅是彭黃張周等，田家英、吳冷西、胡喬木等秀才們也深陷其中，而在十二月三十日，心細的鄧小平還委託楊尚昆與楊勇、蘇振華、李志民等去看望大將黃克誠，黃克誠也是當時的中央書記處書記。身為軍委副秘書長、海軍政委的蘇振華當時正與比他小二十二歲的陸迪倫處於熱戀之中，蘇振華被有人稱之為毛澤東的晚年「四寵臣」之一，在一九七九年就去世了，年僅六十七歲。

在這樣的萬機日理之中，一九五九年的十二月二十九日，鄧小平還召開書記處會議，聽取周揚、錢俊瑞關於全國文化工作會議情況的彙報，論及文藝批評、出版、宣傳等問題，鄧小平也都以其一貫風格，表達了自己的看法。談到文藝批評，他說：文藝工作有個特點，就是慢工出細活。這一點不要完全否定。要反對粗製濫造。對作品的缺點，要理直氣壯地批評，但不要戴帽子，要與人為善。對十九世紀文藝的批判，也要恰當，要有歷史的觀點，要充分考慮到當時的情況，不能否認其進步作用。重要的是站在哪個立場，維護誰的利益，贊成什麼，反對什麼。立場不站穩，最容易出毛病。論及出版問題，鄧小平強調的則是：我們要認真做的，是學校教學用的教材。我們完全按自己的觀點搞一套教材，包括十九世紀的世界文化遺產，很需要，這是關係到我們整個後一代的教育問題。說到宣傳，鄧小平又說：說高峰要慎重，謙虛一點。工農業、科學技術都不是高峰。文藝，更不能講高峰。現在是高峰了，今後還怎麼進步？但不要妄自菲薄。

鄧小平談文藝，說出版，講宣傳，這些在今後十年文革期間都是江青、張春橋、姚文元所掌控的領域。林彪有一次講話涉及到文藝復興，據說令江青大為光火，認為是染指了她的領地與地盤。鄧小平此番講話，正在蟄伏的江青又會有何感想啊！

四、還是「右傾機會主義好一點」，留有餘地才能多快好省

進入上個世紀六十年代的中國，剛剛度過開國建政十年華誕，似乎各項工作都在熱火朝天地展開。本來要清醒的大腦因為反擊彭德懷的「右傾」又再度亢奮起來，而此時的中國與蘇聯，兩黨之間針鋒相對論戰不斷升級攪得周天寒徹。而在中國大陸內部，「三面紅旗」仍舊迎風招展，大辦人民公社成為全國性要求，高指標、浮誇風、命令風和「共產風」更趨泛濫，甚囂塵上。河南、安徽、湖北、貴州、四川等地都有餓死人的事情發生，而尤以河南為甚。面對此般形勢，同情彭黃張周等人的情緒在黨內外都有所流露，而毛澤東對此的感受則更為敏捷。再度設立中央局，大致也是為了對地方加強領導吧？

鄧小平在一九六〇年的一月七日至十七日出席毛澤東主持召開的中央政治局擴大會議，史稱上海一月會議。這次會議要求，年內在農村推行人民公社，大辦公共食堂，試辦和推廣城市人民公社。一月二十四日，鄧小平離京南下，先赴廣州，再到海南，折返武漢，抵達鄭州，東行合肥，再上濟南，夜臨津門，二月二十七日回到京華，長達一個月時間，經行六省市，整月在外奔波，真有點披星戴月鞍馬勞頓的味道了。二月二十八日下午，鄧小平出席劉少奇主持召開的會議，介紹自己在廣東、湖北、河南、安

徽等地考察的觀感，鄧小平會有什麼觀感呢？四月十二日全天，鄧小平主持召開書記處會議，議及今後五十天糧食安排問題，上午，周恩來也參加了會議，而下午則是在毛澤東召集的會議上討論周恩來出訪緬甸、印度、尼泊爾之時又議及糧食問題，劉少奇、周恩來、朱德、陳雲、林彪均在場。老百姓的吃飯問題，開始困擾這些革命家了。五月二十五日上午，鄧小平主持書記處會議，決定彙集有關企業發生工傷事故和農村發生浮腫病、餓死人情況的材料，以便在有關會議上進行研究、吸取，鄧小平說：「廬山會議後，關於一個指頭問題，有的得了教訓，有的沒有得到教訓，這反映領導方法問題。雄心壯志是好的，但還要有細緻的工作，粗枝大葉的風氣不是小問題。糧食問題原因何在？肯定有相當大的虛報，工作不謹慎，多吃糧。浮腫同勞動強度有密切關係。工傷事故這樣多，不要忽略有敵人破壞，但更重要的是管理制度問題。」五月二十八日，鄧小平簽發中共中央《關於調運糧食的緊急指示》，要求有關省區必須立即採取有效措施，把一切需要調運和能夠調運的糧食儘快地集運外調。六月六日，中央再次發出《關於為京津滬和遼寧調運糧食的緊急通知》，據說，時在中南局的王任重曾有截留糧食之舉，令鄧小平勃然變色，有要撤職查辦的狠話。王任重趕忙檢討糾正，才算風平浪靜。六月三日，鄧小平在書記處會議上談及浮誇風時說：「過去過於樂觀了，估計不恰當，安排不恰當。基本上是浮誇、虛報，不是保險係數打得過大的問題。現在大的公社報假，就成問題。要吸取教訓，頭腦清醒些。把『三反』搞好，把工作搞踏實。要強調積蓄，少吃，少用。豐收也少吃，節省的歸食堂保管。」黨的總書記，還要操心糧食的保管問題，但食堂就能把糧食保管好？提到大食堂，老百姓會與「喝稀茶」相聯繫，哪裡有茶？

只不過是清湯寡水罷了。

六月十日，鄧小平出席劉少奇主持召開的各大區和省市區以及中央一些部門負責人參加的座談會，聽取薄一波、譚震林、李先念、李富春的彙報，鄧小平直言不諱地說：老實說，主要當家的就是我們在座的。作為領導者，我們應該不要忘記除了九個指頭以外，一個指頭甚至於少於一個指頭的問題。領導者頭腦要熱，但是更要冷。我們熱這方面是夠的，但是冷一點是不是還有一部分同志不夠？最近一個時期出現的現象，如果我們不注意，哪怕不到一個指頭，它可以發展到一個指頭，甚至多於一個指頭。到那個時候再來提醒，再來檢討，我們就要受損失。我們一定要估計到，有這樣一部分同志，相當程度地喪失了我們黨的實事求是的優良傳統。考慮後三年計畫，我建議還是「右傾機會主義」好一點，留有餘地才能多快好省。眾所周知，一九五九年的盧山會議之上，被打倒的彭德懷張聞天等人都是被扣上了「右傾」的帽子而黯然出局的，而鄧小平在黨內各方大員都在場的大會上公開說還是右傾機會主義好一點，此話怎麼可能不傳到毛澤東的耳朵裡？毛澤東雖不至於立刻翻臉，但多少會有點心中不快吧？但政治家都講究隱忍之術，毛澤東即使心有不滿，還不能立馬攤牌公開斥責鄧小平，毛大概也要尋求時機才能發作吧。七月二十五日，鄧小平在審閱李先念報送的《關於緊急調運糧食的報告》指示道：印發出席中央工作會議同志，請應調出的各省負責同志馬上打電話回去，督促和檢查一下。七月二十六日，鄧小平出席周恩來主持的會議，討論的還是糧食問題。七月二十八日晚，鄧小平參加毛澤東召開的會議，議題之一還是糧食問題。八月三日下午，鄧小平召開書記處會議，討論並通過《關於全黨動手大辦企業大辦糧食的指示（草稿）》，周恩來參加會議，「大辦糧食」？如何辦法？糧食是要從田地裡慢慢長出來的，豈能拔苗助長？那個時候，國家有充裕的條件大批進口糧食嗎？西方不好打交道，而與赫魯雪夫的交道也不好打，而越南、朝鮮等國家還指望中國向他們援助糧食呢！八月四日下午，鄧小平開會討論《關於開展以保糧、保鋼為中心的增產節約運動的指示》，而在八月十日出席毛澤東主持的北戴河中央工作會議時，鄧小平直言相告：這一年我們是有困難的，要足夠估計到這個困難，特別是糧食。地方同志主張今年不開黨代表大會，我贊成。戰略佈局方面，這次有個重要的決定和措施，就是成立中央局。從戰略上考慮，從具體工作上考慮，從把工作做得更細、更好考慮，成立中央局有好處。將來六個戰略區形成了，一個中央局範圍內協作可能解決得比較好。而在八月十一、十二日，鄧小平即主持召開書記處會議，討論各中央局的組織機構、幹部配備等，劉少奇參加會議。

鄧小平在一九六〇年除了關注糧食這個涉及億萬蒼生的最為根本的問題之外，還有就是參與與蘇聯的爭論交鋒。為此，鄧小平在下半年三次飛臨莫斯科，這在古今中外的黨際、國家雙邊關係之中，都是至為罕見的現象。實際上，此前圍繞列寧誕辰九十周年等，鄧小平召集彭真、陸定一、康生、王稼祥、陳伯達、劉瀾濤、楊尚昆、胡喬木、胡繩等多次開會研究，組織文章，而針對一九六〇年五月十六日在巴黎召開的蘇美英法四國首腦會議之上，赫魯雪夫要求美國總統艾森豪威爾對美國間諜飛機侵入蘇聯領空公開道歉遭到拒絕而退出會議之事，毛澤東肯定赫魯雪夫的做法，提出要在天安門廣場召開群眾大會支持蘇聯，而鄧小平則在五月二十日的大會上發表講話，此前的五月八日，鄧小平審閱胡喬木報送的《人民日報》社論《對蘇聯的挑釁就是對整個社會主義陣營的挑釁》，這些動作，大張旗鼓，意在示好蘇聯，想與赫魯雪夫緩和關係，可謂用心良苦。但在五月二十二日，毛澤東在杭州的談話，真是一針見血、切中要害：現在同蘇共鬥爭的形式是寫文章，關係還不宜破裂。赫魯雪夫這個人一直沒有章程，跟他怎麼相處呀？他有兩手，對外一手是軟，對內一手是搞陰謀。而鄧小平在五月二十五日、二十七日，與越南領導人黎筍兩次舉行會談，但話題都是針對蘇聯，而黎筍代表越南，大概是想從中調解加以斡旋吧。鄧小平旁敲側擊地說：有人提出我們的時代問題。什麼是我們的時代？列寧關於帝國主義的理論是否過時了？我們的觀點是，情況有變化，但帝國主義的特徵未變，一九五七年《莫斯科宣言》沒有過時，歷史不是根據某些人的情緒改造，不能憑個人感情。我們能否認史達林領導革命三十年的主要作用嗎？如果史達林三十年這麼醜惡，過去革命都是假的，那麼，蘇聯三十年也是醜惡，我們臉上也無光彩，全世界人民還有什麼勇氣搞革命？和平過渡關係到人類的三分之二，不要輕易下判決書，判決不許革命。針對赫魯雪夫在匈牙利黨代表大會上說各國黨要「對對表」的講話，鄧小平不無譏諷地說：對表是應該的。問題是向誰對？向一個人的指揮棒對，還是向一個共同綱領對？應該向馬列主義對，向《莫斯科宣言》對。國際共運中現在存在著一些原則性的意見分歧，這不是策略問題、局部性問題，是大是大非問題。我們知錯就改同蘇聯同志取得一致意見，但這幾個月來，我們看到，這個目的達不到了，工作將是艱苦的。鄧小平在評論史達林關於社會主義越發展、階級鬥爭就越尖銳的說法時指出：這種說法有片面性，史達林的話講得不恰切，不完全符合實際。在一九六〇年一年內，鄧小平三次會見胡志明，與黎筍會談達五次之多。而一九六九年胡志明逝世後，中越兩黨關係漸形微妙，最終到了上個世紀七十年代末期兵戎相見，而一九九〇年以武元甲大將出席北京亞運會為開端，中越關係才開始逐步恢復，相對趨於穩定，期間還有黃文歡脫離越南長期居住北京的政治事件，但現在還有幾人提及黃文歡？

九月十六日，鄧小平和彭真率團離京，代表團成員有：陳伯達、康生、楊尚昆、胡喬木、廖承志、伍修權、劉曉等，九月二十三日返抵北京。鄧小平在蘇聯整整一周時間，反覆開會辯論，幾無時間去尋訪故地吧？九月三十日，鄧小平再次率團飛赴莫斯科，成員有李井泉、陸定一、康生、楊尚昆、胡喬木、廖承志、劉寧一等，十月二十四日下午回到北京，當晚即向毛澤東彙報有關情況。十一月五日，鄧小平與劉少奇第三次赴莫斯科，參加十月革命四十三周年慶典並出席八一國共產黨和工人黨代表會議。鄧小平抵達莫斯科之時，赫魯雪夫、布里茲涅夫等到機場迎接。十二月三日，鄧小平率團返回北京，即向毛澤東主持召開的政治局常委擴大會議彙報有關情況。這次在蘇聯，歷時近一個月，唇槍舌劍，間不容髮，鄧小平是中蘇論戰當之無愧的「主將」，而一九八九年，鄧小平在北京會見戈爾巴喬夫，宣布中蘇關係實現正常化。彈指一揮間，已近三十年時間頓成過往。戈爾巴喬夫也許約略知曉鄧小平在中蘇交往史上非同尋常的經歷？也許對鄧小平與蘇聯人打交道的豐富經驗還心存輕視？據說，在十一月十四日，鄧小平在八一國共產黨和工人黨代表會議第四次全體會議上作第一次大會發言，就世界形勢、戰爭與和平、革命、修正主義和教條主義、中蘇分歧、團結和援助等問題，闡述中國共產黨的原則立場，批駁蘇方的攻擊。鄧小平的發言長達四個小時，據稱：「全場肅靜，氣氛緊張」。十一月二十四日，鄧小平在大會上再次發言，迎頭痛擊蘇共，態度強硬，斬釘截鐵，語驚四座。十一月二十五日晚，在同印尼共產黨代表會談時，鄧小平做出了最糟糕的估計，他說：現在到了攤牌的時候了。越來越清楚，這次會議同布加勒斯特會議一樣，將來在國際共產主義運動歷史上應受譴責。每個兄弟黨都應討論原則性的問題，把自己的觀點擺出來，但他們不是針對我們的觀點來駁。他們不講道理。現在主要看蘇聯的態度。估計有三種可能。假如會議結果不好，我們也估計了一切可能遇到的困難。經濟方面不會比目前更壞，生意還是要做的。外交關係還要存在。至於黨的關係，他們將迫使許多黨同我們斷絕來往。政治上還會照常攻擊我們是宗派活動、教條主義、「左傾」冒險等。

也許是參加中蘇論戰的原因，鄧小平對自身所在的組織也有著更多清醒的認知。三月二十五日，他在天津會議上討論到對毛澤東思想的宣傳問題時，鄧小平批評說：現在主要是把毛澤東思想用得庸俗了，什麼東西都說成毛澤東思想。馬克思列寧主義很少講了，對待毛澤東思想是一個很嚴肅的原則性問題，不要庸俗化，庸俗化對我們不利，對國際共產主義運動也不利。還有一個集體領導的問題。我們黨是集體領導，毛澤東同志是這個集體領導的代表人，是我們黨的領袖，他的地位和作用同一般的領導成員是不同的。但是，切不可因此把毛澤東同志和黨中央分開，應該把毛澤東同志看作是黨的集體領導中的一個成員，把他在我們黨裡頭的作用說得合乎實際。而到了十二月二十六日下午，鄧小平主持召開書記會，仍舊是討論糧食和人民生活的安排問題，吃飯還是大問題啊！而在十二月二十四日至一九六一年的一月三十一日召開的中央工作會議，形成了《關於農村整風整社和若干政策問題的討論紀要》，毛澤東也不無自我批評地說：社會主義建設不能急，要搞它半個世紀，搞幾年慢騰騰，不要務虛名而招實禍。毛澤東還提出要大興調查研究之風，一九六一年要成為實事求是年。但當毛澤東問大躍進的口號在一九六一年還能不能提時，鄧小平說，《紅旗》雜誌和《人民日報》社論沒提「大躍進」，提「爭取社會主義建設的新勝利」，毛澤東沒有表態，但心裡會怎麼想啊！

一九六〇年這一年，五十六歲的鄧小平依然忙碌，下半年，三赴莫斯科，而上半年甚至貫穿全年始終的，都是在關心糧食問題，而飢餓這個古老而常新的大難題正在吞噬著諸多中國蒼生的生命。

一九六一年的中國，真的會好一些嗎？

五、吃食堂是社會主義，不吃食堂也是社會主義

據胡繩主編的《中國共產黨七十年》披露，一九六一年較之一九五九年，人口減少一千萬，而史稱的所謂「三年自然災害」，大致是指一九五九年至一九六一年，現在看來，並不是自然災害，而基本上是「人禍」，但究竟死了多少人？有楊繼繩先生的《墓碑》為代表的相關研究有詳細辨析，更有多如牛毛的品流不一的文章在論證分析這一問題，聚訟紛紜，很難說一。有人試圖迴避，不願提及；當然也有人誇大其詞，聳聽天下。但大致弄清楚死亡人數，對死者是一種尊重，對生者是一種告慰，對執政者也是一種警示，也才是一種辯證的唯物史觀，而指望因時間的流逝讓公眾忘卻這一歷史上極為慘痛的一頁，不是別有用心居心不良，就是糊塗蟲和稀泥缺乏最為起碼的人倫底線，更與所謂現代政治文明南轅北轍。出現如此大的政策偏差，遭成這麼多人死亡，豈能文過飾非一葉障目？但如何反省檢討？誰來承擔責任？是輕描淡寫？還是傷筋動骨？大陸當時的政治氣氛因要籌備「七千人大會」而似乎微妙地緊張起來，鄧小平也被毛澤東批評是對基層「走馬觀花」、「不甚了了」，而在一九六一年元旦剛過的一月三日夜，當毛澤東問鄧小平大躍進口號還能不能提時，鄧小平回答說，《紅旗》雜誌與《人民日報》的

元旦社論都沒有提。毛澤東是否會覺得鄧小平在刻意與自己拉開距離呢？

一月四日、五日，鄧小平主持召開書記處會議，聽取西藏問題彙報。針對西藏問題，鄧小平說：「在西藏不要多出章程，多出點子，要休養生息。一切政策，一定要照顧習慣。糧食要少徵購，讓農戶存糧自己交換。農區牧區之間、農區之間搞點自由貿易，讓他們有積極性。不能採取掠奪性政策，竭澤而漁。總之，政策要讓農民富起來，讓農民生活天天向上。這個政策恐怕不只三年五年，而是十年八年。農民富要放在一家一家上。合作社五年內不搞。現在要防「左」防急，要穩，不僅是社會政策，包括民主改革、經濟政策、上層改造。現在不考慮社會主義改造。與班禪合作要聚精會神，合作中要講究方法，達賴問題，有國際鬥爭，要從容考慮。處理宗教問題不要太急，寺廟要大中小結合。平叛問題要解決，中心是政治。」鄧小平的此番談話，就是放在今天來看，還是很有現實意義，給人以空谷足音之感。據稱，鄧小平一生願望想去西藏、臺灣、香港看看，臺灣似乎因兩黨對立在當時看來有點遙遙無期不切實際，而香港則在一九九七年的回歸之年，鄧小平赫然去世而失之交臂。但據說，鄧小平在一九九二年在深圳南巡還深情矚望香港不勝神往，而西藏則純屬身體方面的考慮，被人為阻隔。鄧小平曾說，我派了一個軍進藏，解決了問題。有一年，鄧小平訪問尼泊爾，也許只能在飛機的眩窗裡俯瞰青藏高原的壯麗河山了吧？總之，鄧小平一生從未去過西藏，但對解決西藏問題確實傾注了大量精力。十八年以後，他與達賴的二哥嘉樂頓珠會面時曾提出，「根本問題是西藏是否是中國的一部分，對與不對，要用這個標準來判斷，其他問題都可以談」，但時至今日，達賴還是在海外流亡，也不斷有小動作諸如「竄訪」，令人不勝其煩。

鄧小平在一九六一年開始不斷反省總結審視過往，他在一月十一日會見南非客人時說，「像我們這樣的國家，必須解決農民問題，建設時期如何使他們吃飽並且生活逐漸好起來，我們找到了人民公社這條道路。要學會搞經濟，並不比學會搞革命容易。」、「十一年來，我們儘管有一些成績，但在這個過程中不可避免要犯一些錯誤，走一點彎路，犯了錯誤就要糾正，這樣就可以使小的錯誤不變成大的錯誤和嚴重的錯誤。」鄧小平曾說過，中國開始搞社會主義是在一九五三年，而他與外國客人談話說「十一年來」，應該是從一九五〇年算起的？在一月十四日至十八日召開的八屆九中全會上，鄧小平就莫斯科之行與蘇共交鋒情況向大會做報告，鄧小平說，「這次會議規模之大，時間之長，鬥爭程度之激烈，都是空前未有的。這場鬥爭最大特點是由全世界最有威信的中蘇兩個黨為代表。鬥爭的性質是堅持和保衛馬列主義根本理論陣地，堅持馬列主義和《莫斯科宣言》的革命旗幟。這個鬥爭告一段落，但不能算結束，是起伏的、長期的。」此次會議確定對國民經濟實行調整、鞏固、充實、提高的八字方針，強調國民經濟以農業為基礎，全黨全民大辦農業、大辦糧食，適當縮短基本建設戰線和降低重工業發展速度，通過了對農村人民公社的「十二條指示」，這一「緊急指示信」對儘量避免進一步餓死人會起到一定的作用嗎？會議還批准成立了東北、華北、華東、中南、西南和西北六個中央局，宋任窮、李雪峰、柯慶施、陶鑄、李井泉、劉瀾濤等分別擔任第一書記。李雪峰在彭真垮台後還兼任了北京市委第一書記，他也與薄一波曾經是親家，而薄熙來的大兒子李望知則是李雪峰的外甥。陶鑄在文革之初，升遷進京，成為中央常委，但時間並不太久，就被打倒了。

就是在八屆八中全會期間的一月十六日，鄧小平主持會議，討論糧食包乾問題，周恩來、陳雲與會。鄧小平說，「進口糧食，我贊成至少進三年。進一百億斤，放在交通要道。沒有這個，糧食不敢包產。但進口糧食是額外的，基礎還是建立在自給上。一定要低標準，『瓜菜代』搞三年。」低標準、瓜菜代，也只能這樣了吧！一月二十四日，鄧小平在會見尼加拉瓜和哥斯達黎加的客人時說，「我們有個口號叫大躍進，以前大躍進是數量，現在轉向質量，這也很費勁。社會主義建設的有計畫按比例的發展規律，主要是工業和農業的關係，現在任何一個社會主義國家也沒有解決這一問題，包括蘇聯在內。我們確定了方針，先搞農業，農業問題解決了，才能養活工業。寧可工業慢一點，首先要解決農業。我們國家還有一個問題，就是地少。所以，光有機器不行，還要修水利，精耕細作。」、「一九五九年、一九六〇年我們碰到了百年不遇的大災荒。如何搞社會主義，主要看兩條，一是群眾滿意，二是發展生產力。群眾滿意、支持是判斷好壞的標準。」在這個時候，鄧小平就提出了判斷社會主義好壞的標準問題，足見他觀察問題的確還是有過人之處。第二天，在書記處會議上，論及農村所有制問題時，他表態：「自留地還是二十年不變為好。」對於意識形態，鄧小平說：「高等教育沒有自己的教本不行，總要搞出來，首先搞講義。對編印毛主席的講話要十分慎重，最好經本人審閱。毛主席著作是國際鬥爭的旗幟，不能亂用。過去宣傳庸俗化，有的是借毛主席吹自己，今後要反對。劉少奇著作，先編兩本，共八十萬字左右。解放前的文章要經他本人審看。拔些尖子到中央，組織理論隊伍充實《紅旗》、《人民日報》、中央宣傳部，綜合利用，培養新人，要把《紅旗》搞強，對國際政治、經濟問題，搞點有論據的文章。」這天晚上，毛澤東離京南下，而鄧小平於一月二十八日晚上十點二十分，也乘火車離開北京，經上海到福州，臨廈門，赴株州，去廣州，飛昆明，轉成都，在成都停留十天後經西安到河南，在鄭州火車上約見吳芝圃。他告誡吳芝圃：對於幹部的處理，寧肯不及，不要過，不要隨便戴帽子。批判後，重要的是鼓氣，不要灰溜溜的。要多種蔬菜多養豬，搞好群眾生活。這也許是鄧小平與吳芝圃在河南省委書記任上的最後一次談話吧？時在三月二日。劉建勛幾個月之後即從廣西調任河南，收拾殘局。吳芝圃離開河南後調到中南局，一九六七年死於廣州，時年六十一歲。據官方說，一九五九年，河南餓死一五〇萬人，最為著名的就是信陽事件，當時信陽的地委書記是路憲文，據說深得吳芝圃的賞識。

鄧小平離京一個月，回到北京，參加劉少奇召集的會議，除彙報外出視察情況外，還議及蘇聯提議以貨款方式給中國一百萬噸糧食和轉口古巴五十萬噸糖等問題。三月四日，鄧小平即又與周恩來、彭真乘飛機到廣州向毛澤東彙報，三月五日晚商定分別在廣州與北京召開會議討論人民公社的有關問題。三月十一至十三日，劉少奇主持「三北會議」，即華北、東北、西北，而與此同時毛澤東在廣州召開三南會議，即中南、西南、華東。毛澤東在「三南會議」期間，致信劉少奇、周恩來、陳雲、鄧小平、彭真，「希望小平、彭真兩位同志在會後抽出一點時間（例如十天左右），去密雲、順義、懷柔等處同社員、小隊級、大隊級、公社級、縣級分開（不要各級集合）調查研究一下，使自己心中有數，好做指導工作。我看你們對於上述兩個平均主義問題，至今還是不甚了了，其原因是忙於事務工作，不作親身的典型調查，滿足於在會議上聽地、縣兩級的報告，滿足於看地、縣的書面報告，或者滿足於走馬觀花的調查，這些毛病，中央同志一般也是同樣犯了的。我希望同志們從此改正。我自己的毛病當然要堅決改正。」毛澤東在信中還提出擬派陶鑄赴京傳達有關意見。鄧小平和周恩來提議，三南會議與三北會議以合開為好，南北兩地開會口徑不一，北京又不易取得毛澤東的指示，但會議地點由毛澤東確定。毛澤東同意，三南、三北會議合開，地點就在廣州，三月十四日，鄧小平與劉少奇、周恩來、陳雲等飛廣州，兩會合開，自三月十五日至二十三日，稱中央工作會議。三月十九日，在會議上，鄧小平著重就中央書記處的工作作了檢討。三月二十三日，鄧小平發言，再作檢討：主席對我們的批評是中肯的、必要的。在我個人來說，在書記處來說，日常工作做得不算很壞，但是在重大的決定方面出的主意不算很多，主要就是缺乏調查，調查研究不夠，材料的來源主要看報告。因此，出的主意、一些意見很難有把握。作為助手，作為主席、常委、政治局的助手，這一方面工作是做得不好的。而在三月二十七日自己主持召開的書記處會議上，再做檢討，三月二十九日在書記處召開的報告會上講總結經驗教訓之時，鄧小平講得似乎較為系統，他說：農村人民公社是從高級社發展起來的。發現「共產風」後，第一次鄭州會議就鄭重提出按勞分配、多勞多得、反對平均主義的問題。但對這些問題，兩次鄭州會議都沒有解決。以後武昌會議正式搞了個決議。兩次鄭州會議是反「左」的，武昌會議也是反「左」的，但都沒有貫徹，大家還是在那裡搞「共產風」。廬山會議本來是反「左」的，但中間出了彭德懷同志這個問題。因為這個問題一插，我們工作中應該注意的問題被忽略了。所以，廬山會議後刮的這一種風更厲害了。這也是個教訓。一九五八年以前我們黨調查研究、實事求是的作風還是保持的，一九五八年以後我們的實事求是的作風削弱了。「浮誇風」就是實事求是的對立面。五風是從「共產風」、「浮誇風」這兩個風生出來的。這幾年缺點不少，有的地方不是一個指頭，有的地方也不是兩個指頭，而是三個指頭，或者四個指頭。近幾年我們的民主空氣有損傷，不敢講反面的意見。現在什麼話都可以說，說錯了也不要緊，實行三不：不扣帽子，不抓辮子，不打棒子。」毛澤東批評鄧小平「走馬觀花」、「不甚了了」，語氣不可謂不重，而鄧小平對這一批評，作為即將進入耳順之年的成熟的政治家，他應該還是能夠體會出其間的分量的吧！抓緊落實毛澤東蹲點調研的要求，鄧小平自四月七日開始，不斷到順義調研，這一調研活動持續到四月二十一日，而在四月十八日，鄧小平在參觀牛欄山、張莊揚、白廟村的途中，瞭解到大家對公共食堂的意見，鄧小平說：吃食堂是社會主義，不吃食堂也是社會主義。要根據群眾的意願，決定食堂的去留。

四月二十五日，遵照毛澤東所囑，鄧小平和田家英起草關於召開中央工作會議的通知，此次會議於五月二十一日至六月十二日在京召開，做出了三年內減少城鎮人口二千萬以上、一九六一年減少一千萬的決策，這就是俗稱的所謂「下放」吧?!五月四日，鄧小平與彭真再赴順義，就食堂問題再次表態：吃不吃食堂自願，吃不吃食堂都給予方便，先定下這個方針，具體的再作調查比較。五月三十一日在中央工作會議上，鄧小平語及「究竟是天災，還是由於人禍？少奇同志也說過，在一些地區恐怕我們工作上（包括若干政策）的毛病是主要的，天災不是主要的。」而八月二十三日至九月五日，中央工作會議又在廬山召開。在九月五日的會議上，鄧小平做總結講話，鄧小平談到對最近三年的估計，仍舊說，「三面紅旗是正確的。但我們頭腦太熱，違反了客觀規律，違反了社會主義建設法則，使本來可能的事變成不可能了，被迫退下來」，但鄧小平也強調，「要統一認識，氣要鼓，要在一個目標下積極地幹，不要搞得灰溜溜的。要提倡我們黨的實事求是的傳統作風。要敢講話，講真話，腳踏實地做事情。在困難的時候，要勇敢地承擔責任。」

會後，鄧小平在九月九日至九月二十六日訪問朝鮮，長達十七天，同行者有康生等。

一九六一年十二月二十日到一九六二年一月十日，鄧出席中央工作會議，此前的十二月十八日，鄧小平在書記處會議上提到明年初要召開七千人大會。而此次會議則是為七千人大會這次被史學家們稱作「變局」的會議作了比較充分的準備，而十二月三十一日晚，和毛澤東、劉少奇、周恩來等中央政治局常委，與中央工作會議的與會者在北京飯店聚餐，在這一年的最後一天，這些政治家們辭舊迎新，對未來是依舊豪情滿懷，還是多了幾份疑慮與困惑？

現在幾乎是肯定的看法，一九六二年一月十一日至二月七日的七千人大會，是毛澤東下決心要換掉劉少奇的開端。是這樣嗎？

六、黃貓黑貓，只要捉住老鼠就是好貓

一九六二年的中國，跨舊曆春節的七千人大會表面上看似一團和氣，總結教訓，統一思想，解決問題，實際上蘊含著更大的危機與風暴。而在當年的北戴河會議之上，毛澤東重提階級鬥爭，明確反對包產到戶，讓多次公開表態支持包產到戶的鄧小平不無尷尬和難堪，而中印衝突、十中全會、中央書記處的人事調整，似乎都在透露出某種令人不安的信息。

七千人大會前夕的一月八日，周恩來就一九六二年如何實現中央「當年平衡略有回籠」的方針致信鄧小平：「請你考慮，或者先在書記處討論，由先念做口頭報告，經批准後再印發中央工作會議討論；或者先行印發中央工作會議，徵求各地意見後再提請書記處討論批准。如何辦，請決。」鄧小平批示：「先印發工作會議，徵求各地意見。」一月十一日至二月七日，七千人大會在京召開，關於此次規模空前的大會，已經有張素華相當詳備的研究專著《變局：七千人大會始末》，這也是迄今為止對此次會議的研究最為權威的著作之一，中央政治局常委除陳雲外，均在大會上發言，而林彪的講話則最為別具一格獨出心裁令毛澤東大為激賞。現在有回憶文字認為，林彪的講話除了主觀上為毛澤東開脫大躍進帶來的嚴重後果外，而劉少奇在一月二十七日下午口頭講話的不留情面實事求是，也引來議論紛紛。有軍界人士說，林彪若不站出來講話為毛澤東撐腰，會有黨要分裂毛澤東被架空的危險。據說，江青曾流著眼淚對毛澤東說，你還沒有死，人家就開始做祕密報告了，將來還不要掘墓鞭屍？毛澤東一向認為江青政治上強，嗅覺靈敏。江青的這番話，令毛澤東大為震動。劉少奇在大會上講話，有這樣一段話，據說令毛澤東倍感刺激：過去我們經常把缺點、錯誤和成績，比作一個指頭和九個指頭的關係，現在從全國講恐怕是三個指頭和七個指頭的關係；有些地區缺點錯誤不止三個指頭，造成經濟困難的原因，一方面由於自然災害，另一方面在很大程度上是由於工作上的錯誤，有的地方是「三分天災，七分人禍」。而一月二十九日下午，林彪在大會上講話，高調挺毛，語驚四座。林彪講「毛主席的思想總是正確的」，自然不會讓所有人信服，但林彪所言「在困難的時候，我們黨更需要團結，更需要跟著毛主席走」，肯定能為多數人所接受，有些人甚至覺得林彪「挺身而出，排除干擾，使我們黨有安全感」。據說，林彪私下說：我這樣講是出於無奈，不這樣講，毛主席的威信受到影響，整個局勢就不好維持了！一月三十日下午，毛澤東講話，還作了自我批評，對幾年來工作中的缺點、錯誤承擔了責任，但毛澤東的自我批評，究竟是迫於壓力做一姿態純屬無奈之舉，還是出於真誠發自肺腑向全黨交心？此次會議，看起來效果不錯，但洞察玄機的人，也都多少感受到了某種不安的氣息縷縷。

二月十二日下午，鄧小平主持召開書記處會議，議及精減城鎮人口和人民生活問題時說：「要堅決地精減城鎮人口，最好達到二千萬，但要隨時注意發生的問題。全力抓精簡節約，這是當前工作的中心，今年市場要搞一些人民生活的東西，千方百計搞生活日用品，如搞出二萬噸的橡膠做鞋子。」談到這幾年工作的教訓時，鄧小平說：「這幾年，如果適合情況，因地制宜地搞，不曉得會出多大成績。就是幾個大辦，東提倡西提倡，把人力浪費了。有些不需要提倡的東西要停一個時期，經驗至少停半年再轉發。」鄧小平說到的「幾個大辦」，「東提倡西提倡」，是自我檢討還是有所指啊？是誰在提倡啊？二月十九日，鄧小平就二月六日下午自己在七千人大會上的講話，致信田家英，「這個講話稿，在北京的同志都已看過。根據他們的意見，有少數文字修改，也改了一些錯字。請將這份送主席審閱。」二月二十四日，毛澤東批復：「鄧小平同志，全文看過，很好。林彪、恩來、朱德三位同志的講話，請緊催，速送來，看一下，以便早日印成一本，早日下達。」二月二十一日至二十三日，鄧小平出席劉少奇在中南海西樓會議室主持召開的政治局常委擴大會議，史稱西樓會議。會議認為經濟形勢要比七千人大會的估計要嚴重，必須確定一下恢復時期，對國民經濟進行全面的大幅度調整。在七千人大會上沒有講話的陳雲在二月二十三日就當前經濟困難的主要表現和應採取的措施作了發言。三月十日，鄧小平主持書記處會議，同意周恩來提議，派譚震林到鄭州同陶鑄研究解決河南的土地鹼化、水利糾紛以及黃河防汛等問題。三月十二、十三日，鄧小平出席劉少奇主持召開的常委擴大會議，討論《關於渡過春荒克服當前糧食困難的緊急指示》、《關於厲行節約的緊急規定》等文件稿。三月十六、十七日鄧小平與劉少奇、周恩來赴武漢向毛澤東彙報，同意陳雲任中央財經小組組長。三月二十三日至四月十八日，政協三屆三次會議召開，三月二十七日至四月十六日，人大二屆三次會議召開，在「兩會」期末的四月十七、十八日，鄧小平主持書記處會議，討論幹部甄別平反問題。鄧小平說，「對幹部要從全部歷史看，不能只看一段。經驗有一條，凡是一批批地搞，成萬地搞，是不會正確的。對彭德懷，也不必搞細節，哪一年哪一月講了幾句話，到處搞，不準確的。」四月二十六日下午，鄧小平聽取楊尚昆關於新疆情況的彙報，就劉少奇批轉的新疆問題有關情況，提出是否可以考慮派兩三個農墾師到新疆三區的中蘇邊境進行農墾和畜牧以便掌握三邊形勢一事，鄧小平表態說：我也有這個想法，何時派出，如何派出，須作具體考慮，可由尚昆電話告瀾濤同新疆同志研究一下，五月初他來北京時，可談一談。所謂新疆問題，是指一九六二年四月十六日，新疆塔城、裕民、霍城三縣六萬居民逃往蘇聯。「三區」則指新疆的塔城、伊寧、阿勒泰地區。

五月七日至十一日，鄧小平出席劉少奇主持的中共中央工作會議，史稱五月會議。五月十一日下午，鄧小平講話，談及城市精減、幹部要甄別平反等問題。鄧小平說，要做的事情很多，但中心任務是兩個，一是減少兩千萬城市人口，二是加強農村生產隊的工作。這兩件事都不能抓遲了，越抓遲了越不利。為了把基層幹部和群眾的積極性調動起來，甄別平反工作在全國縣以下首先是農村採取一攬子解決的辦法，就是說，過去搞錯了的，或者基本搞錯了的，統統摘掉帽子，不留尾巴，一次解決。這件工作，凡是開始做了的，繼續做；沒有做的，迅速做。這實際上是我們承認過去搞得不對。黨的總書記乃至於黨的最高層，要操心生產隊的事情，這麼大的國家，如何能夠做到滴水不漏無所閃失？減少兩千萬人口，這在西方，相當於一個中等國家的遷移，多少家庭要因此而別離折騰哭天抹淚？這實際上也是不得已的救急之策，而最近的《人民日報》的「任仲平」文章居然還對此津津樂道大唱讚歌，真是有點其妙莫名了。五月十七日下午，鄧小平在主持的書記處會議上聽取統戰工作彙報時說，資產階級分子原則上不下鄉，個別自願的可以。右派一個個摘帽。右派家屬子女，一定要一視同仁，不受右派牽連。鄧小平話雖這樣說，但到了下面具體執行起來還會這樣嗎？五月二日下午，就調整教育事業和精減學校教職工，鄧小平指出，精減縣鎮小學老師，把大中城市的好老師放到縣鎮（保持原待遇），包括好的高中畢業生，把這兩點作為提高質量的重要方向。中等技術學校一定要各部門負責處理，哪個部門辦的，哪個部門負責處理，中央歸中央，地方歸地方。高中畢業生儘量找就業出路，加以訓練，當學徒、搞會計、統計。中專，肯定停幾年不招生。初中畢業不能升學不能下鄉的，用業餘學校辦法學點技術，改變鐵飯碗的章程。

六月下旬，鄧小平與陳雲交換對分田到戶的看法，認為分田到戶是一種方式，可以用各種各樣的方式。在七月二日下午的書記處會議上，議及幹部平反、恢復農業等問題，鄧小平說：「黨內問題搞細節，東揀西揀都放在檔案裡，搞得大家謹小慎微，沒有好處。審幹，所有生活細節都不准列，包括說了幾句什麼話等等。看幹部，要看整個歷史，主要從重要關節上看，不看細節。檔案要簡化，搞大事。說到農業問題，鄧小平說：恢復農業，群眾相當多的提出分田，陳雲同志作了調查，講了此道理，意見提出是好的。現在所有的形式中，農業是單幹搞得好。不管是黃貓、黑貓，在過渡時期，哪一種方法有利於恢復，就用哪一種方法。我贊成認真研究一下分田或者包產到戶，究竟存在什麼問題，因為相當普遍。你說不好，總要有答覆。群眾要求，總有道理。不要一口否定，不要在否定的前提下去搞。要肯定，形式要多樣。公社、大隊為基礎都可以，不要輕易否定一種。但現在大隊是少數，小隊也發生了問題，不如包產到戶。分田到戶也有好的。過渡時期，要多種多樣。退的時期，退夠才能講。總之，要實事求是，不要千篇一律。陳雲同志也贊成多種多樣，他提出分田單幹允不允許？是否就是不好？也許是彭真覺得鄧小平講困難與缺點似乎多了一點，就提醒鄧小平到此為止，應轉為積極方面時，鄧小平說：「我傾向這樣。」其鮮明的個性直率的態度躍然紙上。七月七日上午，鄧小平在出席共青團有關會議發表講話，談到調動農民積極性時，他認為還是要從生產關係上解決，生產關係究竟以什麼形式為最好，恐怕要採取這樣一種態度，就是哪種形式在哪個地方能夠比較容易比較快地恢復和發展農業生產，就採取哪種形式；群眾願意採取哪種形式，就應該採取哪種形式，不合法的使它合法起來，就像四川話「黃貓、黑貓，只要捉住老鼠就是好貓。」現在看來，不論工業還是農業，非退一步不能前進。鄧小平的黃貓黑貓論，後來被演繹為「白貓黑貓論」，做為鄧小平實用主義的一大罪證被反覆批判，而鄧小平文革之初被打倒，一九六九年到江西南昌新建縣蟄居，後再次復出，返回政壇。江西南昌橫跨贛江的八一大橋的橋塊還真就煞有介事地塑立了黑白兩貓橫眉怒目張望過往行人。據稱，當時主政江西的是後來升遷至中央政治局常委中紀委書記的吳官正，此人是江西人，畢業於清華大學，離開工作崗位後有《閒來筆譚》一書在坊間傳布。吳官正也偶有畫作在媒體發表。

鄧小平七月二日與七月七日關於包產到戶的講話，不可能不為毛澤東所知曉。七月八日，毛澤東召開會議，表明了對包產到戶的反對態度，指定陳伯達為中央起草一個關於鞏固人民公社集體經濟發展農業生產的決定。鄧小平出席會議，會後與劉少奇、周恩來先後同河南的劉建勛山東的譚啟龍談話瞭解兩省的形勢。七月十九日下午，毛澤東召開常委會。毛在講話中提出：「中央有些領導人支持包產到戶或分田到戶，這是走集體道路呢？還是走個人經濟道路？」當天，鄧小平簽發中央《關於不要在報紙上宣傳「包產到戶」等問題的通知》，面對毛澤東的明確態度，鄧小平只能緘默無言了。七月二十二日，鄧小平談及報刊工作時說，「不要在報上辯論包產到戶問題，也不要搞指名批判」。而在七月二十八日，毛澤東則說，七千人大會後，「出氣」的好處是思想活了，同時像「包產到戶」等主張也出來了，有的是正確的考慮，有的則是牛鬼蛇神。也許是由於此種政治氣氛，也許的確是因為身體不適，陳雲致信鄧小平並轉毛澤東，提出因身體不好，請求不參加北戴河的各種會議。毛澤東批示同意。八月六日至二十四日，中央工作會議在北戴河召開，毛澤東提出階級、形勢、矛盾三個問題，提出階級鬥爭要貫徹到整個社會主義歷史時期，毛澤東批評一些中央領導人對經濟形勢的估計是「黑暗風」。毛的講話，實際上為八屆八中全會定下了基調。鄧小平八月二十五日自北戴河返京，八月二十六日至九月二十三日出席預備會議，會議批評支持「包產到戶」的所謂「單幹風」和彭德懷等要求重新審查歷史進行甄別平反的所謂「翻案風」。九月十二日，鄧小平在中宣部報送的有關《劉志丹》一書出版問題的幾個材料上批示：「這是中宣部送來的材料，印發全會各同志」，此一為劉志丹弟媳婦李建彤所創作的小說，此後引動政潮，習仲勳為此而去職。據說，時任雲南省委書記的閻紅彥就堅決反對此小說，認為小說是為高崗評功擺好。習仲勳的夫人齊心在今年紀念習仲勳百年誕辰之時在《人民日報》刊發署名文章〈憶仲勳〉，還專門提及小說《劉志丹》，認為是康生借機陷害習仲勳。康生曾就此小說，寫一紙條給毛澤東：利用小說反黨是一大發明！

九月二十四日至二十七日，八屆十中全會召開，而在會議前夕的九月二十三日，鄧小平向毛澤東提交關於調整中共中央書記處成員的報告：「主席，現在書記處的名單是：書記——鄧小平、彭真、王稼祥、李雪峰、李富春、李先念、譚震林、黃克誠、譚政。候補書記——劉瀾濤、楊尚昆、胡喬木。黃克誠已撤銷書記職務。譚政已停止書記的職務，但未正式撤銷。建議十中全會：（一）撤銷黃克誠、譚政兩同志的書記職務。（二）初選陸定一、康生、羅瑞卿三同志為書記處書記。是否妥當，請批示。」毛澤東在同日即批示：「退小平。照辦。」在鄧小平的這份報告中，鄧小平沒有再提及自己的「總書記」，而只是列名第一的「書記」，這是在試探毛澤東的態度還是自我謙虛的表示？眾所周知，在八屆十一中全會上，除了林彪，原來幾位常委的副主席身分也都被有意淡化不再提及了，這豈能是疏忽兩字所能解釋？

十月二十日，中國邊防部隊在中印邊境被迫進行自衛還擊，十一月二十七日，中國邊防部隊在中印邊界全線停火。此次作戰，是由丁盛所指揮。十一月三日，鄧小平在會見印尼客人時說及此事，「這完全是尼赫魯挑起的，我們歷來的政策是採取安全的政策，我們確實按實際控制線和平共處。為安全起見，我們建議，雙方各退二十公里，四十公里以內不接觸。他們不接受。我們不承認『麥克馬洪線』，連蔣介石也不承認。談判不成，就擺在那裡。」麥克馬洪線是指一九一四年三月參加西姆拉會議的英國代表亨利・麥克馬洪同西藏地方當局背著中國中央政府，製造的所謂「中印邊界線」，將中印邊境東段達九萬平方公里的中國領土劃入印度版圖。中國歷屆政府從未承認過「麥克馬洪線」。

十一月二十六日下午，鄧小平聽取陸定一彙報全國宣傳文教會議情況，談及中小學問題時，鄧小平說：「小學老師教得好的，應等於大學教授，中學也一樣。中小學辦得好的，教師收入應比大學高。這是終身職業，要鼓勵這麼一批人搞終身事業。要打破一定哪一種職務只能有哪一種待遇地位。小學教師的物質待遇、政治地位應提高」，提高教師待遇，在二千萬人要「下放」的大背景之下，也只能是說說而已吧？

十二月三十一日，鄧小平審閱吳冷西報送《人民日報》一九六三年元旦社論，鄧小平在社論的最後加寫了一段話：「我們的任務是艱巨的，我們每走一步都會遇到不少的困難，我們必須自力更生地把我國建設成為一個強大的社會主義國家，我們在國際事務中還會遇著不少的逆流和風險」。展望新的一年，鄧小平還是預計到了不少困難險阻，但鄧小平筆鋒一轉，他豪邁地說，中國人民「將在黨和毛澤東同志的領導下，以堅定的信心和雄偉的步伐，迎接一九六三年的新勝利。」

七、假團結也比公開分裂好一些

一九六三年的鄧小平已經五十九歲了。一九六三年的中國似乎多少有點恢復元氣的氣象，而中蘇兩黨論戰又再度升溫，鄧小平不能不為此而投注大量精力。鄧小平在一九六三年多次赴杭州，向毛澤東彙報工作，還赴莫斯科，與蘇擺開架勢論戰，而赫魯雪夫離下臺之日也已屈指可數，史稱的「九評」文章自一九六三年延至一九六四年，有吳冷西的回憶文字，多被人引用，但在中蘇兩黨論戰之中，在「文革」之初紅得發紫的中央文革小組成員之「王關戚」中的王力，據說，也是要角之一。

一月二日，鄧小平致信劉少奇、周恩來、彭真，說華東局的柯慶施提議中央工作會議推遲到二月初召開，毛澤東已同意。而一月九日，周恩來從杭州打電話來傳達毛澤東的三項指示，其中就有同意柯慶施提出的二月五日先召開有中央局書記參加的小型會議，二月十日再召開有省委書記參加的中央工作會議。柯慶施這位被毛澤東稱作「柯老」的人，如此向毛澤東提議，固然也可認為是從工作出發的一種技術性建議，但總有示人以他與毛澤東關係非同一般之感。關於評《海瑞罷官》的「大文章」，不就是毛澤東讓江青找「柯老」來具體操作的嗎？最近有人寫回憶文章說，當時，「柯老」把這一光榮神聖而艱巨神祕的任務交給了華東局，而非上海市委，因為華東局宣傳部長俞銘璜去世而才轉給張春橋、姚文元等人，至於署名「梁壁輝」者，是與「俞銘璜」對稱而言，就如同康生不屑齊白石，給自己起一筆名「魯赤水」一樣；但張春橋身邊的人回憶說，「梁壁輝」是「兩筆劃」的諧音，意指文章是兩個人寫成的。這樁公案還有待更詳細權威的資料披露加以研究辨析。

一月二十八日，鄧小平和彭真、康生、伍修權等會見越南勞動黨中央政治局委員黃文歡，談及民主德國的黨代會上東歐各國對中國黨進行指責時說，「我們的看法和態度是要團結，在馬列主義的基礎上團結，在《莫斯科宣言》和莫斯科聲明的基礎上團結，要真團結。不能真團結，假團結也比公開分裂好一些。」二月十一日至二十八日，中央工作會議召開，決定成立中央反修文件起草小組，直屬常委會領導，組長康生、副組長吳冷西、小組成員有廖承志、伍修權、劉寧一、章漢夫、孔原等，而起草小組每寫成一篇反修文稿，均由鄧小平主持會議討論修改後報常委們審定。而幾乎與此同時，三月一日，中央發布指示，反對貪汙盜竊、反對投機倒把、反對鋪張浪費、反對分散主義、反對官僚主義的「五反」運動在全國部分城市逐步展開。

四月二十一日至二十五日，鄧小平赴杭州出席毛澤東主持召開的會議，討論修改致蘇共中央的覆信。五月十日下午，鄧小平再赴杭州，出席毛澤東召集的會議，著重指出：當前中國社會出現了嚴重的尖銳的階級鬥爭情況，資本主義勢力和封建勢力正在對我們猖狂進攻。要重新組織革命的階級隊伍，開展大規模的群眾運動，打退資本主義和封建勢力的進攻。五月二十三日，鄧小平返回北京。五月二十九日，鄧小平又到武漢，六月六日由武漢三鎮返京。在六月四日，鄧小平和毛澤東會見越南的黎筍、長征時說：「我們不怕蘇聯施加壓力，我們主要靠自力更生。我們欠蘇聯的債，準備在明後兩年還清。」六月二十三日，鄧小平和彭真率反修文件起草小組成員赴成都，但六月二十五日夜接到毛澤要求立即回京的電話，六月二十八日至三十日，連續三天下午出席毛澤東主持的會議，研究中蘇兩黨談判方針。在六月三十日晚上，鄧小平講了這樣一段話，「最近主席多次考慮了談判的方針。首先要估計一下，這次談判究竟能不能取得什麼成果。看來，取得什麼積極的結果，現在不可能。達成某種妥協，赫魯雪夫沒有這個準備，我們也不會現在跟他達成什麼妥協。這次談判的結果，實際上只能是兩個前途：一個叫拖，一個叫破。拖，就是拖下去，繼續爭論，各講各的。另外一個可能就是破裂。我們估計，他現在不敢破裂。但是，我們一定要做破裂的準備。」七月五日至二十一日，鄧小平率團赴蘇聯，彭真為副團長，成員有康生、楊尚昆、劉寧一、伍修權和潘自力，潘自力是當時的中國駐蘇大使。在蘇聯期間，雙方互不相讓，各執一端。在發布會談公報稿時，鄧小平指示吳冷西，不要說「友好的、同志式的氣氛」，刪除「兩黨一致同意停止公開爭論」，只講「會談暫告一段落，以後再繼續舉行會談，會談的時間、地點另定」。七月二日下午，鄧小平率團回京，受到毛澤東、劉少奇、周恩來、朱德、董必武等及首都五千多人的歡迎，氣氛熱烈，頗有凱旋而歸吐氣揚眉之慨。七月二十三日，中央確定與蘇公開論戰。在鄧小平的直接領導下，自一九六三年九月至一九六四年七月，有九篇評論蘇共《公開信》的文章，史稱「九評」。一九八九年五月十六日，鄧小平在北京會見戈爾巴喬夫，坦言雙方都說了不少大話、空話。此後一段時間，鄧小平還把精力投入到對工業的關注上。一九六三年八月十三日，中央決定成立航空工業部和造船工業部。八月二十日至二十四日，在主持中央《關於工業發展問題》起草委員會會議時，鄧小平很有針對性地講了這樣的話：「現在似乎還找不到一個國家，基礎工業很差，而尖端工業發展很快的。而我們的弱點基本在農業，基礎工業本身也存在不少問題。鋼鐵兩頭，采礦和軋鋼，都差得很多。有色金屬工業很薄弱。機械工業的力量也很差。石油產量只有幾百萬噸，燃料就靠煤。我們的技術水平還不高，技術種類也還不全。缺乏精密的、大型的、特種的機床。一些重要的軍工產品還有許多技術問題不能解決。僅有三萬四千多公里鐵路，近三分之一要換鋼軌，許多橋梁也要修補。技術人員不足仍是各部門存在的尖銳問題」，鄧小平這一對家底盤點清晰的講話，在當年的政治氣氛中，是否會讓人有一種看問題過於悲觀的印象啊！九月十日、十二日、二十四日，在與彭真一同會見阿爾巴尼亞客人時，鄧小平說，「對危險要有足夠的估計，但也要分析各方面的情況。我們也處於幾面受敵的形勢，但我們的軍費一直沒有增加。我們要利用這個時間，好好地搞建設。當然，必要的軍事，我們還是要搞的，包括原子彈。」鄧小平講自身困難，四面受敵，是否是針對阿爾巴尼亞又張口要援助呢？九月十六日，和彭真一同與艾地會談，鄧小平說，「過去我們有點教條主義，以為鋼多就代表一個國家的工業水平，其實不是那麼回事。十五年趕上英國的口號不準確，我們不再提了。」這個印尼的共產黨人艾地，後來死於非命，毛澤東還賦詩、填詞悼念他。今年，習近平夫婦赴印尼巴里島出席APEC會議，如今在印尼主政的是蘇西洛，兩人會面之時，習近平不大可能會提及艾地吧？鄧小平在會見外賓之時，話題的落腳點還是在國內問題上。九月二十日，在會見日本客人時，鄧小平又說了這樣一番話：「硬搬人家的經驗，搬錯了也搬，這種教條主義是難免的。這不能叫錯誤，因為我們沒有別的選擇。一個娃娃開始走路的時候，總是要有人扶著走的。現在回過頭來看，我們在實際工作中有許多錯誤。問題在於要善於總結經驗，革命如此，建設也是如此。在開始公社化的階段，我們還缺少經驗，出現過一些缺點，如平均主義，公社規模太大，生產隊規模太大等等。對這些缺點，中央早已看到和注意到。一九五八年底毛主席就提出要反對平均主義。但是貧農和下中農很喜歡平均主義，幹部也喜歡它，反都反不掉。」國慶十四周年，中聯部提出按左、中、右派區分處理兄弟黨發來的賀電、賀信，周恩來提出異議：「兄弟黨來電來信祝賀我國慶的不會太多。既來祝賀，公開罵我者亦不會多，有之亦可能是含沙射影。人既賀我，分得如此清楚，反易授人以柄，不如一律發表，或者一律擇要發表。其次序亦照來的先後排列，讓讀者自己判斷，不要加以軒輊。」鄧小平批示，「即照總理意見辦理。」周恩來的這一意見，成為中國處理外國客人賀電、賀信的一種規矩，沿用至今。

十一月三日，鄧小平與劉少奇赴杭州，十一月九日返回，討論農村「社教」活動以及反對現代修正主義的問題。「現代修正主義」，當時的理解，就是指蘇聯。十一月二十三日，鄧小平在會見外國客人時說，「我們黨為中蘇爭論花了很大的精力。就我個人來說，一九六〇年跑了三次莫斯科。」十二月十二日，新華社公佈經劉少奇批准，周恩來出訪期間，鄧小平代行總理職務。

十二月十七日，鄧小平到醫院向羅榮桓遺體告別，二十二日，鄧小平參加各界公祭羅榮桓大會並致悼詞。會後，鄧小平與林彪、彭真等人護送羅榮桓骨灰到八寶山革命公墓。羅榮桓是十個元帥中最早去世者，也是井岡山下來的老資格，多年與林彪搭檔，素有「政工元帥」之稱。此前，多有文章誇大林羅之間的矛盾，還說，林彪沒有參加羅榮桓的「追悼會」，看來是一種妄加臆測以訛傳訛了。

明年，一九六四年，鄧小平就要六十歲邁入花甲之年了。在一九六四年的元旦晚上，鄧小平觀看了河南豫劇三團演出的現代劇《朝陽溝》。

國步艱難的中國，已進入「文革」前夜的焦灼之中了！

八、一波同志：請你囑人查查茅于功的問題

一九六四年的鄧小平，已經六十歲了，精力還是相當的充沛。在這一年，他看了不少戲，如《紅燈記》、《蘆蕩火種》等。他也以代總理的身分不斷會見外賓，論及內政外事。而在這一年，赫魯雪夫下臺，也就是赫魯雪夫剛過完七十壽辰之後吧，中國以周恩來、賀龍等組成代表團飛赴莫斯科，想探一虛實，結果發生了馬利諾夫斯基事件。雖然賀龍反應敏捷，當場予以駁斥，但此事件對毛澤東所產生的影響不容低估。毛澤東對王稼祥的所謂「三和一少」與劉少奇、鄧小平等人的「三自一包」心生疑惑，新的暴風雨似乎已經悶雷滾滾，而在五月十五日至六月十七日召開的中央工作會議之上，毛澤東提出「全國基層有三分之一的領導權不在我們手裡」，提出要放手發動群眾澈底革命，「文革」的端倪似已顯現。而到了年底，也就是十二月十五日至一九六五年一月十四日的中央工作會議，毛澤東對社教活動提出嚴厲批評，認為農村社教活動「只依靠工作隊，不依靠群眾，搞神祕化」，毛澤東要求各級領導迅速改變這種狀況，文件直接同群眾見面，迅速打開局面。實際上在一九六四年十二月二十日，毛澤東與劉少奇發生正面衝突，多年積累的矛盾頓然爆發，令人茫然無措，風聲鶴唳。而劉少奇高調把自己的夫人

推到前臺，將王光美總結的桃園經驗印發全黨，並讓王光美到各地做報告，毛澤東也許口頭表達過贊賞之意，而實際上卻很不以為然。毛澤東曾說過，「整個河北省委都沒有王光美高明？華北局也沒有王光美高明？」桃園在河北，隸屬華北局，毛澤東才有了這樣一番評點。

新年伊始的一月三日，鄧小平出席劉少奇主持召開有中宣部和文藝界有關人士參加的座談會，傳達毛澤東在一九六三年十二月十二日也就是新華社公佈鄧小平任代總理的那一天關於文學藝術的批示，聽取周揚的彙報。毛澤東在中宣部文藝處編印的一份材料上批示「各種文藝形式——戲劇、曲藝、音樂、美術、舞蹈、電影、詩和文學等，問題不少，人數很多，社會主義改造在許多部門中，至今收效甚微。許多共產黨人熱心提倡封建主義和資本主義的藝術，卻不熱心提倡社會主義的藝術，豈非咄咄怪事。」有了毛澤東的這樣措辭峻烈的批評，鄧小平當然要有所動作，加以貫徹，他指出：目前文藝戰線要抓三件事，統一認識，要正確估計形勢，明確方向；擬定規劃，積極提倡演現代戲；加強寫作隊伍。鄧小平身體力行，一月九日晚，即去觀看八一電影廠的《農奴》；二月二十日，觀看廣州軍區戰士話劇團的五幕話劇《南海長城》；三月十九日，觀看電影《激流勇進》；四月十八日、十九日，在濟南觀看呂劇《搬窯》、《姐妹易嫁》；四月二十七日晚觀看北京京劇團演出的現代京劇《蘆蕩火種》；五月八日，接見軍隊第三屆文藝會演全體人員並觀看演出；八月十日晚，觀看山東京劇團演出的京劇現代戲《奇襲白虎團》；十月一日，國慶十五周年，鄧小平和劉少奇、朱德、周恩來等在人民大會堂陪同各國貴賓觀看首次公演的大型音樂舞蹈史詩《東方紅》；十一月六日晚，觀看京劇《紅燈記》。鄧小平如此密集集中地關注現代戲，實際上並不完全是放鬆休息娛樂消遣而已，而是以身體力行向毛澤東表明：他還是對現代戲劇很熱心關注的。

一月二十二日，鄧小平將中央《關於向基層幹部、黨員和人民群眾進行反對現代修正主義教育的通知》批報劉少奇：「少奇同志，此件我原送主席審閱，他沒有看，退給我了（我也告他，如無時間，也可不看）。現宣傳部及定一同志有個別修改，我看可以。請你對修改處過目一下，即交尚昆發出。春節要用，不能再遲了。」毛澤東為什麼不看這個通知？也許真是沒有時間？也許是態度有所保留？一月二十九日下午，鄧小平在會見法國客人時說，「中美兩國大使級談判現在已進入第八年年頭，中心問題是美國要霸佔臺灣，要我們承認『兩個中國』。美國的威脅，也迫使我們不能不注意自己的國防。原子彈、氫彈，別人能搞的，我們也可以搞。」二月五日，鄧小平在會見外國客人時也說：「有人說我們是孤立的，實際上最孤立的是美國。原子彈靠不住，是嚇人的。何況總有一天我們也可以掌握原子彈。」十月十四日，赫魯雪夫下臺。十月十六日，鄧小平出席毛澤東召開的常委會，議論赫魯雪夫下臺一事，下午五時，鄧小平和毛、劉、朱、董、彭真、李富春等接見《東方紅》演職人員，周恩來當場宣布中國第一顆原子彈爆炸成功。把這些事情放在一起，不無慶賀之意。具體日期不詳，《鄧小平年譜》中只說是「二月中旬」，毛澤東有一批示給劉少奇、鄧小平，「少奇、小平同志：《人民日報》歷來不注重思想理論工作，哲學、社會科學文章很少，自然科學文章更少，把這個理論陣地送給《光明日報》、《文匯報》和《新建設》月刊。這種情況改過來才好。現在他們有了改的主意了，請書記處討論一下，並給他們解決幹部問題為盼！」說到幹部問題，鄧小平在二月二十三日，也就是當年春節剛過十天之後，就一份材料上反映橋梁專家茅以升及其侄子茅于功的遭遇以及近幾年知識分子有些消沉的情況，鄧小平批示給薄一波：一波同志，請你囑人查查茅于功的問題，如真有本領，要好好用。茅以升當時任鐵道技術研究所所長、鐵道科學研究院院長，茅于功曾留學英美，一九五〇年回國後曾在長春一汽任工藝總工程師，後因對蘇聯專家提出意見，被調到河南洛陽拖拉機廠，一九五七年被錯劃為右派。茅于功與茅于軾是兄弟嗎？茅家籍屬江蘇鎮江，也是人丁興旺的大家族。茅于軾是知名的經濟學家，也以直言著稱，雖已年過八旬，仍奔走各地講學不輟。

三月十四日，鄧小平會見柬埔寨的副首相也就是後來發動政變推翻國王施亞努親王的朗諾時，談及所謂中國威脅論，鄧小平說，「現在帝國主義說中國強大了要威脅世界，首先要威脅鄰國。我們自己的事還幹不完呢。中國九百六十萬平方公里的土地，大部分地方人煙稀少，經濟落後，交通不便，工業技術在國際上是落後的。可以看到，我們的穿著並不好，吃穿用要費很大的勁才能解決。要擺脫經濟技術的落後狀態，大體上需要五十年的時間」。而在四月四日，鄧小平在會見澳大利亞客人時，表述了同樣的看法：「我們對自己國家面貌的基本看法：一是落後，二是有希望。我們要擺脫落後面貌，實現工業、農業、國防和科學文化現代化，大約需要五十年的時間。有些外國朋友說，不需要這樣長的時間，我們說估計的長一點好。必須告訴人民，實現四個現代化需要時間，以便使人民瞭解我們國家的狀況和前進的方向，是比較好的工作。過去我們總指望著人家的幫助。指望不著了，只有自己動手。通過自己的努力，幹了不少事情。有了這幾年的經驗，我們更有信心了。當然，曲折還會有，錯誤還會犯。我們深信，沒有不犯錯誤的國家、政黨和個人，我們的著眼點是不犯大錯誤」。九月二十九日，鄧小平會見古巴客人時也說：我們總的面貌還是一窮二白的。有人說我們是五個人穿一條褲子，喝大鍋清水湯，這不是事實，但我們確實是落後，但「我們很幸運有毛澤東這樣的領袖。」

鄧小平當年對國情、對執政黨有這樣的認識，但是毛澤東是否這樣認識問題？前幾天，習近平還在一國際場合說，不要犯顛覆性的錯誤，何謂顛覆性的錯誤？而近半個世紀前治國理政的鄧小平已經有了這樣的覺悟，只可惜，兩年後即將席捲全國的長達十年之久的「文革」就要到來了，而鄧小平告別權力中心的時間也有點屈指可數了。

四月五日至二十日，也許是為了瞭解全國各地的具體情況，便於中央反修文件起草小組成員有更多的感性認識，鄧小平與彭真、康生等人帶隊，離開北京，在山西、內蒙古、寧夏、甘肅、陝西、河南、山東等地參觀考察。涉及地域從華北、西北、中南到華東，中間的四月十三日還和康生、吳冷西乘飛機到長沙，面見毛澤東，討論給赫魯雪夫七十壽辰賀電事宜，四月十五日自長沙飛回西安。而四月十八日上午鄧小平與彭真已到曲阜，開始參觀孔府、孔廟、孔林，這些「文革」中都要被砸毀的所謂「四舊」。六月十九日下午，鄧小平出席共青團九大並作政治報告，鄧小平說，我們現在做的事情，按照毛主席的話來說是搞階級鬥爭、生產鬥爭和科學實驗三大革命。三大革命概括起來講，就是要出兩個產品，一是發展生產力，一是保證中國不出修正主義。帝國主義特別是美帝國主義把中國出現修正主義的希望寄託在我們第三代、第四代。反修防修，鄧小平當時不會想到，毛澤東所謂睡在身邊的「赫魯雪夫」會是指劉少奇，也包括他本人吧？當然，毛澤東一直認為，鄧小平與劉少奇還是有所區別的，兩個人並不是一回事。

六月二十二日至七月二十五日，鄧小平和李富春、薄一波、蔡暢等到東北視察。七月十日，鄧小平在一汽聽取彙報後說，「我們有些搞工業的人總以為廠子越大越光榮，工人越多越光榮。不和其他國家比，還覺得挺光榮，一比就知道落後了。鞍鋼可能是世界鋼鐵企業中最落後的。我在大連造船廠看到鐵煉子都是他們自己生產，那怎麼行！現在，全國汽車行業有十六萬人，相當於美國福特汽車廠的一半。人家一年生產三百萬輛汽車，我們只能生產幾萬輛，這說明我們的水平落後！」、「辦企業不能關起門來，要做廣告，做宣傳，要擴大服務範圍，讓大家都來買你們的產品。」七月十五日、十六日，鄧小平在大慶說，大慶這裡很艱苦，冬天很冷，學習時間可以集中在冬天。夏天讀點報，自由看點書，必要時講一次課就行了，不要怕人家說大慶不搞政治了，不搞階級教育了。人人參加勞動，這不是政治嗎？不要再搞農田了，要多搞些畜牧業，多種樹。企業要做廣告，做宣傳，在現在看來是常識，而在「文革」之前，不大提倡自由買賣市場經濟，鄧小平這樣主張，也多少說明他看問題的獨到與敏銳。七月二十日晚，鄧小平去鏡泊湖，二十一日傍晚抵達。鄧小平在上個世紀八十年代，還又再次去過鏡泊湖，並題寫了「鏡泊勝境」的匾額。

十月六日下午，鄧小平在會見厄瓜多爾客人時說，毛澤東最突出的貢獻就是把馬克思列寧主義普遍真理同中國革命具體實踐結合起來，指導中國革命取得了勝利。一個國家的革命總會有曲折，不犯錯誤是不可能的。關鍵在於要及時總結經驗，不使小錯誤變大錯誤，變成路線錯誤。十月十五日下午，鄧小平和陸定一一起會見古巴客人。談及人民公社，鄧小平說，人民公社還是在試驗過程中，還要積累經驗。要真正辦好人民公社，看清楚人民公社的優越性，還需要五十年。鄧小平在十一月八日出席中央政治局常委會，議及馬利諾夫斯基事件。一九六四年十一月七日晚，中央代表團在莫斯科出席蘇方舉行的國際招待會。在招待會上，蘇聯國防部長馬利諾夫斯基對賀龍說，我們現在已經把赫魯雪夫搞掉了，你們也應該照我們這麼辦，把毛澤東搞掉，這樣我們就能和好了。賀龍當即指出，你的話是完全錯誤的，我根本不能同意。賀龍馬上向周恩來報告，周恩來聽後馬上找到米高揚：馬利諾夫斯基剛才胡說八道。這麼講是嚴重挑釁，我們堅決不能同意。這一事件，使中蘇關係更趨惡化，而賀龍為何如此警覺，也許是有人對彭德懷被扣上「裡通外國」的帽子在先的緣故？估計賀龍不會說俄語，而馬利諾夫斯基也不大會講漢語，兩人在招待會上交談，要借助於翻譯，又是推杯換盞觥籌交錯之際，難免醉意朦朧，又都是軍人，賀龍當時還是國防部副部長吧，蘇聯又出現過朱可夫猝然下臺的事件，凡此種種，豈能不讓毛澤東浮想聯翩？十一月十日晚，在常委會上，鄧小平作了相當有分量的發言：從代表團到莫斯科之後跟他們接觸的情況看，到目前為止，他們的表現並不是一種友好的表示，並不是向好的方向轉變，而是不好的表現。很可能他們並不是反對赫魯雪夫的路線，而僅僅是對赫魯雪夫的專橫跋扈、個人說了算有所不滿。另外還有不滿他把農業搞糟了。而在此背景之下，毛澤東與劉少奇的矛盾也步步升級，在歲末年初的中央工作會議與三屆全國人大一次會議交錯召開之時，毛澤東對劉少奇的不滿強烈爆發，而此年的毛澤東生日，向來不祝壽的毛澤東卻主動請客，宴席之上，語挾風雷，嬉笑怒罵，令出席者無不噤若寒蟬，無所措手足。而在一九六五年一月四日閉幕的三屆全國人大一次會議上，通過國務院副總理、國防委員會副主席等人選，國防委員會主席是劉少奇，副主席中，彭德懷已經靠邊，羅榮桓已經逝世，朱德擔任人大委員長了，剩餘七位元帥全是副主席，而鄧小平、羅瑞卿也在其中，程潛、張治中、傅作義、蔡廷鍇則屬照顧帶有榮譽性質，位列其間。但這次擔任副總理的則有十六人之多，也真是陣容壯大近乎空前了。這些副總理是：林彪、陳雲、鄧小平、賀龍、陳毅、柯慶施、烏蘭夫、李富春、李先念、譚震林、聶榮臻、薄一波、陸定一、羅瑞卿、陶鑄、謝富治等，都是響噹噹的人物。

中國進入了一九六五年，在這一年，楊尚昆、羅瑞卿、彭真、陸定一，所謂彭羅陸楊相繼靠邊，《評新編歷史劇〈海瑞罷官〉》橫空出世，已到耳順之年的鄧小平的日子也難過起來了。

九、送康老修改，分量不夠

一九六五年元旦的下午，鄧小平出席劉少奇主持的中央工作會議中的華北小組會議，討論社會主義教育運動問題。一月五日下午，鄧小平出席毛澤東召開的常委擴大會議，也是討論農村社教問題。一月八日，鄧小平出席劉少奇召集的國防委員會全體會議。劉少奇從一九五九年任第二屆國防委員會主席，一九六五年繼續擔任，雖然他在一九六九年已經撒手人寰，但此屆任期至一九七五年才告結束。國防委員會與中央軍委相比，雖帶有名義性質，也安排一些國民黨元老，但因其有公開活動的便利，而劉少奇已擔任兩屆主席，有與軍方人士互動的管道與平臺，容易給人以想像的空間。賀龍、羅瑞卿的下臺，據說都與窺測風向與劉少奇過於接近有關，而劉少奇登門看望粟裕也是讓有的人心中頗為不快。據說因此之故，當然還有其他考慮，一月二十三日，中央軍委提出《關於取消軍銜制度的請示》，進一步強化黨領導軍隊的觀念與意識，而此時主持軍隊的林彪，據稱還有一些老帥，對身兼數職貫通黨政軍的羅瑞卿已經多有不滿，幾乎已經溢於言表，在相當的範圍之內散布羅瑞卿看林彪身體狀況不佳，劉少奇接班似乎已經毫無懸念有積極靠攏劉少奇的趨向，最終讓毛澤東痛下決心，於是在年底才有了以迅雷不及掩耳之手段拿掉羅瑞卿震動朝野之舉。

據說，針對劉少奇主導的指導農村社教活動的文件，毛澤東頗為不滿，夜招陳伯達，大幅修改，幾乎另起爐灶，擴展為「二十三條」，就在國防委員會全體會議的當夜，鄧小平致信劉少奇：這個文件由伯達寫後，經一部分大區同志討論改成的（我和彭參加）。主席囑送常委各同志，同時發工作會議各同志分組討論，提出意見，再作修改。一月十三日下午，鄧小平和周恩來、彭真、賀龍、陳毅等參加劉少奇召集的黨內生活會。但《鄧小平年譜》中未透露黨內生活會的絲毫細節。眾所周知，黨內生活會是共產黨內部開展黨內鬥爭的一種特殊形式。改革開放以後，兩任黨的總書記的辭職都是先由「生活會」引發的。而此次生活會，由劉少奇召集自我批評對毛澤東「不夠尊重」，讓與會者進行同志式地幫助，但這樣的會議所產生的效果顯然不能令毛澤東滿意。他的內心風雷激蕩，也許醞釀著更大的行動。也就在次日，中央工作會議閉幕，通過《農村社會主義教育運動中目前提出的一些問題》，即二十三條。二十三條指出：我國城市和農村都存在著嚴重的、尖銳的階級鬥爭。社會主義教育運動的根本性質是社會主義和資本主義的矛盾；運動的重點，是整黨內那些走資本主義道路的當權派。二十三條規定：今後城市和鄉村的社會主義教育運動一律稱「四清」，即清政治、清經濟、清組織、清思想。自此，「四清」運動持續展開，到一九六六年春，全國約有三分之一左右的縣、社先後開展了「四清」運動。

二月三日，鄧小平與彭真到機場迎接古巴的格瓦拉，自四日、六日、七日、八日鄧小平與劉少奇連續同格瓦拉舉行會談。格瓦拉九日在離京赴上海時，鄧小平還親自到機場送行。對格瓦拉從迎接到送行，如此規格之高，超出慣例。格瓦拉後來慘死在拉美森林之中。如今，格瓦拉作為理想主義的符號，不僅流行於歐美，也傳入大陸，更有孟京輝的劇本在一定範圍內演出，受人追捧。

二月二十一日，鄧小平批閱同意中宣部關於出版《蔣介石言論集》的報告。出版蔣介石言論集，是根據毛澤東的意思操作的，擬由中華書局和人民出版社共同編輯出版蔣介石言論全集，即使從提供反面資料的角度看，毛澤東的這一想法都是無可厚非且顯示出一位大政治家的雅量風致。三月二日下午，鄧小平主持書記處會議，聽取陸定一彙報文藝界的社教活動。鄧小平說，過去，工作隊下去是專找岔子，搞得幹部沒有出路。按照「二十三條」搞了以後，百分之八十幹部的積極性調動起來。文化界的下鄉三個月活動，也不要搞得那麼機械。輕體力勞動，可以搞一點。上了年紀的人就不要搞同住、同吃。針對圍攻、批判某些文藝作品和文藝界代表人物的現象，鄧小平說：現在有人不敢寫文章了，新華社每天只收到兩篇稿子。戲臺上只演兵，只演打仗的。這個不讓演，那個不讓演。那些「革命派」是想靠批判別人出名，踩著別人的肩膀自己上臺。要趕快剎車。可以看出，鄧小平是在根據自己的判斷憑藉自己的影響力試圖糾偏。在次日下午的書記處會議上，討論文教部門的社教活動，鄧小平又說，「二十三條」沒有出來之前，有缺點是不可避免的。現在要總結經驗，要研究根據「二十三條」，學校該怎麼搞？運動的範圍有多大？要達到什麼目的？應立即停止對馮定每週七小時的批判。運動的方向要轉到落實教學、調動教職員工積極性方面。馮定，當時是北京大學哲學系的教授。馮定曾任華東局宣傳部副部長，著有《平凡的真理》、《共產主義人生觀》等書，後來，也曾兼任過北京大學黨委副書記。黨政領導幹部到高校當教授，馮定算是很特別的一個例子吧？在當年！

自三月十三日開始，鄧小平就《評莫斯科的分裂會議》一稿，反覆修改，徵求意見，還與彭真飛往平壤聽取金日成的意見；三月十七日鄧小平與彭真、康生飛到武漢，向毛澤東彙報改稿情況；三月十八日，根據毛澤東的意見，把文章題目改為《評莫斯科的三月會議》；三月二十一日，此文以《人民日報》、《紅旗》編輯部的名義發表，中共與蘇共的關係再趨惡化，乃至在一九六九年因珍寶島事件幾乎達到了兵戎相見一觸即發的境地。北有「蘇修」咄咄逼人，而南邊在越南的美帝也是步步緊逼。三月二十九日，鄧小平和彭真同越南的黃文歡會談，論及形勢，鄧小平指出：「現在的形勢很可能發展成為比較大規模的局部戰爭，所以不光越南要解放思想，我們也要解放思想。我們要對各種可能作出估計，抓緊機會進行各方面準備。現在打起仗來我們還比較方便，我們兩家的指揮官都是現成的，對戰爭是熟悉的。如果我們紮紮實實地準備，美國可能只是在南越打，對北越進行轟炸。只要我們解放思想，從一切可能出現的情況來做準備，就能睡好覺。如果怕打爛罈罈罐罐，那麼就會睡不著覺的。」估計是因為鄧小平的這一番形勢分析，四月十九日、二十二日，鄧小平與劉少奇又會見當時的越南黨第一書記黎筍，七月十五日下午，鄧小平在出訪羅馬尼亞前夕，又與越南的中央政治局委員黎德壽會談。七月十七日至二十七日，鄧小平赴羅馬尼亞，避免不了與齊奧塞斯庫共進午餐之類的活動，當然也有不無借助羅馬尼亞，向蘇聯傳遞信息的考慮吧？七月二十二日，鄧小平在參觀途中向羅馬尼亞的陪同者說：蘇聯一下子撕毀了我們簽訂的上百個協定和合同，這在資本主義國家關係中也是沒有的，除非是宣戰。一九六五年三月四日，中國留學生黃照庚等四人參加在莫斯科舉行的反美示威遊行時，被蘇聯軍警打成重傷。在無法得到應有醫治的情況下，被接回國內。三月三十日，蘇方以「擅自停止學習破壞學習紀律」為由，將黃照庚等開除。如此挑釁行為，令中方大為光火。四月二十七日，鄧小平就康生、吳冷西的有關建議批示：先一天發表我政府照會。第二天發表揭露蘇共新領導人的兩版文章。中國內外交困，但阿爾巴尼亞要求提供鋼材、水泥的問題也撲面而來，鄧小平在四月七日向張愛萍批示道：「愛萍同志：經與總理商定，此事須連同阿方整個經援問題一並處理，不必單獨答覆，也不宜答覆太快。請與方毅同志處聯繫。」當時批判王稼祥的「三和一少」，要打腫臉充胖子，援助亞非拉的「窮兄弟」，鄧小平對此有切膚之痛。改革開放以後，鄧小平對有人鼓動中國要出頭，要在第三世界國家中充老大等高度警覺，堅決而清醒地表示決不當頭，而對有人提出是中國在救社會主義時，也是一笑置之，不予理會。

八月二十五日上午，鄧小平約彭真、賀龍、康生、羅瑞卿、楊尚昆、林楓、安子文等商談彭德懷等二十四人的工作問題。同日，鄧小平將安子文報送的《關於彭德懷等二十四人工作問題的請示》批報毛澤東、劉少奇、周恩來核閱。鄧說：「我們開了兩次會決定的。彭、賀、康、羅等同志參加。如必要，建議在主席處談談，請主席酌定。退安子文。」九月二日，毛澤東批退安子文：「在談話時，應說明希望他們改正錯誤。中央對他們寄予希望。」讓彭德懷再次出來工作，不無平反之意。九月二十三日毛澤東與劉少奇、鄧小平、彭真一同與彭德懷談話，贊成毛澤東提出的在西南成立三線建設總指揮部，由李井泉任正職、彭德懷任副職。毛澤東還對彭德懷說，出來工作，恢復名譽，將來若打仗，還可以帶點兵。十月六日，鄧小平還專門同彭德懷談其去西南工作問題。十月六日下午，鄧小平和彭真、羅瑞卿、李井泉、程子華、李大章等參加劉少奇召集的會議，討論彭德懷在西南的工作安排。李井泉是西南局書記，是三線建設指揮部正職，程子華是西南局書記處書記兼三線建設委員會常務副主席，而彭德懷曾經是政治局委員，更是十大元帥之一，個性剛直，性烈如火，如何安排彭的工作，還真是要頗費一番周章啊！但彭德懷此次復出不久，「文革」就爆發了，彭再次被揪鬥身陷牢獄，一九七四年一代元戎屈死於北京。季羨林說一生只佩服兩人，一是梁漱溟，一是彭德懷。據說，在二十世紀八〇年代之初，陳雲談及文化大革命未能避免的原因，他說：假如中央常委的人，除毛主席外都是彭德懷，那麼局面會不會有所不同？近來，有復旦教授朱永嘉撰文指責彭德懷在廬山會議上情緒衝動攪亂大局，引來多人質疑。這樁公案，還有待時日，才能逐步接近歷史真實吧？

九月十八日至十月二十一日，中央工作會議在京召開。十月二十七日上午，鄧小平還和楊尚昆在北京視察一工廠，而兩天之後的十月二十九日，鄧小平和周恩來、彭真同楊尚昆談其工作調動問題，實際上是要免去楊尚昆中央辦公廳主任之職，調其任廣東省委書記處書記，楊尚昆的中辦主任由汪東興接任。中辦主任，一向為各方所矚目，楊尚昆在此位置，據稱已達十七年之久。工作更換，本屬正常，但楊尚昆僅僅是安排廣東省委一書記處書記，其間自然大有玄機。有人說是所謂錄音事件，有人說是與劉少奇過於走近之故。總之，楊尚昆的去職還是引起不小的震動。當然，楊尚昆在「文革」後得以復出，先在廣東，後回北京，再返軍隊，直至出任國家主席。在公佈楊尚昆任職通知的十一月十日之時，鄧小平已於十一月一日乘飛機到成都了。鄧小平此行與李富春、薄一波同行，到川、黔、滇，主要是考察三線建設情況，而就在考察期間，也是楊尚昆調離之日，姚文元的《評新編歷史劇〈海瑞罷官〉》在上海《文匯報》發表，此文甫出，立刻引起全國強烈震動，這也成為發動「文化大革命」的導火索。《海瑞罷官》的作者吳晗，是一位史學家，時任北京市副市長，吳晗因此蒙冤，最終慘死。吳晗有名著《朱元璋傳》、《特務政治》等傳世，但在有的學者筆下，吳晗也有不為人知的另一面，如何兆武的《上學記》。

鄧小平西南之行剛剛結束，便由昆明乘飛機到上海，出席十二月八日至十五日毛澤東主持召開的政治局常委擴大會議，討論羅瑞卿的問題。在此次會議之上，葉群、吳法憲、李作鵬等人發言，揭發羅瑞卿，其中還提到劉亞樓的生前談話。而劉亞樓已於當年五月七日在上海逝世，鄧小平還在五月十一日上午到中山公園中山堂弔唁劉亞樓，並出席了首都各界公祭劉亞樓大會。關於羅瑞卿的跨台，流行的說法是林彪對他不滿必欲除之而後快。羅瑞卿的女兒、幾次自殺未果的羅點點有多種著述論及其父親被打倒為「文革」祭旗的前因後果，而林彪之女、九一三事件的倖存者林立衡還與她有過一番談話，大意是說，羅瑞卿被打倒另有複雜原因，但最終拍板則是毛澤東無疑。十二月十日，根據毛澤東的意見，周恩來、鄧小平同羅瑞卿談話；一九六五年的一月八日下午，鄧小平與周恩來聽取彭真於一九六四年十二月三十一日和楊成武、一九六五年一月三日和李富春同羅瑞卿兩次談話的情況彙報；一月三十日，周恩來、鄧小平、彭真約羅瑞卿談話；二月一日，鄧小平與周恩來商討羅瑞卿問題；三月四日至四月八日，中央召開羅瑞卿問題小組會議，中央指定鄧小平、彭真、葉劍英三人組成工作小組負責處理羅瑞卿，葉劍英主持會議，而鄧小平在會前要求要堅持實事求是、治病救人、准許革命的方針；而在三月九日至四月四日，鄧小平與李富春、薄一波又乘專機離京到西北考察三線建設去了，此次考察，經西安，到蘭州，抵西寧，還去了延安。四月五日，鄧小平閱看彭真報送的《關於羅瑞卿同志錯誤問題的報告（草稿）》，四月八日，出席中共中央處理羅瑞卿問題工作小組會議，四月三十日，鄧小平將處理報告上報中央；五月十六日，中央批轉這一報告，決定停止羅瑞卿中央書記處書記、國務院副總理職務。其間，大將羅瑞卿倍感委屈憤而跳樓，被視為自絕於人民的頑固對抗，葉劍英賦詩有「將軍一跳身名裂」記其事。文革後，羅瑞卿復出，積極協助鄧小平穩定軍隊，而令人扼腕的是，他遠赴德國治腿疾引起其他病症復發而不幸逝世。

處理羅瑞卿的報告剛剛上報中央，只是履行手續，而毛澤東針對彭真的行動又開始了。毛澤東針對彭真的三次談話則是在一九六六年三月二十八日至三十日，而談話內容則是由康生傳達的。而就在一九六五年的八月九日，鄧小平在聽取時任團中央書記處書記胡克實的工作彙報時，針對學習問題，他還說了這樣一番話：「《毛選》怎麼學法才有益處，要研究一下，總要讓人學得有味道才行。像毛主席的四篇文章（指《紀念白求恩》、《為人民服務》、《愚公移山》、《反對自由主義》）前兩三年就學，現在又重複學，年年都學，作用究竟有多大？又比如討論，今年討論了，明年又討論，結果大家是帶著任務討論，而不是帶著問題討論。毛主席還有其他著作，還有哲學著作，可以輔導青年人學習《矛盾論》、《實踐論》，還可以讀一讀《共產黨宣言》、《社會主義從空想到科學》、《國家與革命》等等，馬列經典著作要選讀得寬一些。知識面要搞得廣一些。」很明顯，鄧小平這段話是針對林彪的。林彪主持軍隊工作以來，大肆吹捧毛澤東，編寫《毛主席語錄》，讓大家學習「老三篇」，斷章取義、要求立竿見影。羅榮桓對此不以為然，鄧小平對此也極力抵制，試圖糾偏，但林彪此舉卻讓毛澤東大為高興，「紅語錄」遍及各地，而到了「文革之初」，則更是「滿街紅綠走旌旗」了，毛澤東身邊的林彪舉著紅語錄一臉笑容的照片成為一種標誌性姿態，引人遐思無限。

一九六五年的鄧小平還有幾項活動，似可一提。四月十七日，鄧小平在審閱為其準備的在慶祝萬隆會議十周年招待會上的祝酒詞稿件時，批示道「送康老修改。分量不夠。」鄧小平稱康生為康老，也是表示一種尊重，也顯幾分親熱？據說，鄧小平自江西返回北京，在等待接受毛澤東接見的空閒中，曾經親自登門，拜望康生。鄧小平的女兒毛毛在其《我的父親鄧小平：文革歲月》中也有提及，並且表達了對康生學識淵博的敬仰而後來得知此人所謂「大奸似忠」的驚訝！七月一日，鄧小平和朱德、彭真等出席北京地鐵一期工程開工典禮，為北京地鐵奠基，鄧說：「地鐵車站建設要樸素大方、堅固適用，不要豪華。」七月三日，鄧小平和劉少奇、董必武等會見從海外歸來的原國民政府代總統李宗仁及夫人。八月十五日，在外交部有關新加坡獨立的文件上批示「擬同意照此電告陳總。主席、劉核閱。」十月十四日上午，談及「四清」有關問題，鄧小平表態：地主子弟表現好的可以加入貧下中農協會。十一月二十一日，鄧小平再次參觀遵義會議會址。十二月二十四日上午，鄧小平和周恩來朱德到中山公園中山堂弔唁黃炎培，黃炎培於一九六五年十二月二十一日逝世，袁世凱曾就黃炎培說過「江蘇人遇事生風予官不做」之語。黃炎培是知名的民主黨派人士，家中多人被打成右派，其中就有清華大學教授黃萬里。鄧小平難道不知道黃炎培這位當年向毛澤東提出週期率問題的民主人士家中有許多右派嗎？

十、我請求在可能的時候分配我一個小小的工作

一九六六年，六十二歲的鄧小平，是從權力中心被驅逐跌入深谷的一年。這一年，對鄧小平而言，春潮帶雨晚來急，黑雲壓城城欲摧，五．一六通知，處理羅瑞卿，搬倒彭真，更重要的是，毛澤東雖然認為劉少奇與鄧小平有所區別，但也認為「書記處是獨立王國」，「鄧小平耳聾，一開會就在離他很遠的地方坐著，從來不找他。」毛澤東說「鄧小平耳聾」，主要是指他在政治上的耳聾吧？

一月八日下午，鄧小平在書記處會議上論及高校改革問題。他說，「工科更要謹慎些。工科的學制應該多數是五年，少數是四年，不搞六年的。醫科也不要認為非得學那麼長，改四年制要進行試點，在少數學校試試，或在一個學校中選定某些系試試。」一月十日下午，鄧小平在會見外國客人時說：「如何搞共產主義，我們的老祖宗還沒有解決這個問題。共產主義的發展，要在社會主義的基礎上進行。共產主義要消滅三個差別，即體力勞動與腦力勞動的差別，城市和鄉村的差別，工業和農業的差別，後兩差別事實上是一個差別，所以實際上是兩個差別。蘇聯搞了幾十年，還沒解決這個問題。」鄧小平的這段話，至少表明，蘇聯搞了幾十年，還沒有解決問題，我們也不能急於求成，更不能畢其功於一役，

跑步進入共產主義。七月十七日，鄧小平在全軍政治工作會議上作報告。鄧小平的報告講國際、國內形勢，既要符合中央的口徑，但也有自己的新話。鄧小平是一個不大喜歡引用別人講話的人。講到軍隊問題，鄧小平認為如今的國際上是大動盪、大改組、大分化的一年。針對軍隊，鄧小平說：「一旦天下有事，將來仗打得好不好，要靠軍隊，要靠軍隊與人民結合。我們軍隊打的是政治仗，政治第一。戰爭是政治，戰略指導思想本身就是個政治。以弱勝強，以少勝多是什麼？是政治。打得贏就打，打不贏就走，是政治，是戰略原則。基本上來說，我們打政治仗。我們全民皆兵本身就是政治。解放軍的戰鬥力是建築在政治思想上面的。」諸多「文革」之前、之後的研究，大多認為軍隊是鐵板一塊，從彭德懷到林彪，毛澤東居其上操控一切，因軍隊的敏感性和複雜性，其他政治人物絕少過問，也是避嫌。據說，有人找粟裕談話，特別強調：軍隊裡面，你不要到處跑了。但鄧小平做為書記處的總書記，對軍隊工作也多有過問，這是一種資歷使然，也是作為成熟政治家深諳中國國情的一種自覺行為，軍隊在中國的政治格局中畢竟有著特別的分量。基於此，一月上中旬，總參召開的小型作戰會議，鄧小平也到會講話，這也是宣示一種存在與施加影響吧？二月四日，鄧小平審閱彭真批送的前中央文化革命五人小組起草的擬報政治局的《關於當前學術討論的彙報提綱》，後來通稱「二月提綱」。「二月提綱」同時分送劉少奇、周恩來、陸定一、康生、吳冷西、許立群、胡繩，這一「二月提綱」令毛澤東勃然大怒，心知肚明這是劉少奇、彭真等人態度消極抵制消解《評新編歷史劇〈海瑞罷官〉》的衝擊，報告中有「要堅持實事求是，在真理面前人人平等原則，要以理服人，不要像學閥一樣武斷和以勢壓人。」毛澤東認為此提綱是混淆階級界限，不分是非，並認為中宣部是閻王殿，北京市委和中宣部包庇壞人。而毛澤東的這一看法是在一九六六年三月二十八日至三十日在上海三次同康生、江青、張春橋的談話透露論及的，毛澤東在談話中點名指責彭真，實際上是為打倒彭真製造輿論。而在劉少奇主持常委會討論通過這一提綱並讓彭真、陸定一於二月八日赴武漢向毛澤東彙報時，毛澤東並沒有明確表示對提綱的不同意見。二月十二日，鄧小平批發「二月提綱」。說是前中央文革小組，是指此小組有別於江青、康生、陳伯達等主持的「文革」期間的「文革小組」，此小組根據毛澤東提議於一九六四年七月設立，由彭真、陸定一、康生、周揚、吳冷西等五人組成。三月一日，鄧小平還陪同日本客人觀看了現代芭蕾舞劇《紅色娘子軍》。

三月九日至四月四日，鄧小平與李富春、薄一波乘專機離京到達西安，考察西北地區的三線建設。在這將近一個月的西北之行中，鄧小平談及了許多具體問題。針對水土流失，鄧小平說，「我看過陝西米脂縣高西溝治理水土流失的電影，就是築壩田、梯田，那裡搞得很好，真是水平梯田，有水平。搞水土保持，就是要一條溝、一條溝地治。高西溝很好，是艱苦奮鬥，大寨精神。水土保持，主要就是走高西溝的道路。水土保持，黃土高原種樹，要搞一百年才行。」、「群眾手裡有了儲備糧就好辦了。甘肅等地儲藏糧食很容易，因為乾燥，挖地窖放起來，一百年也壞不了。全國農業問題的關鍵是解決北方的問題。」針對陝西負責人彙報在社教運動中劃補的地主、富農相當於土改時的一倍時，鄧小平說：「十多年來，老實勞動，接受改造，不搞鬼的，可以不再給戴帽子。要體現這個政策，這是一個很重要的政策。」在蘭州聽取時任寧夏區委第一書記楊靜仁彙報半工半讀學校時，鄧小平說：「業務教育這個道路是肯定了，但要一步一步地走，摸穩石頭過河。」鄧小平文革後復出主政，談及改革開放，多次強調要摸石頭過河，強調穩妥。鄧小平在一九六六年三月份就說要「摸石頭過河」，這也許是他較早說出這句名言吧？摸石頭過河，只不過是一種強調穩妥的形象化說法而已，也是一種工作方法，但是有人詬病石頭已經摸了三十多年了，但河似乎還沒有過去，實在是有點太慢騰騰了。在這樣的摸石頭過程中，新形成的既得利益集團成了堅持摸石頭就是不過河的主要障礙！三月二十六日，鄧小平在視察西北導彈基地觀看地空導彈發射後說：「一棵柳樹是一個小水庫，你們要栽樹，樹栽多了，將來氣候就變化了。」

鄧小平四月四日從延安乘專機回到北京，四月九日、十一日、十二日，鄧小平主持召開三次書記處會議，聽取康生傳達毛澤東關於彭真三次談話的詳細內容，開始醞釀打倒彭真。康生、陳伯達對彭真的「嚴重錯誤」進行了批判，擬決定成立新的以陳伯達為首的文化革命文件起草小組。四月十二日，鄧小平起草與周恩來、彭真聯合給在杭州的毛澤東的報告，報告是關於羅瑞卿的處理和對二月提綱問題的決定。鄧小平在信中說：為了當面報告上面兩個問題，擬由我們（恩來、小平、彭真）一塊到主席處請示。羅的問題擬請劍英、蕭華兩同志同去。學術批判問題，擬請伯達、康生兩同志同去。何時去（我們希望十五日去，因黎筍十五日離京），何人同去，請主席決定通知。在上述兩事談了之後，擬由小平、富春、秋里、一波、谷牧五人向主席彙報西北之行，主要談五年計畫的一些考慮。什麼時候談，我們見主席時面定。四月十四日，毛澤東覆信周恩來、鄧小平、彭真：四月十二日的信及附件，收到閱悉。請康生、伯達和其他可能去上海的起草小組同志於今天（十四日）或明天去上海，同上海同志商量一下文件問題，然後請康生、伯達二同志於十六日夜間或十七日上午來此地。你們可於十六日來此。各中央局是否要來人，請你們酌定。毛澤東又批示道：有一些地方修改，請斟酌。送恩來、小平、彭真、康生同志。四月十六日至二十五日，鄧小平出席毛澤東在杭州主持召開的政治局常委擴大會議。四月十八日下午四時十分，鄧小平同周恩來、康生、陳伯達談話；五時四十分，鄧小平和周恩來、康生、陳伯達在林彪處談話。都談些什麼呢？四月十九日上午，鄧小平在周恩來處談話；四月二十日下午，鄧小平和周恩來、陳毅在劉少奇處談話；四月二十一日上午，鄧小平和周恩來在劉少奇處談話，下午，鄧小平和彭真在周恩來處談話；四月二十二日下午，鄧小平同周恩來談話；四月二十三日上午，鄧小平同周恩來、汪東興談話；四月二十四日晚，鄧小平和劉少奇、周恩來同謝富治談話。如此高密度地談話，總不會是隨便聊天說山海經擺龍門陣吧？面對即將全面展開的文化大革命，這些老一輩政治家們也都在高度緊張心中很難說太有底地要投身其中吧？

五月四日至二十六日，中央政治局擴大會議在京召開，會議由劉少奇主持。會議依照毛澤東四月間在杭州會議上作出的部署進行。康生、陳伯達、張春橋等介紹情況，集中揭發批判彭真、羅瑞卿、陸定一、楊尚昆等四人的錯誤。五月十六日，會議討論並通過經毛澤東修改的《中國共產黨中央委員會通知》，後通稱「五一六通知」，決定撤銷「二月提綱」，撤銷原來的文化革命五人小組及其辦事機構，重新設立文化革命小組，隸屬於中央政治局常委之下。通知中有「全黨務必要遵照毛澤東同志的指示，高舉無產階級文化革命的大旗，澈底揭露那批反黨反社會主義的所謂學術權威的資產階級反動立場，澈底批判學術界、教育界、新聞界、文藝界、出版界的資產階級反動思想，奪取在這些文化領域中的領導權。而要做到這一點，必須同時批判混進黨裡、政府裡、軍隊裡和文化領域的各界裡的資產階級代表人物，清洗這些人，有些則要調動他們的職務。」此通知是發動文化大革命的指導性文件。它的正式通過標誌著文革大革命的全面發動。

會議召開當天，鄧小平致信劉少奇：同雪峰商議，為了不致使北京市工作停頓，擬發下面的通知，使雪峰馬上上班。如同意，請即批發。所擬通知是：「華北局、北京市委：中央決定由李雪峰同志代理北京市第一書記的職務。特此通知。」劉少奇當日閱批：「同意。朱、彭、譚閱後發。今天彭真同志已向我和小平同志提出：北京市的工作，他以後不管了。我們同意。」告知彭真本人，屬人之常情，讓譚震林知悉，因譚也是中央書記處書記，為何要告訴朱德？朱德固然是常委，但朱德往往示人以不大管事閒雲野鶴之狀啊！此前免去楊尚昆、清洗羅瑞卿，到如今的拿彭真開刀，都有跡可尋，毛澤東也批評中宣部是閻王殿，而陸定一的被整肅與其妻子嚴慰冰寫匿名信辱罵葉群散布葉群作風輕浮有關。因嚴慰冰的匿名信，林彪居然在會議上散發自己證明葉群是處女的材料，令眾多與會者瞠目結舌。林彪城府如此之深的人如此出離憤怒以中央副主席元帥之尊要證明自己的妻子與其結婚前是處女，這樣的行為既令人匪夷所思也讓人百思難解。五月五日，鄧小平在會議期間，專程赴上海迎接阿爾巴尼亞客人謝胡等，當日下午，鄧小平和周恩來、林彪陪同毛澤東會見謝胡。毛澤東會見來賓之時，談及鄧小平，毛澤東還說：他是一個懂軍事的。你看他人那麼小，可是打南京是他統帥的。打南京是兩個野戰軍，差不多一百萬軍隊。打上海、打浙江、打杭州、打江西、打福建，然後他們第二野戰軍向西占領四川、雲南、貴州。這三個省差不多有一億人口。毛澤東當著林彪等人的面，憶及鄧小平當年的赫赫軍功，是讓鄧小平感覺到在我毛澤東的心目中，劉少奇與鄧小平是分開的，不完全是一回事。五月九日晚，鄧小平和劉少奇、周恩來等陪同謝胡觀看現代芭蕾舞劇《白毛女》。謝胡當時在阿爾巴尼亞屬二號人物，後與恩威爾・霍查鬧翻，謝胡自殺身亡。

五月七日下午，鄧小平同周恩來談話。五月十八日，林彪在大會上發表長篇講話，集中講政變問題，震動全場，氣氛肅然，被稱作林彪五一八講話。在這一天，鄧小平和劉少奇、周恩來還會見了越南勞動黨中央委員會主席胡志明。五月二十二日，鄧小平將《關於陸定一同志和楊尚昆同志錯誤問題的說明》稿批送劉少奇、周恩來、朱德、林彪、陳伯達核閱，並另批報毛澤東指示。此說明稱：陸定一這幾年來反對毛澤東思想、攻擊林彪同志，替資本主義復辟製造輿論，陸的妻子嚴慰冰是現行反革命分子。楊尚昆私設竊聽器，盜竊黨的機密，同羅瑞卿等人的關係極不正常。五月二十四日，此文發出。五月二十三日，會議通過《政治局擴大會議決定》，停止、撤銷彭真、陸定一、羅瑞卿、楊尚昆職務，調陶鑄任中央書記處常務書記並兼任中宣部長；調葉劍英任中央書記處書記並兼任中央軍委秘書長，李雪峰兼任北京市委第一書記。這一人事調整，實際上距離鄧小平的被打倒已進入倒計時的讀秒階段了。五月二十五日，鄧小平在政治局擴大會議上作長篇發言，就毛澤東批評中央書記處是獨立王國及自己對文化革命很不理解很不認真很不得力作自我批評。也是在這一天，北京大學哲學系聶元梓等七人貼出《宋碩、陸平、彭珮雲在文化大革命中都幹些什麼？》，彭珮雲後來擔任過全國人大副委員長，其丈夫是王漢斌，也擔任過人大副委員長。聶元梓目前仍在世，已年過九旬，居住北京。五月二十八日，新的中央文化革命小組設立，組長陳伯達，顧問康生，副組長江青、王任重、劉志堅、張春橋，組員王力、關鋒、戚本禹、姚文元等。八月二日，陶鑄兼任中央文革小組顧問。八月三十日，中央通知在陳伯達病假或離京外出期間，由第一副組長江青代理中央文化革命小組組長職務。此小組逐步取代中央政治局書記處，成為文化大革命的領導機構，直至一九六九年九大召開之後的九屆一中全會之後，江青、張春橋、姚文元等都進入政治局，文革小組實際上被取消了。

雖然處境艱難，但鄧小平還在恪盡職守，就力所能力的範圍內發揮作用。六月一日，《人民日報》發表陳伯達主持起草的社論《橫掃一切牛鬼蛇神》。六月四日，陳伯達在常委擴大會議上提出撤銷時任中宣部副部長、新華社社長兼《人民日報》總編輯的吳冷西的職務，劉少奇、鄧小平沒有同意。六月六日，鄧小平就中央書記處新的分工致信毛澤東、劉少奇、朱德、林彪：「陶鑄同志已到中央，六月六日中央書記處會議（恩來同志參加），擬定書記處同志對於中央各部門的分工管理，作如下的調整：鄧小平——調查部，陶鑄——中央辦公廳、中央宣傳部（包括文教辦公室）、中組部，李富春——青、工、婦、統戰部，康生——中聯部、中央黨校，譚震林——中央監委。李先念、葉劍英、李雪峰三同志因主管專門工作，故未分工管理中央部門。譚震林同志亦因主管農口，故只分管監委。」六月七日，鄧小平和劉少奇、周恩來書面報告毛澤東考慮到中宣部現有的常務副部長都已停職反省，目前急需調來一位常務副部長幫助陶鑄主持日常工作，擬調湖南張平化來擔任；擬調現任廣東省委書記處書記兼廣州市委第一書記雍文濤擔任國務院文教辦公室常務副主任；文化部長，考慮提名蕭望東擔任比較合適。六月二十一日晚，在劉少奇主持的會議上，鄧小平嚴厲駁斥陳伯達撤銷工作組的意見；七月十九日下午，針對陳伯達再次提出撤銷工作組，鄧小平明確表示：全部撤工作組我不贊成。當時的劉少奇、鄧小平不會不知道，陳伯達的背後就是毛澤東？七月二十三日，毛澤東在聽取李雪峰、吳德關於北京文化大革命的情況彙報後，毛澤東說：我考慮了一個星期，感到北京的運動搞得冷冷清清，我認為派工作組是錯誤的。現在工作組起了什麼作用？起了阻礙作用。工作組一不會鬥，二不會改。現在總是怕字當頭，總是怕亂，怕反革命，怕動刀動槍，領導幹部都不下去，不到有亂子的地方去看看。七月二十九日，鄧小平與劉少奇、周恩來出席北京市委召開的萬人大會。周恩來、劉少奇在大會上作檢討性發言，鄧小平在講話中說：「我們對待這樣新出現的問題，採取了派工作組的辦法方法，我們這個決定是比較倉促的。有同志說，老革命碰到新問題，的確是這樣。」八月一日至十二日，鄧小平出席八屆十一中全會。八月四日下午，毛澤東再次嚴厲批評派工作組的做法，劉少奇進行解釋，兩人再次發生衝突。毛澤東夜闌人靜心潮澎湃撰寫《炮打司令部——我的一張大字報》，不點名地指責劉少奇與鄧小平等人。八月五日早上，此大字報張貼在中南海的一食堂牆壁上。八月七日，會議向與會人員印發了這份大字報。此後，對劉少奇、鄧小平的揭發與批判逐步升級。毛澤東的《炮打司令部》就寫在一張報紙上，筆走龍蛇，揮斥方遒，尖刻犀利，風馳電掣：「在五十多天裡，從中央到地方的某些領導同志，卻反其道而行之，站在反動的資產階級立場上，實行資產階級專政，將無產階級轟轟烈烈的文化大革命運動打下去，顛倒是非，混淆黑白，圍剿革命派，壓制不同意見，實行白色恐怖，自以為得意，長資產階級威風，滅無產階級的志氣，又何其毒也！聯繫到一九六二年的右傾和一九六四年形左而實有的錯誤傾向，豈不是可以發人深醒的嗎？」毛澤東發動文革後推波助瀾的此張大字報與毛澤東在韶山滴水洞裡致江青的信，還有一九七〇年八月三十一日毛澤東在廬山九屆二中全會上針對林彪、陳伯達的《我的一點意見》，堪稱最能體現毛澤東性格特點與行文風格的「文革三篇」，說其是別具一格的政治散文似乎也不為過，細細品讀，不僅是溫故知新，更是管窺毛澤東性格特點的重要文本。

八月八日夜，鄧小平與周恩來談話並出席周恩來主持的中央全會。會議通過根據毛澤東意見起草的《中國共產黨中央委員會關於無產階級文化大革命的決定》，通稱十六條，這一決定指出：這次運動的目的是鬥垮走資本主義道路的當權派，批判資產階級的反動學術權威，批判資產階級和一切剝削階級的意識形態，運動的重點，是整黨內那些走資本主義道路的當權派。要整理當權派，底牌終於亮出來了！八月十二日，林彪主持八屆十一中全會閉幕會，改組中央領導機構。改組後的中央政治局常委的排列順序為：毛澤東、林彪、周恩來、陶鑄、陳伯達、鄧小平、康生、劉少奇、朱德、李富春、陳雲。會議沒有重新選舉中央主席和副主席，但除林彪外，劉少奇、周恩來、朱德、陳雲的中央副主席職務從此不再提及。林彪實際上成為毛澤東的「接班人」。會議增補陶鑄、陳伯達、康生、徐向前、聶榮臻、葉劍英為中央政治局委員，增添李雪峰、宋任窮、謝富治為中央政治局候補委員，改組了中央書記處，撤銷彭真、羅瑞卿、陸定一的中央書記處書記職務，撤銷楊尚昆的中央書記處候補書記職務，補選謝富治、劉寧一為中央書記處書記。八月下旬，經毛澤東同意，建立中央政治局常委（擴大）碰頭會制度，吸收中央文革小組全體成員，討論黨政業務和文化大革命運動，碰頭會一般由周恩來主持。

八月十三日至二十三日，林彪主持召開中央工作會議。會議繼續批評劉少奇、鄧小平。會後，鄧小平把分管的中央調查部工作移交給康生，但毛澤東八次接見紅衛兵，鄧小平也都參加了。九月八日、九日、二十三日、鄧小平與周恩來談話。十月九日至二十八日，鄧小平出席中央工作會議。十六日，陳伯達在發言中說，提出錯誤路線的是錯誤路線的代表人，即劉少奇和鄧小平同志，他們要負主要責任。十月二十一日，鄧小平就自己將在二十三日作檢查一事致信毛澤東：「這是準備後天（二十三）在工作會議上的檢討稿，基本內容還是原來準備工作組會議講的，略有些文字和內容的更新。現送上，希望看看，並給以指示。」十月二十二日，毛澤東批示：「小平同志，可以照此去講。但在第九頁第一行『補過自新』之後，是否加幾句積極振奮的話，例如說，在自己的積極努力和同志們積極幫助之下，我相信錯誤會得到改正的。請同志們給我以時間，我會站起來的。幹了半輩子革命，跌了跤子，難道就一蹶不振了嗎？又題目初步二字可以去掉。」十一月二十五日、二十六日，鄧小平還參加了毛澤東第八次接見二五〇萬全國各地學生和紅衛兵的活動。經張春橋的鼓動策劃，十二月二十五日上午，蒯大富等人上街，打倒鄧小平的口號推向社會。

一九六七年的一月十一日，中央政治局會議決定取消劉少奇、鄧小平、陶鑄、陳雲、賀龍等出席政治局會議的資格。一九六七年四月三日，鄧小平致信毛澤東，迫切想求見主席，汪東興受毛澤東委託看望鄧小平，並轉達毛澤東的三條意見：第一，要忍，不要著急；第二，劉、鄧可以分開。第三，如果有事可以給他（毛澤東）寫信。一天深夜，鄧小平被毛澤東的秘書徐業夫接到毛澤東處談話，直到天快亮時才回家。鄧小平在談話中詳細彙報了三十年代離開紅七軍到上海向中央彙報工作的情況。在詢問以後如有事情向毛澤東彙報找誰時，毛澤東回答說可以找汪東興，也可以給他本人寫信。在毛澤東詢問對林彪的看法，《鄧小平年譜》中稱，「鄧小平未表態」。也許鄧小平覺得，此種情勢之下，再談林彪什麼，都不好措辭，也於事無補了吧？九一三事件後，鄧小平致信毛澤東，暢談對林彪、陳伯達的看法，但還是頗有分寸，沒有給人以落井下石事後諸葛亮之感。一九六七年的七月九日、七月二十九日，鄧小平致信毛澤東或汪東興，請求見毛澤東未果。一九六八年六月二十日至七月五日下午，鄧小平在家中開始寫《我的自述》，長達二萬六千五百多字。自述在最後說：「我的最大的希望是能夠留在黨內，做一個普通黨員。我請求在可能的時候分配我一個小小的工作，參加一些力所能及的勞動，給我以補過自新的機會。」一九六九年四月一日至二十四日，九大召開。一九六九年五月三日，鄧小平致信汪東興並請汪轉報毛澤東、林彪和中共中央。鄧小平在信中說：九大開過了，不知是否已到處理我的問題的時候。對此，我完全靜候黨的決定。我本人的最大要求是能夠留在黨內，使我能有機會，以一個普通黨員的身分，執行新黨章的規定。在我的餘年中，努力做好黨分配給我的工作，或參加力所能及的勞動，不斷地用毛澤東思想來改造自己的世界觀，盡力做一些有利於人民的事情，以求補過於萬一。

一九六九年五月五日，毛澤東閱看鄧小平的信以後批給林彪、周恩來及在京的中央政治局委員傳閱。此後，鄧小平處境有所改善，子女也被允許探望了。此年夏季，鄧小平夫婦方才得知鄧朴方在一九六八年八月底因不堪忍受「造反派」對其迫害，奮起抗爭，從被關押的樓上跳下，造成第十一、十二胸椎和第一腰椎壓縮性骨折，後因救治不力，形成高位截癱，留下終身殘疾。一九七三年三月二十九日下午三時，鄧小平和周恩來到毛澤東處談話，毛澤東說：努力工作，保護身體。當毛澤東問鄧小平這些年是怎麼過來的，鄧小平問答說「等待」。這是毛澤東與鄧小平兩人分別六年後的第一次見面。

十一、不忙，過了春節再走

鄧小平是在一九六七年的一月十一日被取消出席政治局會議資格的。此後的鄧小平基本上處於賦閒狀態。而在一九六七年的七月二十九日上午，由戚本禹具體指揮，在中南海批鬥鄧小平和卓琳，鄧小平夫婦受到體罰，並被限制行動自由。戚本禹目前仍然活著，據說住在上海。一天之內，鄧小平分別致信毛澤東、汪東興，請求面談，未獲允准。九月十八日，鄧小平致信汪東興，報告自己的遭遇，毛澤東在汪東興轉呈的信件上批道：「林、周、中央文革各同志閱，退汪存。」九月十九日晚，毛澤東在武昌同楊成武、張春橋、汪東興、余立金談到九大時說，選中央委員，劉、鄧是不是有區別？我看應該有區別。鄧小平打過仗，可不可以當中央委員？你們贊成不贊成？次日晚，仍是在武昌，毛澤東同時任武漢軍區司令員、政委的曾思玉、劉豐，還有空降兵第十五軍軍長、政委的方銘、張純青等人談話時又說，「鄧小平恐怕要保。一個，他打一些仗。第二，他不是國民黨的人。第三，他沒有『黑修養』。可不可以選他當中央委員，你們看？你們討論一下，九大誰可以當選中央委員？鄧小平是一個標兵。」處境艱難的鄧小平沒有採取劇烈硬頂的鬥爭策略，而是有原則地檢討委曲求全地保持與毛澤東的暢通渠道，低姿態地彙報自己的思想動向，不攀扯他人，只自我反省。一月三日就衛生部「三個造反派」組織要求其交代錢信忠的問題，鄧小平給予配合，但卻把說明材料呈遞到汪東興的一份說明上：「許多事情實在回憶不起來了，只能寫成這樣子，請酌情處理。」鄧小平的說明是這樣寫的：「十多年來，錢信忠同二野的工作歷史關係是很久的。我們，主要是我，對他是信任的。我和其他一些負責同志長期認為，他在主持衛生工作方面是較有能力的。他的外科手術在當時條件下是難得的。他的工作，特別是戰場救護工作是努力的。所以我過去對他總的看法是小毛病很多，但大的方面還好，對戰爭是有功績的。錢信忠當衛生部長是總理提出來商量的，我是贊成的。對錢信忠任衛生部長事，我同安子文沒有什麼密謀。」錢信忠是共和國的第二個衛生部長，第一任衛生部長李德全是馮玉祥的夫人。錢信忠一生頗為傳奇，他是上海人，曾在同濟大學一附屬醫院行醫，結識了陳賡、程子華，後參加李默庵的部隊，但在一九三二年加入紅軍，在程子華、徐海東手下。錢信忠後歸入一二九師，算是鄧小平的部下，在太行山期間，編出《太行山藥物》一書，有「活神仙」之稱，一九五五年被授予少將，二〇〇九年去世，享年九十八歲。接任他的衛生部長劉湘屏是謝富治的夫人，現在仍居北京。一九六七年二月二十八日，就要求回答關於曾任華東局書記魏文伯一事，鄧小平致信汪東興實事求是地說：「我對魏文伯的情形是不甚瞭解的，他的歷史問題我不清楚。對他歷次工作調動，都不是由我提出的，其過程查檔案當可瞭解。」

一九六八年五月上中旬，鄧小平專案組成立。康生在五月十六日的人民大會堂會議上說，「鄧小平的問題不能直接提審，但要注意內查外調找證據。鄧小平的歷史問題一直沒搞清。」鄧小平專案組自一九六八年六月至一九六九年底，先後派出十幾批外調小組，調查地域涉及十多個省市區的一百多個市、縣，專案組給康生、黃永勝、吳法憲、葉群、李作鵬的報告中稱：「經反覆查核調查，到目前為止，除了入團、轉黨問題尚未找到直接人證，以及一些執行機會主義路線的問題外，還沒有查到有被捕、叛變、通敵等重大問題的線索。」周恩來審閱這一報告時，就鄧的入黨問題，批註道：「鄧小平是在留法勤工儉學時入團轉黨的，我和李富春、蔡暢同志均知道此事。」六年之後的一九七四年十月二十日，毛澤東在長沙對鄧小平說，「我不大懂北京的事，聽說要開人大，我看不用那麼急。要看總理的身體情況，看準備工作的情況。我不發表意見，你們去議吧。簡單明瞭，法國派好。」毛澤東所說的「法國派」，即指周恩來、鄧小平、李富春、蔡暢夫婦，可能還有聶榮臻。毛澤東最敏感黨內拉幫結派，彭黃張周也罷，彭羅陸楊也好，還有林彪陳伯達黃吳葉李邱也好，紛紛垮臺，而毛澤東內心深處會如何看待「法國派」啊。不管毛澤東如何敏感，自身處境怎樣微妙，周恩來在鄧小平最需要幫助的時候，還是挺身而出，為他說了公道話。

一九六八年十月十三日至三十一日，八屆十二中全會在京召開，劉少奇被永遠開除黨籍，並被冠以「叛徒、內奸、工賊」等三頂帽子。林彪、江青、康生、謝富治也要求開除鄧小平的黨籍，而毛澤東在全會開幕的時候則說，「鄧小平這個人，我總是替他說一點話，就鑒於他在抗日戰爭跟解放戰爭中間都是打了敵人的，又沒有查出他的別的歷史問題來。」在閉幕會上，毛澤東又說，「鄧小平，大家要開除他，有點區別，事實上是有些。我這個人的思想恐怕有點保守，不合你們的口味，替鄧小平講幾句好話。」一九六九年四月一日至二十四日，九大在京悄然召開。九大之後，鄧小平的處境有所改善，毛澤東、周恩來批示了鄧小平的來信，鄧朴方從北京積水潭醫院轉入解放軍總醫院做進一步檢查治療。十月十七日，根據毛澤東的指定，在京一些老幹部要於十月二十日或稍後戰備疏散到外地。董必武、朱德、葉劍英去廣東，陳雲、鄧小平、王震去江西，陳毅去石家莊，聶榮臻去邯鄲，徐向前去開封，基本上都是擺在京廣線兩側。本擬鄧小平去贛州，但周恩來說，贛州交通不便，山區條件差，應安排在南昌市郊為宜，並住兩層樓房，獨家獨院，便於照顧和保證安全。據此，鄧小平夫婦被安置到了南昌郊縣新建縣望城崗的原福州軍區南昌陸軍步兵學校的校長住宅，並選定新建縣拖拉機修配廠作為鄧小平夫婦的勞動地點。在十月二十一日的行前、十一月二十六日安頓下來後，鄧小平都致信汪東興，讓其轉告毛澤東自己的基本情況，事無巨細，如話家常，無一句牢騷怨言，都是安心改造之語，如：「保證遵循主席教導，小心謹慎，以一個普通黨員和社會主義公民的身分，盡力工作和勞動。」若有人將鄧小平書信集編一冊子進行評點解讀，一定會別有一番趣味。

機會終於來了。八月二十三日至九月六日，九屆二中全會在廬山召開。毛澤東寫下《我的一點意見》一文，開始在全黨範圍內批陳整風。實際上，有論者指出，九大召開前後，林彪「軍人集團」與江青「文革集團」已經形同水火，林彪的「軍人集團」多有戰功，大多是老幹部，在「文革」中穩定局勢異軍突起，全國二十九個省區的一把手有二十二人是軍人，而黃吳葉李邱紛紛進入政治局，儼然有尾大不掉之勢；而江青的「文革派」又不同於蘇振華、陳錫聯、吳德、紀登奎、李德生、華國鋒等所謂的文革「升遷派」，主張極端，氣焰囂張，令人側目，且多為舞文弄墨或不學無術者，而陳伯達看江青成事不足敗事有餘且受盡欺負淩辱，在心理上逐步靠近軍委辦事組一幫人。毛遠新當時在一九七〇年周恩來主持的會議上就說，廬山會議是一次未遂政變！此論令人大驚失色！陳伯達一介書生無一兵一卒焉能策劃政變，矛頭指向林彪已是呼之欲出。雙方圍繞九大政治報告展開較量，最終康生張春橋姚文元因毛澤東首肯而獲勝，林彪對此頗為窩火，而陳伯達則大哭一場，倍感一介書生依附政治領袖已陷末路窮途。所謂「天才論」、設立國家主席都不過是權力鬥爭借題發揮的幌子而已。九屆二中全會之後，洞察政治風雲的鄧小平於九月十三日、十月十七日、一九七一年二月三日致信汪東興，或談家事瑣碎，或表明政治態度，「我和卓琳的情形，同過去告訴你的完全一樣，每天上午到工廠勞動、下午、晚上，讀書、學習、看報、聽廣播，還做些家務勞動。除住宅和去工廠外，未出院門一步。勞動成了我們最大的一種需要，雖在盛暑，我們也堅持到工廠。在自己院內，還種了點菜蔬。我們對外沒有別的來往，只同幾個小孩通信。」從字裡行間，我們可以感受到的是鄧小平本乎真誠地安心改造、讀書學習、不惹事生非、不胡亂串門、不上勾下聯，一切聽從毛澤東的安排。九屆二中全會之後，黃吳葉李邱自顧不暇，哪還有心思管鄧小平專案組的事？而此時的毛澤東則是摻沙子、挖牆腳、甩石頭，免去北京軍區鄭維山、李雪峰職務，調紀登奎、李德生、吳德等接替。而自一九七一年的八月十五日，毛澤東離京南下視察，不斷找人談話，海闊天空，敲山震虎。毛澤東在杭州對南萍、熊應堂、陳勵耘、白宗善等人暢談黨的歷史，又說到鄧小平：「鄧小平不同於劉少奇，要有區別。百萬雄師過大江，當時有個前委，主要還是鄧小平起作用。」一九一三事件後，據說鄧小平，是在十一月五日才得知這一消息的。一九七一年十一月八日，鄧小平致信毛澤東，不卑不亢，鞭辟入理，令人動容。鄧小平以其一貫樸實無華的風格，在信中寫到：「林陳反革命集團這樣快地被揭發被解決，真是值得慶幸的大事。如果不是由於主席和中央的英明領導和及早地察覺，並且及時地加以解決，如果他們的陰謀得逞，正如中央通知所說，即使他們最終也得被革命人民所埋葬，但不知會有多少人頭落地，我們社會主義祖國會遭到多少曲折和災難。現在終於解除了這個危險，我和全國人民一道，是多麼的高興呵！」表態雖然不無時代痕跡，但恰切得體，落落大方，坦蕩磊落。爾後鄧小平筆鋒一轉，談及自身：「我在主席的關懷下，到江西來整整兩年了。這兩年，我每天上午到工廠勞動，下午和晚上看書、看報、聽廣播和做些家務勞動。除到工廠外，足不出戶，與外界是隔絕的。我們的生活，由於組織上的照顧，沒有什麼困難。」、「我個人沒有什麼要求，只希望有一天還能為黨做點工作，當然是做一點技術性質的工作。我的身體還好，還可以做幾年工作再退休。」、「此外，我希望能和子女們靠近一些，不免為兒女掛心，希望他們能分配到我工作的附近。這些都是我的一些心事，順便向主席訴說。」畢竟在一起戰鬥生活了大半輩子，鄧小平如此陳情，毛澤東豈能無動於衷？毛澤東批示，「印發政治局。他家務事請汪辦一下。」毛澤東有如此明確的態度，汪東興豈能、豈敢不辦？一九七二年二月份，鄧小平的黨組織生活被恢復，一九七二年八月三日，鄧小平在第四次聽取關於林彪集團有關材料的傳達後，當天致信毛澤東說：「對於林彪和陳伯達，沒有什麼重要材料可以揭發，只能回憶一些平時對他們的感覺。對林彪，覺得他是一個懷有嫉妒心和不太容人的人。對於林彪高舉毛澤東思想偉大紅旗，現在看來，他的確是為的打著紅旗反紅旗是準備奪權。」對陳伯達，「印象是這個人很自負，很虛偽，從來沒有自我批評，他會寫東西，對於能寫的別人，他是嫉妒的。」說過林彪與陳伯達，鄧小平又談到自己重新出來工作的問題，「在去年（一九七一年）十一月我在呈給主席的信中，曾經提出要求工作的請求。我是這樣認識的：我在犯錯誤之後，完全脫離工作，脫離社會接觸已經五年多快六年了。我總想有一個機會，從工作中改正自己的錯誤，回到主席的無產階級革命路線上來。我覺得自己身體還好，雖然已經六十八歲了，還可以做些技術些的工作（例如調查研究工作），還可以為黨、為人民工作七八年，以補過於萬一。」一九七二年八月十四日，年長鄧小平十一歲在九一三事件後大病一場的毛澤東在此封來信上作出大段批示：請總理閱後，交汪主任，印發中央各同志。鄧小平同志所犯錯誤是嚴重的。但應與劉少奇加以區別。（一）他在中央蘇區是挨整的，即鄧、毛、謝、古四個罪人之一，是所謂毛派的頭子。整他的材料見《兩條路線》、《六大以來》兩書。出面整他的人是張聞天。（二）他沒歷史問題。即沒有投降過敵人。（三）他協助劉伯承同志打仗是得力的，有戰功。除此之外，進城以後，也不是一件好事都沒有作的，例如率領代表團到莫斯談判，他沒有屈服於蘇修。這些事我過去講過多次，現在再說一遍。當晚，周恩來即召開政治局會議，傳達毛澤東的批示。有了毛澤東的批示，一九七二年十一月十二日至十九日，鄧小平夫婦赴井崗山參觀，十一月十四日晚還在井崗山觀看電影《紅燈記》。十一月十七日、十八日，在泰和，鄧小平說，「我也當過縣委書記，當縣委書記難。」

「毛主席是個偉人，總理吃了很多苦，很多老幹部，包括軍隊的老同志，都是總理保護的。」、「林彪垮臺了，我們黨的日子會好點。就是有那麼幾個書生在胡鬧。」十二月五日至十五日，鄧小平夫婦再下贛南，到原中央蘇區考察。十二月七日中午在於都，鄧小平說，我長征離開於都時，專門在於都彈了一床四斤重的棉被，這床棉被一直伴我走過長征。一個剛屆而立的翩翩少年，一個職業革命者，一個妻子已經投入他人懷抱者，一個在政治上還處於人生低谷的個子矮小的人，親自去彈棉花，即將踏上漫漫長途不知終點的人，會是一種怎樣的心境啊？多年後他的女兒問他，鄧小平淡淡地回答道「跟著走！」在會昌，鄧小平看了電影《英雄兒女》，在看到蘇維埃政府舊址處的一棵大榕樹時感慨道：「都變樣了，只剩下這個大榕樹。當年我經常在這棵樹下看書、看報。」在瑞金，當別人攙扶鄧小平時，他說，「不要扶，我還可以幹二十年。」一九七二年的十二月二十七日，紀登奎、汪東興覆信周恩來，提出：鄧仍任副總理，分配適當工作。當時的紀登奎是中央政治局侯補委員、中央組織宣傳組副組長、中央軍委辦公會議成員，還兼任北京軍區政委。

進入一九七三年，當得知中央通知讓他於近期回北京的消息，鄧小平說，「不忙，過了春節再走。」二月七日，鄧小平夫婦自南昌前往景德鎮，途經進賢縣，提出想見見正在進賢縣中辦五七幹校勞動的原秘書王瑞林。二月十一日，得到中央答覆同意，鄧小平夫婦到幹校見到王瑞林，帶王瑞林回南昌住了兩天。二月二十日，鄧小平登上福州開往北京的四十六次特快列車，二十二日回到北京。當晚，汪東興來看望鄧小平。三月二十八日晚十時，鄧小平赴玉泉山，同周恩來、李先念、江青談話，三月二十九日下午三時，鄧小平和周恩來到毛澤東處談話。分別六年，再次會面，多少感慨都在不言中啊！當天晚上，周恩來主持會議，鄧小平正式恢復國務院副總理工作。

一九七三年四月十二日晚，鄧小平出席周恩來為施亞努親王夫婦舉行的盛大宴會，首次在公開場合同中外人士見面。此前的四月九日，在玉泉山，周恩來鄧穎超夫婦與鄧小平夫婦長談並共進晚餐。

鄧小平重返政壇，一九七三年還要召開黨的十大，他的未來會是坦途無礙順風順水嗎？

十二、我認識毛澤民，還認識他的妻子錢希鈞

鄧小平在一九七三年回到北京重返政壇，這一年他已經六十九歲了，而工作的恢復不可能「一步到位」，達到文革前那樣的位置。畢竟現在的政治格局已大大不同於文革之前了。

在八月二十四日－二十八日召開的黨的十大會議上，鄧小平當選為中央委員。在八月三十日的十屆一中全會上，鄧小平並沒有進入政治局。王洪文、康生、李德生等為中央副主席，張春橋等為政治局常委並兼任總政治部主任。擔任副總理的鄧小平大部分時間就是會見外賓、參加追悼會、熟悉情況。七月十二日下午，鄧小平出席章士釗追悼會。章含之是喬冠華的夫人，章士釗的養女。章士釗於一九七三年七月一日在香港逝世，生前擔任過中央文史館館長，出版有《柳文指要》，因其在二十世紀二〇年代資助過共產黨的出國留學人員，多年後毛澤東從自己稿費中列支資助章士釗，算是一種不忘故人的表示吧！七月二十三日下午，鄧小平主持張奚若的追悼會，張奚若是知名教授，曾任教於清華，朱鎔基自稱也是他的學生，曾擔任過中國外交學會會長。九月十八日，鄧小平還到瑞典駐華大使的官邸弔唁瑞典國王古斯塔夫六世逝世。這個北歐國家因諾貝爾獎的設立每年都要吸引全球人的目光。一九七四年一月十

一日下午，鄧小平出席大將王樹聲的追悼會。一九七四年一月三十日下午，鄧小平出席王稼祥追悼會並致悼詞；一九七四年二月九日下午，鄧小平出席陳伯鈞追悼會；一九七四年三月二十日，陳毅的夫人張茜逝世，鄧小平曾到醫院向其遺體告別。一九七四年四月四日下午，鄧小平與周恩來一同到法國駐華大使館，弔唁法國總統蓬皮杜逝世。一九七四年四月二十三日，鄧小平出席傅作義追悼會。傅作義逝世前任全國政協副主席、國防委員會副主席。一九七四年五月十八日下午，鄧小平出席盧漢追悼會；一九七四年十一月二十五日下午，鄧小平出席大將張雲逸追悼會並致悼詞；一九七四年十二月七日下午，鄧小平出席滕代遠追悼會並致悼詞。生老病死，自然規律，難以抗拒。在告別這些戰友同事的追悼現場，一向沉默寡言的鄧小平環顧當時的政治形勢，又會有怎樣的一番思慮啊。

會見外賓，著眼世界大局是一種亮相，但彼此交談之中，也是一種交流思考與碰撞。一九七三年九月四日，鄧小平會見英國客人，談及中蘇關係，鄧小平說，「我們的條件很簡單，就是意識形態的爭論不妨礙兩國關係正常化。邊界問題我們的立場也很簡單，就是維持現狀，然後解決兩邊的爭議。不同社會制度、不同意識形態國家之間完全可以在五項原則的基礎上和平共處。意識形態的爭論就是打筆仗，要筆杆子，不是動真刀真槍。對我們威脅最大的是來自北方，這個歷史很長。蘇聯把百萬大軍放到我們的邊界上，我們對這個問題並不怕，問題是要保持警惕，要有準備，蘇聯同美國爭奪世界的重點還是在歐洲，蘇聯現在做的實際上帶有聲東擊西的性質。」一九七三年的九月二十九日上午，鄧小平到機場為喬冠華率領的出席聯合國大會的中國代表團送行，十一月三日下午，又到機場迎接。此一舉動，似乎不合常規，鄧小平是副總理，而喬冠華不過是部級官員，但鄧小平不拘泥於禮儀細節，他注重的是實效。一九七三年十月四日下午，鄧小平在會見坦桑尼亞客人時說，「中國是一個古老的國家，但被封建主義束縛二千多年，一百多年來被帝國主義欺侮。我們的祖宗遺留下的是一大塊地方，幾億人口，還有一點古跡。現代化東西少。過去西方人說我們是有色人種，是低人一等的民族。但是，我們自己站起來時，可以做一點事情。我相信我們彼此都有信心。彼此努力，不發達不行啊！人家要欺侮的。」十月十日至十七日，參加接待來訪的加拿大總理特魯多，還陪同他觀看了現代舞劇《紅色娘子軍》。特魯多訪華，規格空前，周恩來親自陪同他到河南洛陽，十四日，鄧小平又專程赴鄭州，陪同他到桂林參觀訪問，一直到十七日特魯多離開。送走客人後，鄧小平到湖南韶山參觀。鄧小平說，「這個地方我很早就想來，一九六五年想來，工作忙，沒來成。一九六六年又想來，後來就來不成了。」、「毛澤覃是個好同志，如果參加長征，也許不會犧牲。」我認識毛澤民，還認識他的妻子錢希均。他是一九四三年犧牲的。毛澤民於一九四三年九月在新疆被盛世才殺害，據說是徐孟秋告的密，而毛遠新就是毛澤民與朱旦華所生的唯一兒子，後朱旦華再嫁方志敏的弟弟方志純。朱旦華晚年回憶，不無自得地說：「我與兩個偉大人物的弟弟結過婚」，兩個偉大人物，就是毛澤東與方志敏。毛遠新作為毛澤東的親侄子被倍受鍾愛，悉心培養，文革後期已是瀋陽軍區政委、遼寧革委會副主任，實際上的東北「一把手」，擔任毛澤東的「聯絡員」，更是炙手可熱朝野側目，而鄧小平在一九七六年的再次倒臺，毛遠新雖不是關鍵因素，但也是重要誘因之一。毛遠新後來有十七年牢獄之災，據說，現生活於上海或南昌，其妻子是毛澤東委託王洪文、徐景賢在上海物色的一紡織女工，姓全。此女工的姐姐是軍人，大概是護士，被毛遠新認為不錯，但此女護士已經結婚，於是就想到了她的妹妹，組織上進行了一番考察，才讓她與毛遠新接觸，結果兩人很快就結婚了。據說，周海嬰憎惡周作人，是因為周作人說許廣平是魯迅的小妾，周海嬰可以去磚塔胡同，但是絕對不會去八道灣的。

一九七三年十一月十七日，鄧小平會見朝鮮客人。談及中朝關係，鄧小平說，「我們兩國是同甘苦共患難的戰友。在反對日本帝國主義時共同鬥爭，在反對美帝國主義的侵略時也是共同鬥爭，我們在共同鬥爭中，互相學習，互相協作，團結戰鬥，用鮮血凝成了友誼。這是很不容易的。所以，我們兩個國家之間的關係與任何其他國家之間的關係不同。在中國革命中，好多朝鮮戰友與我們一起戰鬥，流血犧牲，比如在抗日戰爭時期，好多朝鮮同志與我們一塊兒抗日。」從鄧小平的談話，就可以看出，中朝關係，的確不同於一般的國家關係。如今，中國軍人入朝作戰已經過去六十三年了，這場戰爭的是非功過固然尚有討論的空間，而從這場戰爭中，中國得到了什麼？朝鮮得到了什麼？美國與蘇聯又得到了什麼？如今，毛澤東的兒子毛岸英就長眠在朝鮮，這個毛澤東寄予厚望的兒子英年犧牲之時還不到三十歲吧？當朝鮮客人不無恭維地說中國取得了很大成就時，鄧小平說，「那是你們只看了好的，任何事物都有上、中、下；有好的、有中間的，有壞的，其中，中間狀態的占大多數。不好的和大量中間狀態的地方你們沒看到。其他方面一樣。如果要真正瞭解情況，上、中、下三種狀況都要看，有個比較。」

外交會談相對輕鬆，但一涉及到內政，可就複雜得多了。而外交又怎能與內政截然分開呢？鄧小平在一九七三年的十一月下旬至十二月上旬，列席政治局會議，批評周恩來在中美會談中的「錯誤」。鄧小平在發言中說，「看待國際關係和國與國關係，不能憑一次談判和某一句話來進行判斷，關鍵要看大的形勢。目前來看，要講打仗各方都還沒有準備好，特別是美蘇兩家自己沒有準備好。但是，如果真打起仗來也不可怕，以前我們用『小米加步槍』打敗了日本侵略者，今天就是再用『小米加步槍』，我們也能打贏」。十二月十二日，歷史上的西安事變這一天，鄧小平參加毛澤東主持召開的政治局會議，商議葉劍英提出的關於八大軍區司令員相互對調的建議。以前坊間多有流傳，八大軍區司令員對調是鄧小平向毛澤東的建議，現在看來，這一說法不準確，是葉劍英的提議，但鄧小平參與操作其事。毛澤東在這次會議上說：「我和劍英同志請鄧小平同志參加軍委，當委員，是不是當政治局委員，以後開二中全會追認。你呢（指鄧小平），我是喜歡你這個人的，咱們中間也有矛盾啊，十個指頭有九個沒有矛盾，就是一個指頭有矛盾。」十二月十四日晚，鄧小平出席毛澤東召集的會議，毛澤東又說，「現在，請了一個軍師，叫鄧小平，發個通知，當政治局委員、軍委委員。政治局是管全部的，黨政軍民學，東西南北中。我想政治局添一個秘書長吧，你（指鄧小平）不要這個名義，那就當個參謀長吧。」

十二月二十二日，中央發出通知，鄧小平任政治局委員，參加中央領導工作。十二月二十九日晚，鄧小平出席周恩來召集的會議，王洪文傳達毛澤東談話要點。

即將七十歲的鄧小平又進入政治局，躋身中國權力的最高層了。

十三、強加於人，一定要寫出贊成你的意見嗎？

進入一九七四年的中國，文革已經持續八年了。因九一三事件使得頭腦清醒的人開始反省審視這場運動，而再激昂亢奮的情緒也不可能無休止地一路高歌永不懈怠。八十一歲的毛澤東難以違抗自然規律已呈衰老之態，但，也許是身在北京感覺「氣候」不好林彪父子的如此結局令人心驚肉跳，也許是到了人生晚年遲暮蒼涼頓生葉落歸根之思，毛澤東再次離京選擇了回到長沙長住。在這裡，有他的激揚文字意氣風發，更有他的橘子洲頭板倉小徑的熾熱愛情「驕揚」倩影。年逾八旬的毛澤東當然捨棄不掉北京的紛紛擾擾治國大政，而周恩來、王洪文，還有鄧小平也就要往返於京湘之間，不斷得到「最高指示」，指導蒼茫的中國還要奮力探索艱難前行。

在一九七四年，年長林彪三歲的鄧小平也已經七十歲了，拿杜甫的標準來看，也算是步入古稀之年了。這一年的鄧小平，雖然在一九七三年已經進入政治局，也進入了中央軍委，而在一九七四年，則是更上一層樓：中央軍委六人小組成員之一、政治局常委、中央副主席、第一副總理兼總參謀長，而王洪文、張春橋也都水漲船高，王洪文是中央副主席，主持過一段時間中央日常工作，張春橋是中央常委，兩人也都在軍隊有職務，張春橋還兼任著總政治部主任。這樣的權力架構既有毛澤東的慘澹經營用心良苦，也有形勢發展到今天的蜀中無大將殘局難收的尷尬與無奈。這一年的鄧小平要縱論世界風雲，要遠赴聯合國，還要參加批林批孔批周公，更要時時注意與江青等人的合作共事，而周恩來的身體也是已經一天不如一天了。

一九七四年的一月四日上午，鄧小平聽取國家體委主任王猛等人彙報工作。鄧小平說：「李德生同志去瀋陽了，中央決定我暫管體委的工作。要加強學校的體育，要把學校的體育工作搞好。足球不從娃娃搞起，是上不去的。圍棋要從小搞起，有的八九歲、十一二歲就成名手了。」、「國際體育組織，怎麼能離開我們這樣一個大國呢？現在進去了，比賽也可能打敗仗，但是可以團結一批朋友！」鄧小平在近四十年前，就提出足球要從娃娃搞起。四十年悄然而逝，一代代娃娃也都早已兩鬢飛霜白髮滿頭，但我們的足球還是令人啞口無言，不也抓了不少人進監獄嗎？似乎不怎麼管用啊？你看曾經風雲一時的大連實德的徐明，他的心思都用在結交攀附權貴瘋狂尋租攫取暴利去了。與王猛談話以後，鄧小平在一月五日即致信周恩來、王洪文、李先念、紀登奎、華國鋒：「我找了體委三個負責同志談了一次，對他們會議所提今年方針和任務，認為可以。會議已經結束，中央沒有人去講話。」鄧小平說到的李德生，當時任中共中央政治局常委、中央副主席。不知何故，時間不長，就與陳錫聯對調出山海關去瀋陽了。這位曾是十二軍軍長的一九五五的少將，在一九八八年又被授予上將軍銜，以少將資格擔任中央副主席的，除了李德生，就是汪東興了，即使擔任了中央副主席，還兼任著中辦主任。一九五五年的海軍少將劉華清後來是政治局常委、中央軍委副主席。這樣的事情，恐怕在今後會很少發生了吧？鄧小平致信的人中，除了周恩來、王洪文，還有李先念、紀登奎、華國鋒，都是鄧小平被打倒六年後在政治上得以晉任的人物，玄都觀裡桃千樹，盡是劉郎去後栽。華國鋒是政治局委員、國務院業務組副組長，似乎還兼任著公安部部長，這個時候的華國鋒不可能想到兩年後毛澤東會對他更加委以重任託付如此之重，而在毛主席去世後的一九七六年十月六日，華國鋒更是果斷出手一劍封喉，一舉粉碎「四人幫」，成為「英明領袖」啊！

臺灣，始終是鄧小平思考的一個大問題。一月十二日上午，鄧小平會見日本客人時談及臺灣問題，「不管用什麼方式，臺灣總是要解放的，也許早一點，也許晚一點。我們跟美國人也是這樣講的，要抱住臺灣不放，那靠不住，抱不住。我們甚至告訴美國人，即使蔣介石那一堆人死反革命，反對祖國統一，臺灣還是要解放的。怎麼能夠設想，中國自己的領土會長期不回到祖國的懷抱裡來吧？祖國不實現統一行嗎？」四月二十六日上午，鄧小平在會見日本沖繩縣知事時，談及臺灣問題，鄧小平也說，「我們從來就說得很清楚，臺灣一定要收復，至於什麼時候收復，用什麼方式收復，那要根據我們的具體情況來決定。我們希望能和平解決，能和平解決更好。如果不行，那就要考慮別的方式，叫做非和平方式。」十月一日上午，國慶二十五周年這一天，鄧小平會見加拿大通訊社主席羅斯・芒羅一行。談及臺灣問題，鄧小平指出，「臺灣總是要回到祖國懷抱的。我們當然希望我們這一輩能解決這個問題，如果我們這一輩不能解決，我們下一輩總要解決。在國際上我們歷來反對『兩個中國』、『一中一台』的謬論。尼克森總統到中國來訪問，中美發表了《上海公報》，裡面就有這條原則，就是承認只有一個中國。美國贊成這樣一個根本的立場，我們雙方才達成建立聯絡處的協議。聯合國也是在驅逐了蔣介石的代表之後，我們才進入的。至於用什麼方式實現統一，我們當然希望通過和平談判來解決這個問題。但如果和平方式不能解決怎麼辦？恐怕只有非和平方式，不能放棄非和平方式。至於什麼時候解決，我們沒有時間表，還要看。」在談到參加奧運會問題時，鄧小平說：「這不取決於我們。只要不取消蔣幫在奧運會的代表權，我們就不進去。如果今天早上九點驅逐蔣幫代表，十點我們就進去。那時就參加奧運會的全部活動。這是我們的一貫立場，參加亞運會也是這個立場。」眾所周知，後來臺灣是以中華臺北的名義留在奧運會，中國自一九八三年始參加了在美國洛杉磯的奧運會後，持續至今。鄧小平所會見的芒羅不知與在二〇一三年獲得諾貝爾文學獎的艾麗絲・芒羅是否有什麼關係？是一個家族？艾麗絲・芒羅，也已經年過八旬了！十月二日上午，鄧小平在會見臺灣同胞、華僑以及華裔外籍人士時也說了同樣意思的話。當有人問後臺灣的問題時，鄧小平說，「這個問題以後還要考慮，特別是要與臺灣人民商量。不過可以說，解放臺灣以後，不可能把大陸上的一套馬上搬進去。」這也許是鄧小平考慮解決臺灣問題使用「一國兩制」辦法的較早端倪？十一月二十五日至二十八日，鄧小平接待來訪的美國國務卿兼總統國家安全事助理季辛吉及夫人。三天之內，鄧小平與季辛吉共有七次會談，兩人話題廣泛，縱論天下大勢，國際形勢、美蘇戰略、武器協定、西歐、日本、中東、柬埔寨以及中美關係等。鄧小平與季辛吉談話，核心還是臺灣問題，鄧小平說，「從本質上講，美方這些方案不是『日本方式』。所謂『日本方式』，就是美國對臺灣廢約、撤軍、斷交。目前，這些方案實際上還是「一中一台」的方式，無非是一個倒聯絡處的方案。目前中美在北京和華盛頓互設聯絡處，臺灣同你們設有大使館，這本身說明，中美兩國關係正常化的條件尚不具備。反過來，倒聯絡處同樣不是解決正常化的途徑。不論怎樣解釋，人們一看就認為仍然是一中一台的變種。所以，這個方案，我們難以接受。另一個問題是解決臺灣問題的方式問題。在美與臺灣斷絕外交關係並廢除防禦條約後，臺灣問題應由中國人去解決。關於臺灣問題和中美關係正常化，我們有三個原則，不能有別的考慮：（一）堅持《上海公報》的原則，不能考慮「兩個中國」或「一中一台」或變相的「一中一台」。如我們所理解的倒聯絡處，實際上也是「一中一台」，中方不能考慮。（二）臺灣問題只能在中國人之間作為內政自己來解決。至於用什麼方式，和平的，還是非和平的，如何解決，那是中國人自己的事，是中國的內政問題。（三）作為一個原則問題，我們不能承認在解決這個問題的過程中，其他國家參與什麼保證，包括美國的保證。」鄧小平與季辛吉還談及能源與糧食問題，「至於糧食問題，根本問題是，各國要注意糧食生產，不注意這一點，單靠美國和其他幾個國家的剩餘糧食能解決世界糧食嗎？不可能。鄧小平已經於一九九七年去世了，而季辛吉雖已年邁，但如今仍舊活躍在國際外交舞臺上，他的《論中國》等書仍舊高踞中國圖書排行榜，而就在二〇一三年，他還到了中國，與諸多政要接觸。這位猶太人在一九七四年有如此耐心與鄧小平舉行了七次會談，也是在摸中國的底牌吧？他們當然想知道，即將到來的後毛時代的中國，會走向何方？

估計是毛澤東的意思，也是發揮鄧小平的特長，外事工作一直為鄧小平所關注。在「文革」之前的鄧小平在中蘇論戰中的卓越表現，也許在毛澤東的腦海中留下了至深的印象。一九七四年領銜赴聯合國，非鄧小平莫屬。但江青卻對鄧小平的聯合國之行持有不同看法。二月二十五日至三月二日，阿爾及利亞革委會主席、政府總理布邁丁訪華，鄧小平和周恩來、葉劍英不僅到機場迎接，三人還共同到機場送行，而且三人還一同陪同布邁丁觀看現代京劇《杜鵑山》，而自二十八日上午至三月一日上午，鄧小平往返京滬，親自陪同，我們在那個年代對非洲兄弟真是夠意思啊！三月二十四日至二十七日，周恩來連續四天召開政治局會議，討論鄧小平出席聯大特別會議，而在此前的三月二十日，毛澤東讓時任外交部副部長的王海容提前轉告周恩來，讓鄧去聯合國，但暫不要講是他的意見，先由外交部寫請示報告。周恩來依據毛澤東的授意，送呈了建議鄧小平、喬冠華、黃華赴聯大的請示報告。而江青閱後予以反對，理由是「安全問題」、「國內工作忙」等。三月二十五日，毛澤東又派人轉告周恩來：鄧小平出席聯大，是我的意見，如政治局同志都不同意，那就算了，有了毛澤東這一意見，周恩來當即表示：完全同意毛主席的意見。周恩來將此意見轉告政治局其他成員，並讓王洪文轉告江青、張春橋、姚文元，而在二十六日的會議上，除江青外，與會者均同意鄧小平出席聯大。周恩來讓王海容、唐聞生將這一情況報告毛澤東。二十七日，毛澤東致信江青：「鄧小平同志出國是我的意見，你不要反對為好。小心謹慎，不要反對我的提議。」在這樣的情勢之下，當晚在中央主管批林批孔運動七人小組會議上，江青才勉強同意鄧小平率團出席聯大會議。這個七人小組由周恩來、王洪文、張春橋、江青、姚文元、華國鋒、汪東興等七人組成，代理中央處理「批林批孔」日常事務。而軍隊系統則是六人小組，由葉劍英、王洪文、張春橋、鄧小平、陳錫聯、蘇振華等軍委六人小組負責。從這兩份名單可以看出，只有王洪文、張春橋跨兩個小組，而實際上自以為居間協調的是江青，眾所周知，他是毛澤東的夫人。而鄧小平出席聯大會議，江青如此激烈反對，既有女人短視情緒化的一面，也有測試自己在政治局中究竟有多大能量的心思。但江青能提出理想的人選嗎？周恩來身體如此，而她若建議張春橋，其他人會怎麼想？毛澤東不是才批評過不要搞「四人幫」嗎？在四月六日鄧小平要出國前的緊張準備階段，他還在三月二十六日下午會見了奧地利客人，當談及貝多芬、莫紮特、舒伯特等人在中國受批判時，鄧小平說：「我們對貝多芬、莫紮特音樂大師歷來是尊敬的。我們只是說，在那個時代他們的音樂反映的是資產階級思想。那是歷史條件決定的，對他們的時代來說，他們是進步的，我們對他們還是尊敬的。」三月三十日，鄧小平將準備在聯大特別會議上的發言稿批送張春橋、姚文元：「這是除第一部分以外的全文（第二稿），似乎好一些了。現送上，請先看看。只此一份，我已要他們加送一份給你們。」鄧小平為此發言稿高度重視，修改有六稿之多，但張春橋、姚文元又能提出多少修改意見啊？周恩來對四月四日毛澤東在「發言稿」上閱批的「好，贊同」極為珍視，也是立此為據吧？他致信鄧小平、喬冠華：「為保存主席這次在小平同志發言稿上親批的手跡，請外交部影印（六稿）第一項若干份。印後退我，以便今晚在政治局傳閱後歸檔。」四月六日上午，周恩來、葉劍英等首都四千餘人到機場為飛赴紐約的鄧小平送行，而四月十九日下午回到北京，仍然是周恩來、葉劍英以及首都四千多群眾到機場迎接，這樣的場面，如今也許只能在平壤看到了吧？這一動作，真正體現了周恩來提出的「盛大歡送以壯行色」。鄧小平的演講是在四月十日的下午，作為第三世界的中國，在聯合國這一場合理直氣壯闡明立場，有別於美蘇的聲音，備受關注，也在情理之中。而鄧小平在四月十六日晚離開紐約次日抵達巴黎後，除會見法國總理外，還專門委託有關人員尋找當年他和周恩來等人在巴黎活動的住所舊址，是在義大利廣場的一家小旅館，但小旅館已經蕩然無存了。鄧小平還托人在巴黎街頭購買咖啡、法式牛角麵包、奶酪，回國後親自分份，派人送給周恩來、李富春、聶榮臻、蔡暢等，這些當年同在法國勤工儉學的戰友，毛澤東所說的「法國派」，而已在一九七二年一月六日逝世的陳毅是吃不到了。鄧小平在聯合國大會上贏得了掌聲，得到了尊重，但鄧小平對此時的中國國情還是有著相當清醒的認識，他在會見聯邦德國的客人時說：「切不要自封為領導者，幹不得這件事，這是很危險的。我們決不會違背我們的根本思想去充當什麼領導者；還是要平等待人，作為朋友也算是夠得上一個好朋友。國家無論大小，都有自己的長處，切不要把自己說成比別人高明。中國確實人口多，國家也比較大，有自己的地位，正因此，在處理一切國際間的關係上，我們自己更要謹慎，也更要虛心，切不要搞什麼強加於人這種事。」五月十一日至十四日，巴基斯坦總理布托來訪，在布托訪問的三天之內，鄧小平與布托舉行了三次會談，還與周恩來、王洪文陪同毛澤東會見布托。鄧小平在會談中說：「我們對國際形勢的看法是『天下大亂』，『山雨欲來風滿樓』」。從帝國主義特別是兩霸來說，是『無可奈何花落去』」。談及中美關係，鄧小平則說，「自從尼克森到中國來簽訂了《上海公報》後，中美關係有些發展。美國人自己也講，是出於兩方面的需要，也出於它們的需要。至於中美之間是否能關係正常化，關鍵是臺灣問題。它們提出要找尋一種方式，我們告訴它，沒有什麼好找的了，就是日本的方式，承認只有一個中國，不是兩個，也不是一個半。」這位布托，後來被處以死刑，而其也曾擔任總理的女兒，也是在一次競選集會上死於非命。布托的女婿後來擔任了總統，而據說，布托的外孫也有意在政治上發展。巴基斯坦，這個如今經常遭受美國無人機關注的國度，這個與印度相鄰的南亞次大陸的中國鄰國，這個賓拉登被美國人多年尋覓終於擊斃於斯的國家，其步入和平寧靜的日子還會很遙遠吧？在五月十三日上午，鄧小平會見日本客人時說：我們解放二十五年來做了一點工作，舊中國的面貌有了一個根本的改變。但我們還是落後的國家，要趕上你們那樣的水平，趕上西方的水平，恐怕還需要幾十年時間。你們一億人口就有一億多噸鋼，一個人差不多就是一噸多鋼。我們七億多人口，才兩千幾百萬噸。所以，有些國際上的朋友說我們也是大國，這實在不敢當。從經濟發達的程度來說，我們還是個小國，頂多算是個「中」國，即中等的「中」，不是中國的那個「中」。我們還面臨帝國主義威脅的問題。對國情的認知，鄧小平總是那麼客觀理性，入木三分。十二月五日上午，鄧小平會見日本創價學會會長池田大作，在談及中日人民之間要加深瞭解，要更加增進我們兩國人民之間的友好。鄧小平說：從長遠來說，中日兩國不能設想不世世代代友好下去，無論是對亞洲、太平洋地區來說，還是對世界來說都必須如此。我們建國以後，你們國內叫「臺灣幫」的一夥人，阻礙我們兩國關係正常化和兩國關係的發展。當然，就是在他們阻礙的情況下，我們兩國人民間的友好往來也比世界任何國家都多。田中首相、大平外相在他們當政的時候訪問中國，兩國關係正常化了。這說明那些人的行徑是不符合兩國人民的願望，特別是不符合日本人民的願望的。我們兩國人民沒有根本利害衝突，我們兩國政治家只要從政治角度來考慮問題，發展友好的基礎是很深厚的。希望兩國人民能世世代代友好下去，這主要靠我們兩國年輕的一代。鄧小平在三十九年前與池田大作的這番談話，在今天讀來，既有現實主義，更令人感慨萬端。中日友好，一衣帶水，源遠流長；但中日交惡，也史冊有載，不容迴避。而自晚清以來，特別是甲午之戰，日本蔑視中國之心日益膨脹，終於釀成二十世紀三四十年代的數載抗戰，但一九四五年之後，日本的侵華罪行並沒有得到應有清算而中國就內戰再起，緊接著又是援朝援越自我折騰，而戰後的日本則突飛猛進如饑似渴地恢復壯大，在美國的護佑下，迅速成為全球第二。二十世紀七八十年代，中日關係尚算平穩，而中曾根康弘、小泉、安倍晉三等相繼主政後，中日關係日趨惡化。小泉時代，高層不相往來，而如今的安倍則更是變本加厲氣焰囂張，中日關係跌到冰點進入死胡同。如何打破僵局，考驗著兩國政治家的智慧勇氣與擔當。目前，中日關係如何走出困境，似乎還看不到絲毫的曙光。

鄧小平在聯合國擲地有聲振聾發聵，與外賓交談自信滿滿思路清晰，但面對政治局的某些同事們，鄧小平就感到了非同尋常的壓抑與鬱悶。一九七四年的一月十八日晚，在政治局會議上，以葉劍英牽頭，組成五人小組，除葉劍英外，還有王洪文、張春橋、陳錫聯，後又加上蘇振華，鄧小平列名在張春橋之後，此小組對內對外不行文，一律以軍委名義下達。一月十九日，鄧小平參與指揮西沙海戰。一月二十日、二十一日，鄧小平參與討論西沙戰事。而一月二十五日下午，批林批孔動員大會在首都體育館召開，矛頭所向直指周恩來、葉劍英等。一月三十一日，政治局會議決定成立兩個小組，即上文所及的七人小組與六人小組。鄧小平要適應這樣的組織架構，政治的最高原則就是妥協。五月二十四日晚，鄧小平與周恩來、王洪文、張春橋、江青、姚文元等一同會見李政道，此前的三月十一日，中央軍委六人小組一起接見解放軍報社負責人。六月二十八日下午，鄧小平和王洪文、葉劍英、張春橋等會見楊振寧。七月十七日上午，鄧小平出席毛澤東主持召開的政治局會議，毛澤東在會上批評江青、張春橋、姚文元和王洪文自批林批孔以來所進行的一系列幫派活動，但爐火純青洞若觀火的鄧小平豈能不知，毛澤東的批評也僅僅是批評而已，根本無意於——也許是無力——解決「四人幫」的問題。建軍節前夕的七月三十一日，鄧小平和周恩來、葉劍英等在京政治局委員接見呂正操、楊成武、余立金、傅崇碧等。周恩來代表中央為他們平反。鄧小平批轉文件也是恪守職責，尊重他人，八月十四日在審閱空軍關於恢復業餘滑翔學校的報告時，除了簽署意見外，還批轉王洪文、張春橋、陳錫聯、華國鋒、張才千核示。外貿部、外交部呈送的日本中曾根通產大臣來訪請示，鄧小平除同意外，並批轉王洪文、張春橋、江青、姚文元、華國鋒核示。

鄧小平九月四日陪同毛澤東在武昌會見多哥總統後，與毛澤東有一番交談，頗有意味，很值得細細揣摩。

鄧小平問：最近看到主席關於兩個跑過臺灣的親蔣美國議員也歡迎們來華訪問的指示，我從這裡想到，今後這一類的問題是不是可以寬一些。

毛澤東答：要寬一些。

毛澤東問：四屆人大今年能開嗎？

鄧小平答：主要是人事問題。

毛澤東說：開個名單來嘛。

毛澤東說：賀龍要恢復名譽，不要核對材料了，楊余傅也解放了嘛。一個宋任窮，一個王恩茂，叫他們振作起來。不要搞得太緊張了。何必搞得緊張呢？

鄧小平與毛澤東的這一番談話，鄧小平返京後立刻在政治局會議上作了傳達。

九月二十九日，鄧小平修改了華國鋒、紀登奎代中央起草的為賀龍恢復名譽的通知，並經周恩來、葉劍英、聶榮臻修改政治局委員傳閱後報毛澤東審定，正式發出。九月二十五日，鄧小平在批閱文革前曾任司法部副部長最高人民法院院長王維綱申訴信後批給紀登奎：「請登奎同志酌處，我過去只知道王在監獄鬥爭很堅定，其他不瞭解。」九月二十八日，鄧小平和王洪文、江青等到北京體育館歡迎參加第七屆亞運會的體育代表團歸來。十月四日，王洪文向在武漢的毛澤東呈送報告，提出政治局近期擬籌備四屆人大，當日下午，毛澤東要秘書打電話給王洪文，提議鄧小平在四屆人大上任第一副總理並讓王洪文向政治局傳達這一意見，而王洪文並沒有立刻告知周、葉等其他在京政治局成員，而在當晚向江青、張春橋、姚文元作了通報。十月六日下午，鄧小平陪同周恩來會見加蓬總統，而《鄧小平年譜》中說，鄧小平十月六日、九日兩次到三〇五醫院同周恩來談話，應當包括會見加蓬總統邦戈這次吧？十月十一日，毛澤東指示，「無產階級文化大革命，已經八年。現在，以安定為好。全黨全軍要團結」。能安定嗎？樹欲靜而風不止啊。十月十四日，江青在新華社十三日《國內動態清樣》上有關「風慶輪」事件的報道上批寫大段批語：「試問，交通部是不是毛主席、黨中央領導的中華人民共和國的一個部？國務院是無產階級專政的國家機關，但是交通部確有少數崇洋迷（媚）外、買辦資產階級思想的專了我們的政。」、「這種洋奴思想、爬行哲學，不向它鬥爭可以嗎？」、「政治局對這個問題應該有個表態，而且應該採取必要的措施」。江青的口氣，儼然以後臺老闆自居，以勢凌人，無所顧忌。王洪文、張春橋、姚文元、康生等先後批示，同意江青意見。周恩來批「已閱」，而鄧小平則圈閱了江青的意見。三天之後的晚上，在政治局會議上，江青、張春橋、姚文元等人讓鄧小平表態。江青步步緊逼，讓鄧小平必須表態。鄧小平回應道：「政治局開會討論問題要平等嘛，不能用這樣的態度對人嘛！這樣政治局還能合作？強加於人，一定要寫出贊成你的意見嗎？問題還沒有瞭解清楚，就戴了這麼大的帽子，這會怎麼開？」鄧小平隨即憤然退出會場。當夜，江青召集王洪文、張春橋、姚文元商議，決定讓王洪文於十月十八日上午飛長沙報告毛澤東，「他有這樣大的情緒，是與最近醞釀總參謀長人選一事有關。北京現在大有廬山會議的問題。周總理雖然有重病，但晝夜都忙著找人談話，經常去總理那裡的有鄧小平、葉劍英、李先念等。他們來往這樣頻繁，是和四屆人大的人事安排有關。」王洪文的這番話，不知道毛澤東聽進去了多少，但毛澤東對王洪文說：「有意見當面談，這麼搞不好，要跟小平同志搞好團結」。毛澤東還讓王洪文回京後多找周恩來、葉劍英談，不要跟江青搞在一起。王洪文當晚返回北京。十月二十日下午，鄧小平在長沙陪同毛澤東會見丹麥客人後，同毛澤東單獨談話，但談些什麼，未見透露更多的文字。而我們知道的是，鄧小平去長沙前的十月十九日下午，陪同丹麥客人會見周恩來並彙報十七日政治局會議情況，周恩來找王海容、唐聞生談話。周恩來還先後找華國鋒、紀登奎、李先念、王海容、唐聞生等談話，瞭解情況。鄧小平致信王洪文，將毛澤東十月二十日下午與他的談話內容複述了一遍：「昨天下午陪外賓見主席，客人告辭後，我臨走時告主席，我沒有什麼話要說的，主席有什麼話沒有？」主席叫我坐下，說：「我不大懂北京的事，聽說要開人大，我看不用那麼急。要看總理的身體情況，看準備工作的情況。」我說，一定把主席的話帶回去，主席點頭。談話約一分鐘，在座的有海容、聞生、含之三同志，上述是同她們核對了的原話。以上，請酌告中央同志。對外賓談話待整好記錄印送。」而十月二十日下午，毛澤東同鄧小平還談到四屆人大修憲的事，毛澤東說：「憲法裡不要提我的名字。」鄧小平說：「人事問題北京在研究，想聽聽主席有什麼想法」，毛澤東除了上面的一段話，還有「我不發表意見，你們去議吧。簡單明瞭，法國派好。」最敏感最複雜的莫過於人事佈局，據說一九七〇年九屆二中全會前，毛澤東與林彪曾有一次談話，也是議及國家主席的設立與否，還有就是總理人選問題。毛澤東提到了張春橋，而林彪則推薦了邱會作。而據毛遠新的回憶，毛澤東曾讓他轉告王洪文、張春橋要讓一讓，自己遵義會議以後，不是等了十年嗎？所以王洪文才有十年後再看的話，此話讓鄧小平印象至深，因為王洪文出生於一九三五年，一九七四年的時候還不到四十歲，即使十年之後，也才五十歲啊！毛澤東與王海容、唐聞生也有一番談話，估計鄧小平不方便在場，聽取了這兩位女士的彙報後，毛澤東說：「風慶輪的問題本來是一件小事，而且先念已經在解決，但是江青還這麼鬧。」毛澤東讓王、唐轉告周恩來、王洪文：「總理還是我們的總理。如果他身體可以，由他和王洪文一起跟各方面商量，提出一個人事安排的名單。鄧小平任第一副總理兼總參謀長，這是葉劍英的意見，我贊成照他的意見辦。戰時有事，平時無事，掛個名。楊成武可以做個副總長，王洪文來的時候沒有這樣明確，再明確一下。委員長一二把手再考慮。總之，方針要團結，要安定。十月二十三日，鄧小平到醫院與周恩來談話。十月二十八日，據周恩來的意見，鄧小平到王洪文處談了談。當天晚上，鄧小平又到江青處談了談。鄧小平與王洪文、江青都談些什麼？未見一字披露。

十四、我年輕的時候就知道你們的凱末爾總統

一九七四年的十一月三日，周恩來在醫院召集部分政治局委員會議。十一月六日，周恩來致信毛澤東：我積極支持主席提議的小平為第一副總理，還兼總參謀長，便於楊成武同志學習工作，成熟了，小平可不兼，好為黨培養一個得力幹部。當天，毛澤東閱批同意，而十一月六日，毛澤東在長沙與李先念談話，李先念說：「政府工作報告，小平主持起草，架子可以了。」毛澤東說：我看三千字就夠了。五千字要念半個鐘頭。十一月十日晚，鄧小平到醫院同周恩來談話。十一月十二日，鄧小平陪同也門總統赴長沙見毛澤東。與客人會見後，鄧小平當面向毛澤東反映了十月十七日政治局會議情況，「我實在忍不住了，不止一次了。她在政治局搞了七八次了。我主要是感覺政治局的生活不正常，最後我到她那裡去講了一下，鋼鐵公司對鋼鐵公司」。「最近關於我的工作的決定，分量是有點重。」毛澤東說：「沒辦法呢，只好擔起來嘍。找幾個人幫幫忙。我們這個黨內也複雜呢，不要緊。第一副總理兼總參謀長，總參謀長沒有事做，但出了危險，就有事做了。」當晚，鄧小平回到北京，即到醫院向周恩來通報毛澤東的長沙談話。十一月二十八日晨，鄧小平在長沙向毛澤東彙報同季辛吉會談情況。十二月三日，鄧小

平同周恩來談話。十二月十二日，鄧小平和李先念同周談話。十二月十六日晚，周恩來召集會議商討四屆人大籌備工作，王洪文、張春橋、葉劍英、鄧小平、紀登奎等參加。十二月十七日，鄧小平陪同紮伊爾總統蒙博托赴長沙，晤見毛澤東，兩人又有一番對談，也是相當珍貴的政治記錄。

鄧說：四屆人大正在搞名單，二十日可以完成，準備先送給主席看了以後，總理和洪文來一下。

毛說：可以。

毛說：《政府工作報告》，看了一遍。

鄧說：工業十年來增加了一點九倍，每年遞增百分之一點幾。這個數目還可以。報告想提出到一九八五年鋼達到五千五百萬噸左右，糧食達到七千五佰億斤左右。

毛說：鋼五千五百萬噸太多了。

鄧說：到一九八五年恐怕就十億人口了。

毛說：人口非控制不可。

鄧說：政府工作報告不超過五千字，現在只有四千九百字，不超過主席的規定。

毛問：國際部分怎麼樣？

鄧說：我們研究了主席近來和外賓的談話，報告中考慮用「革命和戰爭的因素都在增長」的提法。

毛澤東說：天天講緩和，天天準備打。

鄧小平說：戰爭的危險來自兩個超級大國，主要來自蘇聯。

毛說：所以我說美國怕蘇聯。

鄧說：但最近揮舞戰爭大棒的是美國，石油問題和糧食問題，所以講多了不好。還是說，來自兩霸，不為美國開脫。

毛說：可以。

鄧小平：（談到對外合作和貿易），當然，我們什麼也不搞，也可以發展，但是速度慢些。現在國際上沒有哪個國家可以脫離國際範圍，都是取長補短，包括美國。以後國際環境可能還能爭取到五年，主要是美國不敢打，鋪得很開，蘇聯很集中。我們要利用這五年時間，不能耽誤。歸根到底就是主席講的要安定團結，搞建設不安定不行。我覺得主要的關鍵是要有穩定的、有威信的省委，要能夠發號施令，大家都聽，當然要發得對。這麼大的國家都靠中央不行。現在下邊議論，大家不安，大家感到亂哄哄的。比如，搞科研的絕大數沒有什麼事，不是說群眾不要求工作，是沒有辦法。曠工不是個別的，少數的，而且相當大量的，但這並不等於工人群眾對現狀滿意。總的意見是，這幾年認真抓一下生產，鞍鋼這樣的地方要搞好。

毛澤東：要先念、余秋里、你合作。

鄧小平：這個不成問題。恐怕還是革命和生產的位置怎麼擺的問題。我看，不安定，生產搞不起來，主席講八年了。這裡包括怎樣幫助省委樹立威信。

毛澤東：你這個想法好。

鄧小平在與毛澤東談話中，實際上還是希望安定團結，好好搞生產，抓整頓，也體現了他對一九七五年的工作思考。毛澤東大體上同意了他的想法，但似乎也還有所保留。

十二月十八日，與周恩來談話，當天葉劍英致信毛澤東，「謹呈」總參謀部領導班子名單：總長鄧小平，副總長楊成武、張才千、向仲華、彭紹輝、李達、王尚榮、胡煒、何正文共八位。

十二月二十三日至二十七日，毛澤東與來長沙彙報的周恩來、王洪文多次談話，議定鄧小平為中央副主席、中央政治局常委、中央軍委副主席兼總參謀長、第一副總理。二十八日晚、二十九日晚，鄧小平出席周恩來召集的會議，傳達毛澤東長沙談話。

鄧小平充滿熱情信心滿滿在一九七五年要開始大刀闊斧治理整頓了。

一九七四年，還有幾件事情，與鄧小平有關，似可一提。

五月二十日上午，鄧小平會見剛果客人談到蘇聯問題，他說：「社會主義陣營在五十年代末期，實際上已不存在了。蘇聯同東歐的關係，是陣營內正常的關係嗎？不是，是掠奪與被掠奪，剝削與被剝削、控制與被控制的關係。赫魯雪夫上臺後，對中國的關係，也要變成控制與被控制、剝削與被剝削的關係，他們手段是威脅。現在一百萬軍隊放在我國邊境也是想要起這個作用。其實，沒有什麼用處，我們並不在乎這一點。」

六月二十五日，鄧小平在一人民來信上就反映「要求南京軍區歸還佔用的江蘇省植物研究所」上批示：「軍隊佔用地方房屋，凡能騰出的都應歸還，此件轉給南京軍區處理（如來信屬實，應堅決歸還），並向軍委報告。」

七月十六日下午，鄧小平在會見土耳其外交部長時說：「我年輕的時候就知道你們的凱末爾總統，你們國家比我們先取得獨立。當時我們還是半殖民地，奮鬥了很多年，直到一九四九年我們才真正得到解放。」凱末爾總統是土耳其貨真價實至名歸的國父，中學歷史課本上曾寫作基馬爾。在土耳其無論是從東邊的凡湖到西邊的愛琴海岸，還是從土耳其海峽到黑海南岸，不管是伊斯坦布爾還是伊茲密爾，大都市也好，小鄉鎮也罷，到處都有凱末爾的塑像。這位凱末爾在奧斯曼帝國趨於崩潰之時，挺身而出，建立了土耳其共和國，迄今已經九十年了，更為重要的是，這位凱末爾倡行伊斯蘭的世俗化，引導土耳其靠近歐洲，更是大膽地採取人口置換的方式，讓一五〇萬穆斯林從希臘返回土耳其，而讓三十萬基督徒從土耳其回到希臘，相得益彰，各得其所。如今的土耳其因其地跨歐亞的得天獨厚，更因其開明的治國方略，已經儼然成為平衡中東乃至世界的重要力量。

八月二十六日上午，也是在會見剛果客人時，鄧小平說，「汙染問題是一個世界性的問題，我們現在進行建設就要考慮處理廢水、廢氣、廢渣這三廢。」談及南京長江大橋，鄧小平說，「那個橋原來是確定由蘇聯幫我們建的，赫魯雪夫上臺以後，想控制我們，達不到目的，就反對我們。他一夜之間就把幾百個合同撕毀，把幾千個專家撤走，也包括長江大橋這項工程。怎麼辦？只有按照毛主席的方針，自力更生，自己幹。那時候，西方世界對我們也是封鎖的。長江大橋也就是在這樣的情況下，我們自己幹的。結果證明也可以。」

九月二十日上午，在迎接中國健兒參加第七屆亞運會歸來會見伊朗駐華大使時，該大使說，下屆亞運會將在巴基斯坦舉行，希望中國在巴基斯坦後接辦第九屆亞運會，鄧小平當場表態：「如果朋友們都支持，我們對舉辦亞運會是不會拒絕的。」實際上，後來，巴基斯坦也沒有辦成第九屆亞運會，改由印度新德裡在一九八二年舉辦，第十屆則是韓國的漢城在一九八六年承辦，中國北京承辦第十一屆亞運會已是一九九〇年了。

九月下旬，鄧小平同劉志堅談話。劉志堅說自己不願意再擔任領導職務，只想做點研究工作。鄧小平說不要逃避，並在十二日再次約見劉志堅，宣布中央決定調他任昆明軍區政委，要他注意首先把軍隊的事情辦好，軍隊不搞派性，軍隊與地方派性脫鈎。周恩來與鄧小平都心裡清楚，必須儘快在毛澤東同意下大力「解放」老幹部以占領位置，為未來的彼此「較量」做好準備。

都在與時間賽跑。在一九七五年的中國政壇，鄧小平展開了全面的整頓，而毛澤東的容忍也是有限度的。且看鄧小平如何在這樣的複雜局面中縱橫捭闔打開局面吧！

十五、不外乎被打倒，要打倒就打倒我

一九七五年的鄧小平如同乘過山車一樣，大致以八月十三日清華大學劉冰來信為轉折點，前大半年，大刀闊斧，敢作敢為，治理整頓，頗有成效。而因轉交劉冰來信，引來毛澤東的不愉快，導致各種「幫助」他的會議次第展開，範圍由小而大，從四人、八人到十七人，對其進行批評「幫助」，此時周恩來的身體已日薄西山，終於熬到一九七六年的一月八日撒手人寰。而鄧小平的安危還被毛澤東所關注，不許他人插手。四月七日上午，政治局會議通過撤銷鄧小平黨內外一切職務的決定，而此前的二月二日依據中央通知，鄧小平實際上已停止工作。再次蒙難的鄧小平這位已經七十二歲的老人，只有再等待機會東山再起了。

鄧小平在一九七五年元旦這一天，出席政治局會議，討論四屆人大有關人事安排。一月三日、六日晚，出席政治局常委會，研究十屆二中全會有關事宜，而在一月五日，據毛澤東提議，中央發出一九七五年一號文件，任命鄧小平為中央軍委副主席兼總參謀長。一月六日，鄧小平約胡喬木談話，鄧小平說「現正在考慮，你和吳冷西、胡繩、李鑫等人當國務院顧問。由你多找一些人，多帶一些徒弟，組織一個寫作班子。像過去釣魚臺的班子那樣寫一批反修反帝的文章。現在的一般文章只有結論，沒有論證，不能說服人。可以提出一些研究和寫作的題目，如三個世界的劃分、戰爭與和平問題、資本主義世界經濟危機問題等，和毛主席不久前談到的關於無產階級專政理論問題。這些是國內外廣大群眾迫切需要系統解答的問題。」胡喬木說自己的問題還沒有做結論，他做這些工作不合適。鄧小平說：「你的問題實際上已做了結論嘛！」胡喬木自延安伴隨毛澤東左右，與陳伯達、田家英等，算是大秀才之一，但在「文革」中也靠邊了。而鄧小平復出後，組織國務院政治研究室，胡喬木是核心人物之一。最早看出毛澤東評《水滸》背後玄機的人之一就有胡喬木。鄧小平因轉送劉冰來信而再次觸怒毛澤東，而此信據說也是劉冰托人經胡喬木轉給鄧小平的。劉冰等人寫此封信，有人說是受當時在清華讀書的紀登奎女兒紀蘭的影響，也只能算是一家之言。鄧小平在一九七五年八月份以後受批評到一九七六年初被批判不斷升級開始，最終被撤銷黨內外一切職務，但「保留黨籍以觀後效」。毛澤東逝世後，華國鋒忙亂忐忑之中開始主政。據說，胡喬木判斷鄧小平再無東山再起之望，也開始積極「揭發」鄧小平。而再度出山的鄧小平對胡喬木所為根本毫不介意，仍舊委以重任信任有加，而鄧小平後來力薦擔任總書記人選者，據聞，胡喬木也是被考慮的人選之一。看王蒙追憶胡喬木的文字《不像樣子的紀念》，大略可以管窺這位獨特的久在中南海的不無文人情結的政治家的一個側面。鄧小平與胡喬木談話中所稱的「釣魚臺的班子」，是指一九六三年二月成立的中央反修文件起草小組，康生為組長，成員有吳冷西、廖承志、伍修權、劉寧一、章漢夫、孔原、許立群、姚溱、喬冠華、王力、範若愚、胡繩、熊複等，因集中在釣魚臺寫作，故有此稱謂。此寫作班子在「文革」前夕解散，因毛澤東有了張春橋、姚文元，當然還有已經是常委的陳伯達，再加上王力關鋒戚本禹，算是更為得力的寫作班子了。李鑫時任康生秘書，後任中辦副主任。據說，李鑫是最早或較早向華國鋒建議隔離審查「四人幫」者之一，此人後患病猝然身亡。

鄧小平開始整頓不僅著眼於手中有一寫作班子，而切入點先自軍隊入手。一月八日至十日，十屆二中全會召開，毛澤東再次強調「還是安定團結為好」，會議追認鄧小平為政治局委員，選舉鄧小平為中央副主席、政治局常委。一月十三日至十七日，四屆全國人大一次會議召開。周恩來繼續擔任總理，鄧小平等十二人為副總理，鄧小平在副總理中排序第一位。一月十四日，鄧小平聽取時任第一副總參謀長張才千、向仲華等人彙報軍隊工作，鄧小平說「我參加軍委工作後主要抓兩件事，一是抓工事，二是抓彈藥。」、「批林批孔是長期的，進行正面教育，納入政治工作的範圍，用政治教育的時間就夠了。」、「現在送軍委的文件太多，太零碎，我看要砍掉百分之七十到八十。工作要按級負責，分工負責，敢於負責。」一月十九日，在各大軍區負責人座談會上，鄧小平說：「軍委只準備兩項工作，第一是召開軍委擴大會議，其中一個大題目就是軍隊要整頓；第二是戰備，要準備打仗，解決戰略方針、裝備等問題。」一月二十五日，鄧小平在總參團以上幹部會上講話，傳達毛澤東提出的軍隊要整頓的指示。鄧小平說：「從一九五九年林彪主管軍隊工作起，特別是在他主管的後期，軍隊被搞得相當亂。現在，好多優良傳統丟掉了，軍隊臃腫不堪。軍隊的人數增加很多，軍費開支占國家預算的比重增大，把很多錢花費在人員的穿衣吃飯上面。」二月五日，經毛澤東批准，中央決定取消中央軍委辦公會議，成立由葉劍英、王洪文、鄧小平、張春橋、陳錫聯等十一人組成的中央軍委常委會，處理軍委日常工作，由葉劍英主持。《鄧小平年譜》中列舉了五人名單，其他六人未被提及，實際上原來的軍隊六人小組，還有蘇振華，查尋有關資料，另外六人是劉伯承、汪東興、蘇振華、徐向前、聶榮臻、粟裕。在這十一人軍委常委中，葉劍英是軍委常務副主席，繼林彪之後的國防部長，王洪文是中央副主席，還兼上海市委書記、上海革委會副主任，而張春橋是中央常委、副總理、總政主任兼南京軍區第一政委、上海市委第一書記、上海革委會主任。從黨內看，張春橋在王洪文之後；從上海看，張春橋又領導王洪文，猶如同林彪已是接班人、副統帥，但還兼任著副總理。陳錫聯當時任中央政治局委員、國務院副總理、北京軍區司令員。中國二十世紀七十年代政壇的職務交叉相互牽扯恐怕在世界政治史上都是罕有的了。二月八日，鄧小平聽取楊成武等彙報，鄧小平說：「總的精神還是軍隊定額一定要減，節約下來的錢用在裝備上。辦法首先是搞出個編制來。這個編制，不是講具體編制，而是指哪個單位大體上搞幾個機構，編制多少人，要有個標準，多了不行，少了可以。大軍區、省軍區的編制，不能一律，要根據不同的情況有所區別。有的部隊多，任務重，可多編一些，有的可以少編一些。海軍、空軍的體制現在不宜變。」二月九日，中央軍委召開第一次常委會議，鄧小平說，今年軍委擴大會議就是要集中解決這個問題（確定編制）。這個問題本身就是整頓軍隊。在所確定的編制中，大軍區可分三類，部隊搞大、中、小師，大、中、小團。軍委的炮兵、裝甲兵事情並不多，現在留個廟可以，以便安排幹部，但要縮小編制。幹部的編制可以寬一點，每師可以設四個副師長，每團三個副團長，這個不定下來，幹部也不好配備。三月三日，鄧小平出席中央軍委第四次常委會，再次強調編制：一定要搞個編製錶，有了編制，定額才能壓下來，要編制管定額，不是定額管編制，要在明確編制的基礎上才能精簡。我總是強調先要搞編制。編制就是制度，有理無理，第一條就是看你合不合編制。三月十日、十九日，鄧小平出席軍委第五、第六次常委會議，討論撤銷新疆軍區生產建設兵團和現役幹部的安排和編制問題。在會議結束時，談到李天煥的問題，鄧小平說：「李天煥的女兒給我寫信，說現在只准她每週和李見一次面。李天煥為什麼還在關著？要先放出來，回家或到醫院治病。不要再叫二炮管，由總政來處理，生活上也由總政來管。軍隊還有沒有像李天煥這樣不屬林彪問題還關著的人？總政要清理一下，一塊兒解決。」當時的總政主任是張春橋，李天煥曾任二炮政委，也是一九五五年的上將吧？三月二十五日，中央發出十一號文件，決定撤銷新疆生產建設兵團，改變體制，成立新疆區農墾總局。決定此事，時在一九七五年，鄧小平親歷此事，也是主要決策人之一，後來恢復新疆生產建設兵團則是在二十世紀八十年初期了。坊間流傳，撤銷新疆建設兵團，與胡耀邦有關，實際上，當時的胡耀邦尚未進入中央高層，又不在軍隊任職，哪有這個發言權？三月二十四日、三十一日鄧小平分別出席軍委第七次、八次常委會議；四月二日、三日，鄧小平出席軍委常委會議，聽取國防工業有關部門彙報，談及派性問題，鄧小平說：「問題的關鍵是看我們怎麼抓。有的幹部要調動，有的就是要撤掉。國防工辦要抓幾個點，三機部，五機部也要抓點，通過抓點推動全面工作。要派得力的幹部下去。派那些和稀泥、講話不明朗、前怕狼後怕虎的人去解決不了問題。不管什麼『派』都是錯誤的，一切『派』都要堅決排除。」毛澤東說，天下無派，千奇百怪；黨內無黨，帝王思想，天下凡是有人的地方就有左中右。而軍隊的派性也好，地方的派性也罷，在當時已成為相當突出的問題，雙方都能嫻熟運用毛澤東的講話，但其內心深處都深知肚明這不過是幌子而已，更何況軍隊內的山頭又是歷史形成的，派性似乎是一種客觀存在，而伴隨形勢的發展又不斷被塗抹上新的油彩，林彪所用的幾位「大將」不是也強調「雙一」、「四野」嗎？四月九日、十日、十四日，鄧小平出席軍委常委會議，有「我們軍隊的戰鬥力應該是實實在在的，不能是虛假的，不要自己欺騙自己」這樣的話。四月二十八日，鄧小平出席中央軍委第十次常委會，再次討論軍隊編制問題。五月十九日上午，鄧小平出席軍委第十三次常委會議，針對七機部的「派性問題」，鄧小平說：「不准再打派仗，凡是打派仗的，堅決按中央九號文件辦。不管什麼老虎屁股都要摸。七機部領導班子要勇敢地幹工作，不要怕說錯話。說錯話，有錯誤，這不要緊，做工作沒有錯誤不可能，錯了就改嘛。只要你們大膽工作，錯了我們負責。大字報一萬張都不怕。要告訴那些搞派性的人，現在再搞派性就是頑固的資產階級派性。要規定一個期限，從七月一號這天開始，凡繼續鬧派性的堅決調開，你們調不動，軍委調。不管你老資格、新資格，幹了多少年革命，都一樣。不這樣不可能把事情辦成。我們不但要提社會主義，還要提愛國主義，你沒有社會主義覺悟，至少要有點愛國主義。有些人連愛國主義都沒有了，還搞什麼社會主義？你們回去傳達時，就說這個話是我講的。不外乎被打倒，要打倒就打倒我。」此次會議，還討論了戰略導彈研製工作，確定抓洲際導彈。五月二十五日，毛澤東、周恩來批准研製規劃。六月三十日，中央批准七機部的報告。六月二十四日至七月十五日，鄧小平和葉劍英主持中央軍委擴大會議。七月十四日，鄧小平著重講了軍隊要整頓的五個問題，一九七六年二月十六日，中央批轉有關文件，稱鄧小平葉劍英在軍委擴大會議上的講話是「有錯誤的」、「建議停止學習和貫徹執行」，此後，鄧小平實際上被停止了中央的領導工作，葉劍英實際上被停止中央軍委的領導工作。也就是在一九七六年二月二日，華國鋒任代總理，陳錫聯主持中央軍委工作。

一九七五年的八月三日下午，鄧小平和葉劍英接見國防工業重點企業會議全體代表並講話，還是大談整頓，鄧小平說：「一定要建立敢字當頭的領導班子，那些怕字當頭，不幹工作，小病大養，無病呻吟的領導幹部，索性請他好好休息，不然占著茅坑不拉屎怎麼行？領導班子問題一定要抓緊解決，要找一些能夠辦事、敢於辦事的同志來負責。解決領導班子的問題，主要是配備好一、二把手，一、二把手敢字當頭，就可以把隊伍帶起來。」、「要發揮科技人員的積極性，要搞三結合，科技人員不要灰溜溜的。不是把科技人員叫『老九』嗎？毛主席說，『老九不能走』。鄧小平抓軍隊，王洪文、張春橋也想抓軍隊，他們雖然已在軍隊有職務，但大概是不知從何抓起吧？江青八月十日有一封信，送鄧小平一閱，鄧小平得知江青在北京軍區和北京衛戍區連隊搞了三個試點，還要把這三個連隊的指導員分別派往湖南株洲和天津農村，準備試點一年，待任務完成後，江青還要和姚文元、陳錫聯、紀登奎一起接見。鄧小平在江青的信上批示道：「三個指導員蹲點時間已久，目前正在整軍，他們以早回部隊為好。建議仍由江青、文元同志處理，回部隊後，由北京軍區談話，錫聯、登奎忙，可以不參加了。」八月十三日，江青在鄧小平批件上簽批意見：「如果部隊沒有特別困難，建議他們三位還是按主席的指示，在基層堅持一年為好。」八月十四日中午，鄧小平接到了江青讓秘書打來的電話，完全同意小平同志批示，取消留在基層一年的建議。現在我們再來看這一事情的處理，可以說，雙方都很克制，但對原則問題都是針鋒相對不讓寸分。鄧小平絕不容許江青太多過問軍隊事務，對江青的一年「蹲點」提出否定意見，且不讓陳錫聯、紀登奎為江青站台，而江青豈能看不出鄧小平的拒絕態度？他抬出毛澤東，試圖力壓鄧小平，但江青可能仔細思量再三，做出讓步，今後再找機會，也是容易得很。就這件事情而言，不知道江青是否向毛澤東彙報過之後，才採取退讓隱忍之態，還是她自己自我思悟暫且退讓？她與毛畢竟是夫妻。據說，陶鑄上調進京，請教周恩來如何處理各種關係，周恩來讓他要充分尊重江青同志，而陶鑄恰恰在與江青相處時出了問題。黃永勝也是從南方廣州北上進京擔任軍隊總參謀長，也是後來的軍委辦事組的主要成員，所謂黃吳葉李邱。黃永勝也是井岡山下來的老資格，他請教周恩來在中央如何工作。周恩來說，處理好與江青的關係就是最大的政治。黃永勝晚年回顧，有恍然如夢之感，自陳有兩事不明：一是林彪為何要跑？再則他嘆息自己當時為何會認為毛澤東與江青是兩回事啊？黃永勝一九八三年病逝於青島。清華大學劉冰來信，揭發遲群，由鄧小平轉呈，鄧小平收信後即轉送毛澤東。就是以鄧小平轉呈此信為導火索，鄧小平的政治處境開始微妙艱難起來。毛澤東對他的信任尤其對他如何看待文革開始心生動搖，不太放心了。

八月十六日，鄧小平致信毛澤東，報告軍隊調整情況。「送上軍委關於各大單位幹部配備的報告和名單，請審閱批示。這個報告和名單是經過政治局討論了的。附上各單位幹部簡歷，不一定看，可供查閱之用。這次調整基本上是好的，確定後還要做一些同志的工作。我認為總後，特別是空軍的問題沒解決好，幹部交流也還不夠，這些問題以後再研究，也來得及。北京軍區幹部配備，須等登奎同志回後商定，暫缺。」從鄧小平的措詞來看，嚴格遵守程序，充分尊重毛澤東，當時紀登奎可能是正在河南指導抗洪救災吧？八月二十一日，胡喬木轉交海軍司令員蕭勁光揭發上海《解放日報》七月十四日發表的《刁小三的邏輯》、上海《學習與批判》第七期發表的《八路軍的「樣子」》等文章，攻擊軍委擴大會議，鄧小平後來將蕭勁光來信轉送毛澤東。八月二十七日，鄧小平聽取張宗遜、郭林祥彙報工作，鄧小平說：「軍隊是國家的核心，任何國家都不例外。老同志要把軍隊整頓好，不要打派仗，打爛仗。各級領導班子，核心要害部門，要掌握在黨性好的同志手裡，有派性的要堅決調離，突擊提幹要注意，這是最大的走後門。現在軍隊問題成堆，林彪把軍隊搞得很亂，全國打派仗，地方派性帶到軍隊來。」張宗遜是張又俠的父親，也是一九五五年的上將。九月一日，鄧小平向話劇《萬水千山》劇本創作人員發表長篇談話，大致講了七個問題，「都是從政治上來講的」，很有見地，開門見山，頗顯從容自信成竹在胸的風範。十月初，鄧小平與張廷發談話，提醒領導權不要被「野心家」奪去、抓走。十一月十八日，鄧小平出席軍委第二十五次常委會議，討論軍委軍師編制和幹部配備問題，鄧小平說，「軍隊要打仗，幹部就得要年紀輕的，這和地方幹部不一樣。我過去說，年長一歲，要開明一分。軍以下幹部年紀太大不行。現在就要注意選拔年輕的師以上幹部。經過五六年時間，使軍一級幹部不超過五十歲，個別體格好的，不受年齡限制。師一級不超過四十五歲。」

十六、毛主席講矯枉必須過正，解決老大難問題不過正就不能矯枉

黑格爾曾經說過，「我們一般不得不說，要是沒有熱情，世界上任何偉大事業都不會成功。」鄧小平相當珍視毛澤東對自己的知遇提攜委以重任，他以極大的熱情投身於工作之中。一月二十八日，鄧小平約見鐵道部部長萬里，商議鐵路整頓。鄧小平說，「看來有幾個問題要解決。第一，關於體制問題，應當實行鐵路運輸的集中統一領導，把權力集中到中央，鐵道部在中央直接領導下工作；第二，關於幹部管理，由鐵道部統一管理，調配使用，與地方脫鈎；第三，關於運輸生產，要建立健全的規章制度，加強組織紀律性，保證安全正點。」當聽到要爭取上半年解決問題時，鄧小平馬上說：「不行，不能拖，不能等，要用最快的速度、最堅決的措施，迅速扭轉形勢，改變面貌。」二月六日晚，鄧小平與紀登奎、王震等繼續聽取萬里彙報，並要求鐵道部為中央起草一份關於解決鐵路問題的文件，要寫清楚有關方針政策，文件不要太長，這就是有名的一九七五年三月五日發出的九號文件《關於加強鐵路工作的決定》。二月十一日，農曆大年初一，鄧小平約谷牧、萬里到家中研究鐵路問題。當萬里說全國工業書記會議擬在三月份召開，鄧小平表示：「不行，要在二月二十五日召開！」鄧小平口授文件的主要內

容，強調鐵路要集中，要實行軍事化管理。一月三十日，鄧小平出席政治局常委會，研究國務院十二位副總理的分工問題。二月一日，鄧小平聽取吳慶彤轉來的周恩來意見：「請小平同志將各副總理分工列出，此事小平同志不好講，由我講。」也就是在這一天，鄧小平出席周恩來主持的國務院常務會議，商議副總理分工，會議確定鄧小平主管外事，在周恩來治病療養期間，代總理主持會議和呈批主要文件。李先念、紀登奎、華國鋒三名常務副總理「負責處理國務院日常事務。」周恩來說，「我身體不行了，今後國務院的工作由小平同志主持。」在國務院各部委負責人會議上，主持會議的周恩來說：「主席指定副總理第一名是小平同志，主席稱讚小平同志有能力，他政治思想強，人才難得，小平同志現在是黨中央副主席又是國務院第一副總理、軍委副主席兼總參謀長。」、「這樣的會，我不可能常來參加，將來這樣的會，請小平同志主持。」鄧小平說，「國務院的頭還是周總理，我們幫助總理，因為他有病，具體事情有十二個副總理。將來國務院要有幾個人搞（常務），經中央批准後再通知大家，請他們多做工作。」自此，鄧小平實際上開始主持國務院的日常工作。三月三日，鄧小平同意外交部關於陳永貴訪問墨西哥的請示，鄧小平在請示中提出適當介紹我國「初步解決糧食問題」的體會，「以供對方參考，但不強加於人」的「但」字後面加寫「態度要謙遜」。此前的二月二日上午，鄧小平會見岡比亞客人時，也說到要謙虛謹慎不要當頭的話，「我們現在說我們屬第三世界，就是到將來我們比較發達了，也屬第三世界。超級大國不能當。就是人們說的中國是第三世界的頭頭，這也不行，不能當頭頭。想當頭頭，本身就是居心不良。誰要想當頭頭，他就想發號施令，就不會以平等的態度來對待別人了。」三月五日下午，鄧小平出席中央召開的全國主管工業的書記會議，鄧小平在會議開始前說：「不拉手了，現在工業情況還不好，等你們工業搞上去了再拉手。」、「現在有一個大局，全黨要多講。大局是什麼？到二十世紀末，把我國建設成為具有現代農業、現代工業、現代國防和現代科學技術的社會主義強國。全黨全國都要為實現這個偉大目標而奮鬥。這就是大局。聽說現在有的同志只敢抓革命，不敢抓生產，說什麼『抓革命保險，抓生產危險』，這是大錯特錯的。怎樣才能把國民經濟搞上去？分析的結果，當前的薄弱環節是鐵路。」、「要從大局出發，解決問題不能拖。拖到哪一年呢？搞社會主義怎麼能等呢？」三月二十二日，鄧小平聽取萬里關於徐州鐵路分局問題的彙報。三月二十五日，鄧小平主持國務院全體會議，讓萬里專題彙報。鄧小平說「中央九號文件發下去之後，鐵路運輸迅速好轉，對各行各業都有很大影響和推動。他們的主要經驗，就是只要放手發動群眾，同派性進行堅決鬥爭，生產就能搞上去。鐵道部門這方面做得很突出，徐州的經驗比較典型。」鄧小平讓萬里在如此規格的會議上專門彙報，帶有典型引路的味道，也是對積極支持治理整頓者的一種鼓勵與打氣。四月十六日上午，鄧小平又會見池田大作，談及準備簽訂的《中日和平友好條約》為何寫上「反霸權主義」條款時，鄧小平說：「寫進反對霸權主義的內容，含義有兩點。一是中國和日本都不在亞洲、太平洋地區謀求霸權，都不搞霸權主義。我們中國願意用這點來限制我們自己，中國承擔了義務，不在亞太地區謀求霸權。日本承擔在亞太地區不謀求霸權的責任，這是經過兩次世界大戰和近百年的歷史總結出來的經驗。由於長期的歷史淵源，日本在亞太地區的形象是受了影響的。寫上這一條，對日本改善同亞太地區國家的關係，不但是有益的，而且是必要的。二是反對任何國家、任何國家集團在這個地區謀求霸權的努力。現在確實有超級大國在這個地區謀求霸權。寫上這一條不是干涉誰的內政，而是干涉它們的行動。要侵略、奴役、控制、欺負人家，這是應該干涉的。所以，這兩點不應該成為我們簽訂和平友好條約的障礙。問題恐怕是究竟中日友好要建立在什麼基礎上。」

四月十八日至二十六日，鄧小平接待金日成並舉行了四次會談。十八日下午，鄧小平在陪同毛澤東會見金日成時，毛澤東說：「我不談政治，由他來跟你談了。此人叫鄧小平。他會打仗，還會反修正主義。紅衛兵整他，現在無事了。那個時候打倒了好幾年，現在又起來了，我們要他。」二十二日上午至二十四日上午，鄧小平陪同金日成前往南京參觀。鄧小平在陪同毛澤東會見金日成之後，向毛澤東反映自三月初以來江青、張春橋等大反經驗主義的問題，鄧小平表明自己的態度，不同意關於經驗主義是當前主要危險的提法。毛澤東贊同鄧小平的判斷。四月二十三日，毛澤東在姚文元所送新華社有關報告上批示：「提法似應提反對修正主義，包括反對經驗主義和教條主義，二者都是修正馬列主義的，不要只提一項，放過另一項。」、「我黨真懂馬列的不多，有些人自以為懂了，其實不大懂，自以為是，動不動就訓人，這也是不懂馬列的一種表現。」毛澤東說，「此問題請政治局一議」。一九七三年三月一日，張春橋在全軍各大單位政治部主任座談會上借毛澤東在一九五九年廬山會議上「現在主要的危險是經驗主義」一語，大講反對經驗主義，藉以影射周恩來。四月一日，張春橋發表文章，四月四日、五日，江青在兩次講話中予以呼應，說「經驗主義是修正主義的幫凶，是當前的大敵，黨現在的最大危險不是教條主義而是經驗主義」。江青在政治局會議上也一再提反對經驗主義。但張春橋、江青如此大張旗鼓，反對經驗主義，難道沒有得到毛澤東的認可或者默許？四月二十七日政治局會議，研究貫徹毛澤東四月二十三日批示精神。在會議之上，鄧小平、葉劍英嚴詞批評江青、張春橋，並就江青提出所謂第十一次路線鬥爭尖銳質問江青。江青被迫作了檢討。會後，王洪文致信毛澤東，信中說，「周恩來、葉劍英、鄧小平總是把形勢說得一團漆黑，這場爭論，實際上是總理想說而不好說的話，由葉、鄧說出來。」五月三日深夜，鄧小平前往毛澤東住處，出席毛澤東召集的政治局會議。毛澤東說，「我看批判經驗主義的人，自己就是經驗主義。你們只恨經驗主義，不恨教條主義。不要搞『四人幫』，你們不要搞了，為什麼照樣搞呀？為什麼不和二百多個中央委員搞團結，搞少數人不好，歷來不好。這一次還是三條，要馬列不要修正，要團結不要分裂，要光明正大不要搞陰謀詭計，就是不要搞宗派主義。」毛澤東批評江青：「不要隨便，要有紀律，要謹慎，不要個人自作主張，要跟政治局討論，有意見要在政治局討論，印成文件發下去。要以中央的名義，不要用個人的名義，比如也不要以我的名義，我是從不送什麼材料的。」但毛澤東還是如同責怪自家人一樣地說道：「我看問題不大，不要小題大做，但有問題要講明白。上半年解決不了，下半年解決；今年解決不了，明年解決；明年解決不了，後年解決。」這是毛澤東最後一次出席中央政治局會議。毛澤東的態度，實際上讓對江青、張春橋的批評無法進行，不了了之。五月十二日至十八日，鄧小平赴法國訪問，法國總統、總理分別予以接見，而時任總理希拉克後來擔任總統，其自傳中文版在譯林出版社出版，還在上海召開過一新書發布會。希拉克親臨現場致辭。希拉克身材高大器宇軒昂，態度優雅謙和，溫文體貼，令人印象至深。五月二十一日上午，鄧小平主持國務院辦公會議，討論全國鋼鐵工業座談會事宜。鄧小平說，「現在，幹部中的一個主要問題，就是怕字當頭，不敢摸老虎屁股。我們一定支持你們，也允許你們犯錯誤。要找那些敢於堅持黨的原則、有不怕被打倒的精神、敢於負責、敢於鬥爭的人進領導班子。我是維吾爾族姑娘，辮子多，一抓一大把。要敢字當頭。毛主席講矯枉必須過正，解決老大難問題不過正就不能矯枉。」五月二十七日、六月三日，鄧小平主持政治局會議，討論落實毛澤東五月三日講話精神，對江青進行批評。鄧小平說，「主席這篇講話，對於我們黨非常重要，因為主席是對政治局講的。主席提出要政治局安定團結、『三要三不要』，聯繫批評宗派主義、四人幫。這是很重要的原則問題，需要好好討論。」、「有人說，這次會上的講話過了頭，還有人講是突然襲擊、圍攻。其實，百分之四十也沒有講到，有沒有百分之二十也難講，因而談不上『突然襲擊』、『過頭』的問題。無非是講了歷史上路線鬥爭，這沒有什麼過。這裡有三件事，需要講清楚：一是前年十一月會議上提出『第十一次路線鬥爭』，二是批林批孔中又批『走後門』，三是學理論又提出批經驗主義。倒是要問一問，這是為什麼？不講明白，沒有好處。」吳德、李先念、陳錫聯也發言，批評「四人幫」。葉劍英在六月三日就鄧小平提出的「三件事」作長篇發言，批評江青。火力如此猛烈之下，江青等人不得不暫時低頭。六月初，江青到鄧小平家中談話。鄧小平事後說，「江青找我，毛主席叫她來，她不敢不來。談得不好，她吹的一套，水平不高。」六月七日下午，鄧小平在陪同毛澤東會見菲律賓總統馬科斯後，向毛澤東彙報政治局批評江青等人的情況。毛澤東肯定了會議有成績，把問題擺開了。毛澤東提出政治局風向快要轉了，希望鄧小平把工作幹起來。鄧小平向毛澤東表態，「在這方面，我還有決心就是了。」此前，江青曾向毛澤東反映政治局開會對她進行「圍攻」。六月八日上午，鄧小平約胡喬木談話，商量編輯《毛澤東選集》第五卷和成立國務院政治研究室等問題。鄧小平說，「國務院政治研究室是國務院的直屬機構，主要任務是撰寫反修文章，像過去釣魚臺寫作班子那樣。領導人選，就是一月初談到的擔任國務院顧問的幾個人，現在不要叫國務院顧問了。政研室的任務，除了寫文章，承擔編輯《毛澤東選集》第五卷的具體工作外，還要代管學部。」鄧小平同意胡喬木提出的增加於光遠為政研室負責人的建議。胡喬木建議是否找一些「革命造反派」？鄧小平表示堅決不同意。學部是指中國科學院哲學社會科學部，一九七七年五月，在此基礎上建立中國社會科學院。於光遠在今年去世，他寫有一本《十一屆三中全會的前前後後》，陳雲的秘書朱佳木曾任中國社科院副院長，也寫有《我所親歷的十一屆三中全會》，兩人角度不同，觀感有異，但作為不同文本，相互比照，卻是有益的。於光遠多年前有南京之行，我在鳳凰台飯店曾見過這位坐著輪椅的老人。他有五個女兒，均學有專長。

鄧小平於六月七日至十一日接待菲律賓總統馬科斯並舉行三次會談，六月十日至十一日，鄧小平和夫人卓琳陪同馬科斯訪問上海。馬科斯後來亡命海外黯然下臺，其夫人伊梅爾達也是不太安分熱衷政治的女人，其所收藏的皮鞋可能堪與前重慶市公安局長王立軍相媲美，不過一個是收藏女性皮鞋、一個是鑒賞男性皮鞋吧？鄧小平陪同馬科斯結束後，並沒有立即回京，而是在「四人幫」所謂的政治後院展開工作。六月十二日下午，鄧小平與馬天水談話。鄧小平說：「主席最近對經驗主義和教條主義有新的指示，聽到了吧？你們這裡批經驗主義很凶喲。你想想，經驗主義在中央的代表人物是誰？省市代表人物是誰？發展下去就要找代表人物喲。春橋同志在政工會議上的講話看過嗎？裡面有批經驗主義的啊。老幹部剛開始敢抓一點工作，這樣一批，誰還敢抓呀？中國這麼多人口，國民經濟搞不上去怎麼行？我們一定要搞上去。批『唯生產論』，誰還敢抓生產？現在把什麼都說成是資產階級法權。多勞多得是應該的嘛，也叫資產階級法權嗎？搞生產究竟應當用什麼東西作為動力？」鄧小平大概還說了一些老同志要相互走動多溝通之類的話，而這位被稱作「馬老」的馬天水立即把鄧小平與其談話內容告訴了王洪文、姚文元，後來馬天水又應王洪文的要求，將鄧小平談話整理成文字材料上報王洪文。馬天水在「文革」結束後，據說精神崩潰，神經失常。其兒子後來在陳丕顯之子陳小津所領導的一家機構工作。馬天水此舉使鄧小平在毛澤東心目中的形象是否受到一定的影響，讓毛澤東對鄧小平的信任打了折扣，不得而知。六月十五日，鄧小平和康生聯名致信政治局，提出要著手毛選五卷的編輯整理工作，並提出除胡喬木和五卷整理小組的幾位同志外，還可考慮吳冷西、胡繩、熊複參加。同日，就成立國務院政治研究室一事，鄧小平致信王洪文。七月五日，政治研究室成立，由胡喬木、吳冷西、胡繩、熊複、於光遠、李鑫、鄧力群等組成。六月下旬，鄧小平同中央派往浙江幫助工作的紀登奎談話。七月十五日晚，鄧小平主持政治局會議，討論浙江問題，向時任浙江省委書記的鐵瑛詢問有關情況。七月一日淩晨二時，葉劍英就中央政治局會議主持人選一事，致信毛澤東：「我因年老多病，精力不勝，提議請小平同志主持，以利黨的工作」，毛澤東批示「同意」。此信背景是一九七五年六月下旬，王洪文被派往浙江、上海「幫助」工作一段時間，行前，他向毛澤東提議，在他離京期間，政治局會議由葉劍英或鄧小平主持。葉劍英寫信予以拒絕，建議鄧小平才是合適人選。

八月十三日，清華大學黨委副書記劉冰等聯合請鄧小平轉呈致毛澤東的信，揭發遲群。鄧小平收信後即轉交毛澤東，而十月十九日，毛澤東才就此信發表意見。毛澤東認為，劉冰等人動機不純，「矛頭是對著我的」，「小平偏袒劉冰」，「清華所涉及的問題不是孤立的，是當前兩條路線鬥爭的反映。」

毛澤東重提「路線鬥爭」，並點了鄧小平的名，形勢開始急轉直下了。鄧小平事後說，「把問題看得簡單了」！中國的政治怎麼可能簡單？鄧小平的再次被打倒似乎已經迫在眉睫如箭在弦了！

十七、你轉告耀邦、李昌，要他們少在群眾中說話

清華大學黨委副書記劉冰是晉冀魯豫出身的幹部，與紀登奎相熟，劉冰還曾擔任過河南團省委書記，而紀登奎也在河南工作多年。據說，劉冰也曾在團中央工作，與胡耀邦也熟悉，而時在一九七五年，劉冰在清華，其頂頭上司即手眼通天的遲群、謝靜宜。遲群當時是清華黨委書記、革委會主任，炙手可熱，氣焰囂張。紀登奎的女兒紀蘭在清華讀書，她曾向劉冰透露，中央正在批評江青、張春橋等，提醒劉冰要與遲群保持適當距離，而此時，正有許多人對遲群的做派義憤填膺，醞釀寫信反映遲群的問題。但信件如何才能上達天聽？按照黨章，固然可以直接向黨的主席寫信，但這樣操作，信件能到達毛澤東之手嗎？寫信給北京市委，主政北京的吳德願意轉這封信嗎？不是流傳「無才無德無立場」嗎？只有找有分量的人代為轉呈。誰有分量？他們想到了鄧小平。但如何才能接觸到鄧小平？有人想到了北京衛戍區，通過軍方聯繫到王瑞林，如此這般，信件才終於到了鄧小平手中。鄧小平收信後即轉交毛澤東。據知情人士說，劉冰來信共有兩封，這一封僅對準遲群，揭發其思想意識和工作作風方面的問題，第二封則涉及謝靜宜，也就是毛澤東口中的「小謝」。劉冰有《風雨歲月：一九六四至一九七六年的清

華》一書對此有詳細披露。劉冰，原名姚發光，與華國鋒同歲，生於一九二一年，一九三八年入黨，一九五六年調任清華任黨委第一副書記，與蔣南翔合作，在清華工作二十二年。一九七八年調任蘭州大學黨委書記兼校長。劉冰自陳「文革」之初就曾兩次致信毛澤東反映問題，結果如石沉大海。劉冰等在一九七五年致信毛澤東而信件抬頭都是「小平同志轉呈主席」或「鄧副主席並呈毛主席」，並且這兩封信涉及人甚多。第一次是通過北京衛戍區打招呼信件才到鄧小平手中；第二次則是由時任教育部副部長李琦轉給胡喬木才到了鄧小平手中。而圍繞這兩次告遲群的信，胡耀邦、紀登奎、吳德都知道此事。而吳德態度最為騎牆曖昧，這也是「四人幫」跨台後，劉冰調離出京的原因之一。劉冰在書中也提到了後來擔任清華校長劉達的為人，劉達曾擔任過林業部副部長、科技大學校長，書中還提到紀登奎、萬里、陳舜瑤、宋平、何東昌、汪家璆、胡啟立、杜春永等。但劉冰等人寫信，核心人物除了劉冰，還有呂方正、惠憲均、柳一安、李兆漢、任彥申，稱之為劉冰「乙卯上書六君子」。如今，劉冰、謝靜宜、遲群等當事人均健在，但不知謝靜宜、遲群對劉冰此書有何反應？

毛澤東收到劉冰的信是在八月十三日，而在次日，毛澤東同陪讀人員談對《水滸》的看法：「《水滸》這部書，好就好在投降。做反面教材，使人民都知道投降派。」、「宋江屏晁蓋於一百零八人之外，搞修正主義，讓人招安了。」嗅覺靈敏的姚文元在當天就得知了毛澤東的這番別具一格令人浮想綿綿的評說。他立即致信毛澤東，提出將「此評論印發政治局在京成員和有關宣傳、出版部門，以『組織或轉載評論文章』。」毛澤東表示同意。之後，中央印發了毛澤東的這一談話。江青也不失時機，召集當時的文化部長於會泳等人開會說，「主席對《水滸》的批示有現實意義。評論《水滸》的要害是架空晁蓋，現在黨內有人架空毛主席。」誰能有資格與能力架空毛主席？豈不讓人猜測？而此時的河南部分地區，正是暴雨如注、洪水泛濫，吾等草民正在為苟活而苦苦掙紮。正在河南處理抗洪救災事宜的，除了河南的劉建勛外，代表中央坐鎮協調的，則是從浙江處理張永生後趕來的紀登奎。而鄧小平在外交部《關於河南水災對外表態口徑的請示》中「在黨和政府的領導和關懷下，災區人民正在英勇地進行抗災救災鬥爭」一語後，加寫「困難是能夠克服的」。關於一九七五年的河南洪水，有化名石磊者以采訪紀登奎長子紀坡民的名義，在海外發表長文，指責鄧小平協調抗洪救災不力，此文引經據典，振振有詞，流傳甚廣，因涉及紀坡民，紀坡民撰寫長文予以批駁，以正視聽。但一九七五年河南大洪水，究竟有多少生靈喪生？至今也是一個謎，而這一洪水滔天中的倖存者，如今卻在寫「年譜中的鄧小平」，以有生之年遣無聊之涯。

八月二十一日上午，胡喬木向鄧小平轉交海軍司令員蕭勁光致鄧小平的信。蕭勁光揭發上海報刊公開攻擊中央軍委擴大會議。鄧小平後來把蕭勁光的信送交毛澤東。當天下午，鄧小平在出席國務院政治研究室討論《毛澤東選集》第五卷篇目的會議上，胡喬木問鄧小平：毛澤東評《水滸》針對什麼、是不是特別有所指？鄧小平說：「就是文藝評論，沒有別的意思。是主席用三個月的時間聽讀《水滸》後的看法，要人整理出來的意見。絕不是指著當前黨內鬥爭的實際。」鄧小平在談話中還提到已將劉冰等人告遲群的信和李春光的大字報轉給毛澤東。現在看來，鄧小平的判斷是錯了，至少是過於樂觀了。八月二十六日，鄧小平約胡喬木談話，討論《關於科技工作的幾個問題彙報提綱》，鄧小平說，「這個文件很重要，要加強思想性，多說道理。但不要太尖銳，道理要站得住，攻不倒。你同耀邦他們一起議論一下，要親自動手修改。科學院是個有爭論的單位，所以每句話都不能輕易去說，無論說什麼都要好好考慮，要慎重。你轉告耀邦、李昌，要他們少在群眾中說話，等提綱改好了，國務院通過了，毛主席批准了，讓提綱自己說話，讓群眾在討論提綱時自己說話。」、「要抓緊調人，先調一批，選熟悉的人，以後逐步擴大。」當時的胡耀邦、李昌都是中科院的負責人。九月七日，周恩來在會見羅馬尼亞客人時說：「我現在病中，已經不能再工作了。鄧小平同志將接替我主持國務院工作。鄧小平同志很有才能，你們可以完全相信，鄧小平同志將會繼續執行我黨的內外方針。」而在同一日，鄧小平在審閱工會九大的籌備工作報告時批示道：「工會不能光談抓階級鬥爭，對生產、生活福利還是要抓。不能因為批了唯生產力論，就不敢抓生產了。不要因為批了福利工會以後，對職工生活就不管了。」鄧小平還將公安部關於清理在押國民黨省級、將級黨、政、軍、特人員的請示報告修改稿呈送毛澤東審閱。九月九日，毛澤東批示：「建議一律釋放。本地不能就業的，轉別地就業」。鄧小平看到毛澤東批示後，再次批示：擬照主席批示，由公安部照辦、即四項的一百零九人，也予釋放（這是指因現行罪逮捕判刑的人員）。縣團以上的三千多名，也照此原則辦理。十二月十五日，司法機關決定對在押的原國民黨縣團以上黨政軍特人員一律寬大釋放。這一年，在臺灣的蔣介石也去世了。

關於《人民文學》的復刊，鄧小平與張春橋都有批示。文化部於九月六日向政治局報送請示，希望恢復《人民文學》。張春橋於九月八日批示「擬原則同意。」在鄧小平批示「我贊成」、「看來現在這個文化部領導辦好這個刊物，不容易。」之後，十月十五日，張春橋又批示：「此件在我處壓了一些時候，本想面商，實在安排不出時間，反而誤了時間。請你們同出版局協商，先辦起來。」張春橋又補批：「待商，可以先設在出版局，如果不方便，將來再說。」一九七六年一月，《人民文學》正式出版。一份冠之以「人民」名義的文學刊物，要經過兩位政治局常委批示方能復刊，這樣的報刊管理，也是一種「中國特色」吧？當時的文化部部長是於會泳，於大部長設若看到鄧小平的這一批示，心中又會是一番什麼滋味呢？

九月十三日，胡喬木、吳冷西給鄧小平送來江青在大寨的講話材料。他們談到了江青講話中稱宋江架空晁蓋是影射鄧小平「架空」毛主席時，鄧小平說：「真的指我，那要把講話材料送主席看，不過，不能由我送，要通過別的途徑。不要緊，讓她說。現在叫喊反覆辟的人，自己就是搞復辟的。」江青於九月十二日在大寨群眾大會上的講話，有這樣的言辭：「不要以為評《水滸》只是一個文藝評論，同志們，不能那麼講。不是，不單純是文藝評論，也不單純是對歷史，對當代也有現實主義。因為我們黨內，有十次路線錯誤，今後還會有的。敵人會改頭換面藏在我們黨內」，「宋江上了梁山，篡奪了領導權。他怎麼篡奪的領導權呢？同志們，他是上山以後，馬上就把晁蓋架空了。把一些大官、大的將軍、武官、文吏，統統弄到梁山上去，都占據了領導的崗位。這是他的組織路線。」來自山東的這位在上海灘風雲際會曾經滄海非比尋常的女人，也許對《水滸》一知半解，也許對《水滸》頗有慧眼，單就她這段話來看，發揮闡釋毛澤東的評點，還真有幾分惺惺相惜的知音之嘆！據說，江青的前夫之一唐納居然是共產黨的情報人員，改革開放後由香港曾回大陸，受到了葉劍英的接見。陪同者有羅青長、葉選寧等。唐納與葉劍英相見之時，江青已經身陷秦城，他會想起江青嗎？鄧小平於九月十四日至十六日赴山西昔陽，出席全國農業學大寨會議並發表講話，而江青多次插話打斷鄧小平。鄧小平與卓琳在大寨參觀時還有留影，落寞憂慮之狀，凝聚在眉頭。鄧小平也與姚文元有合影，據說，居然是江青拍攝的。九月二十日下午，鄧小平和張春橋、李先念、汪東興、鄧穎超等在醫院守候施行大手術治療的周恩來。周恩來在進入手術室前問小平同志來了沒有？鄧小平即上前俯身問候。周恩來握住鄧小平的手說：「你這一年幹得很好，比我強得多！」後來，鄧小平回憶此事時說，總理講的是心裡話，也是講給四人幫聽的。

周恩來多次手術，鄧小平幾乎每次都在醫院守候，而周恩來也曾對張春橋說：「你和文元要多幫助洪文，他還年輕。」據鄧朴方回憶，到了一九七五年的十二月底，周恩來的心臟突然停止跳動了，鄧小平、王洪文、張春橋、汪東興都在身邊，經奮力搶救，周恩來死而復生，周恩來對張春橋說：「春橋同志，你和洪文要多幫助小平同志工作。」生命已在彌留之際，仍期望黨內團結，政局穩定，周恩來用心之良苦，令人動容。

九月二十二日至二十五日，越南勞動黨第一書記黎筍率團訪華，鄧小平負責接待。九月二十四日，鄧小平陪同毛澤東會見黎筍後，向毛澤東彙報江青在大寨期間關於評論《水滸》的講話，毛澤東說：「放屁！文不對題，那是學農業，她搞批《水滸》。」此前，華國鋒請示說江青要求在全國農業學大寨會議上放她的講話錄音時，毛澤東明確表態：「稿子不要發，錄音不要放，講話不要印。」九月二十五日早晨，鄧小平得知紀登奎對《科學院工作彙報提綱》修改稿中有關哲學不能代替自然科學的內容有意見後，約胡喬木談話，讓其整理一組毛澤東和馬克思主義經典作家有關語錄。二十六日早晨，鄧小平再約胡喬木談話，要他去找紀登奎彙報這一問題。二十六日下午，鄧小平聽取胡耀邦、李昌、王光偉等人彙報《科學院工作彙報提綱》，胡喬木也參加了這次會議。鄧小平說：「如果我們的科學研究工作不走在前面，就要拖整個國家建設的後腿。現在科研隊伍太削弱了，接不上了。一些科研人員打派仗，不務正業，少務正業，搞科研的很少。少數人祕密搞，像犯罪一樣。陳景潤就是祕密搞的。像這樣一些世界上公認有水平的人，中國有一千人就了不得。說什麼『白專』，只要對中華人民共和國有好處，比鬧派性、拉後腿的人好得多。現在連紅專也不敢講，實際上是不敢講『專』字。科研工作能不能搞起來，歸根到底是領導班子問題，不把領導班子弄好，誰來執行政策？領導班子，特別要注意提撥有發展前途的人。對於那些一不懂行、二不熱心、三有派性的人，為什麼還讓他們留在領導班子裡？科研人員中有水平有知識的為什麼不可以當所長？要讓黨性好的組織能力強的人搞後勤。」、「科技人員是不是勞動者？科學技術叫生產力，科技人員就是勞動者！要解決教師地位問題。幾百萬教員，只是挨罵，怎麼調動他們的積極性？」

九月二十七日，毛遠新向毛澤東彙報遼寧的情況和自己對形勢的看法，認為社會上有股否定文化大革命的風。毛遠新畢業於哈軍工，當時擔任遼寧省委書記、革委會副主任、瀋陽軍區政委，他於九月二十八日隨中央代表團前往烏魯木齊，參加新疆自治區成立二十周年。毛遠新出生於新疆，其名字也由此而來，而其父親毛澤民則是在新疆因身分暴露被盛世才槍殺，據說，告密者叫徐夢秋，是一位被踞掉雙腿的老資格共產黨人。徐夢秋在解放後病死獄中。毛遠新的彙報，引起了毛澤東的高度重視。當時的毛遠新也就三十多歲吧？九月三十日，鄧小平把《科學院工作彙報提綱》報送毛澤東，毛澤東看後表示不滿意，特別提出文件中引用他的「科學技術是生產力」這句話，不曾記得講過。十月二十四日上午，鄧小平同胡喬木談話，說毛澤東退回了《彙報提綱》，讓胡喬木照毛澤東的意見再修改一次。

十月七日，鄧小平閱看了十月五日王洪文關於浙江省委處理張永生問題致鄧小平、張春橋、紀登奎並報毛澤東的信。王洪文在信中說：「對浙江目前在貫徹中央十六號文件中的一些問題，我提出了一些意見，特別是對省委提出的放手發動群眾批判資產階級派性提出了些不同看法。我認為浙江原來從上到下，特別是省主要領導同志、地縣主要領導同志都存在資產階級派性的情況下，提出這樣的口號會把形勢搞亂。」、「關於對張永生處理問題，我意見可同意浙江省委再次提出的，調離浙江由中央組織部安排到別的省勞動學習。」鄧小平在王洪文的信件上寫了這樣的批語：「此事在政治局五日會議上議過。在發動群眾批判資產階級派性問題上，我認為省委的做法是正確的，不宜對省委作不恰當的批語。如果不對省委支持，浙江一個多月來剛剛好轉的形勢，勢必會有反覆，這很不利。對張永生，政治局會議上，大家認為也以調至其他省份勞動為好。但也要準備張永生連中央決定也不聽，到時再說。」從這些批語可以看出，彼此交鋒還是相當激烈，雖然大家都小心翼翼儘量克制。張永生原來是浙江美院學生，後擔任浙江省革委會副主任。經此事之後，張永生被調離浙江下放河北農村勞動。一九七九年四月，張永生被判處無期徒刑。

十月十三日，時隔兩個月之後，劉冰等再次聯名請鄧小平轉呈致毛澤東的信，揭發遲群、謝靜宜攻擊中央領導同志，搞非法組織活動的情況。劉冰等人此信由胡喬木交給鄧小平，鄧小平即轉交毛澤東。謝靜宜當時任北京市委書記、市革委會副主任、清華黨委副書記。十月十五日，鄧小平將胡喬木十月十三日報送的學部老知識分子出席國慶招待會的反映，轉報毛澤東。十月十六日，毛澤東批示「打破『金要足赤』『人要完人』的形而上學錯誤思想。可惜未請周揚、梁漱溟。」

十月十九日至二十二日，鄧小平接待季辛吉並舉行了四次會談。十月二十一日，鄧小平致信毛澤東說：「政治局近日會議，在討論到主席在高級知識分子參加國慶宴會後的反映簡報上所作重要批示的時候，談到黨外黨內有一批人，需要在政治上早點安排，都同意積極準備，早點召開全國政協會議，此事由吳德同志主持進行。」、「另外，政治局一致意見，擬於近日召開一次人大常委會議，補選兩位人大常委副委員長，一為主席和中央已經決定的李大章同志，一為鄧穎超同志。穎超同志任副委員長，是劍英、春橋、先念、東興同志和我先商議並提到政治局會議的，大家都認為這樣安排是恰當的。」葉群與江青都曾經是或者正在是政治局委員，王光美也曾經周遊部分省市做桃園經驗報告，與蔡暢資格相當的鄧穎超也僅僅是中央委員，如此安排鄧穎超既是為周恩來作一撫慰，也是一種平衡吧？當然，後來鄧穎超也進入了政治局，還擔任了全國政協主席，這都是後話了。十月二十二日，毛澤東即批示「同意」。

十月二十三日，鄧小平根據毛澤東十月十九日的意見，主持召開有李先念、汪東興、吳德、謝靜宜、遲群等參加的六人會議，傳達毛澤東對劉冰來信的批評。毛的批評是：「劉冰等人來信告遲群和小謝的動機不純，是想打倒遲群和小謝，而且矛頭是對著我的。我在北京，信為什麼還要經小平轉。小平偏袒劉冰。清華所涉及的問題不是孤立的，是當前兩條路線鬥爭的反映」。

十月三十一日晚，鄧小平致信毛澤東：「我有些事須向主席當面談談，並取得主席的指示和教誨。明（一日）下午或晚上都可以。十一月一日晚，鄧小平到毛澤東處談話，毛澤東肯定鄧小平領導整頓的成績，同時批評鄧小平為劉冰等轉信的做法。而就在第二天，也就是十一月二日，毛遠新向毛澤東的有關彙報，使整個形勢急轉直下更趨惡化，再無挽回的餘地了。

鄧小平的日子更加難過了。

十八、桃花源中人，八年未工作，不是主要原因

一九七五年十一月一日晚，鄧小平到毛澤東處談話，也是彙報思想，以求取得指示和教誨，不無盡力挽回做最後努力之意。

而十一月二日，毛遠新也向毛澤東彙報。叔侄對坐，視同己出，自然會除卻許多顧忌與顧慮，對當前形勢，已過而立之年的毛遠新也算經歷了一番風雨見了一些世面，他做出如此估計：文化大革命怎麼看，主流、支流，十個指頭，三七還是倒三七，肯定還是否定？毛遠新又說：對文化大革命，有一股風，似乎比一九七二年批極左而否定文化大革命時還要凶些。擔心中央，怕出反覆。我很注意小平同志的講話，我感到一個問題，他很少講文化大革命的成績，很少提批劉少奇的修正主義路線。「三項指示為綱」，其實只剩下一項指示，即生產上去了。毛澤東也許會聯想到上半年在政治局會議上葉劍英鄧小平等人對江青、張春橋的嚴厲批評，更會想到劉冰的兩封來信。對毛遠新的這番觀察評點與估價，毛澤東予以首肯。他說：「有兩種態度，一是對文化大革命不滿意，二是要算帳，算文化大革命的帳。」相當自信但也不乏焦慮的毛澤東提議召開小範圍會議，當面向鄧小平本人談出以上意見。

十一月二日的鄧小平在下午前往三〇五醫院同周恩來談話，同時，還將葉劍英轉來的毛澤東對王恩茂來信的批示，批轉江青、姚文元、李先念、陳錫聯、紀登奎、華國鋒、汪東興、吳德、蘇振華等。十月十九日王恩茂給毛澤東寫信，想回部隊工作。十月二十八日，毛澤東批示：「汪閱後，送劍英、小平、春橋同志閱處。他現在蕪湖，請考慮是否在南京軍區給他安一個職位。」此後，王恩茂任南京軍區副政委。而就在這天晚上，鄧小平與陳錫聯、汪東興、毛遠新的所謂四人會議召開，這四人都是毛澤東親自指定的。可以想見，這樣的四人會議，交鋒自然是在鄧小平與毛遠新之間激烈展開，而陳錫聯、汪東興也只能是「助陣」、「敲邊鼓」而已吧？陳錫聯還應該算是鄧小平的老部下，而汪東興在鄧小平文革之初被打倒後一直充當著毛澤東與鄧小平之間的聯絡人角色。年輕氣盛咄咄逼人的毛遠新自然是沒有好話，他對工農業、財貿、教育、文藝等方面的初步整頓所取得的成績加以否定。鄧小平憤然反駁：「你的描述，是中央整個執行了修正主義路線，而且是在所有領域都沒有主席的路線，說毛主席為首的中央搞了個修正主義路線，這個話不好說。我是從今年三月的九號文件開始抓工作，主持中央工作是七月。九號文件以後是什麼路線，我主持中央工作三個多月是什麼路線，可以考慮嘛。上我的帳要從九號文件開始算起。從九號文件以後全國的形勢是好一點，還是壞一點，這可以想想嘛。對九號文件以後的評價，遠新同志的看法是不同的。是好是壞，實踐可以證明。昨天晚上我問了主席，這一段工作的方針政策是怎樣，主席說對。」十一月三日，毛遠新向毛澤東彙報十一月二日晚四人會議的有關情況。毛澤東說：「對文化大革命，總的看法：基本正確，有所不足。現在要研究的是在有所不足方面，看法不見得一致。」毛澤東指示，擴大範圍，繼續開會，參會人員由四人增加到八人，李先念、紀登奎、華國鋒、張春橋參加。八人會議中，有兩人是常委，即鄧小平與張春橋，五人是政治局委員，而毛遠新資歷最淺、地位最低，但身分特殊，血氣方剛，火力最猛，而張春橋豈是省油的燈？有此機會，對鄧小平豈能心慈手軟善罷甘休？

十一月三日，吳德赴清華，傳達毛澤東對劉冰來信的批評。此後，清華大學集中揭批劉冰、周榮鑫，矛頭實際上指向了鄧小平。周榮鑫是當時的教育部部長。十一月四日上午，鄧小平在住處同鄧穎超談周恩來病情。也許是下午，或者是晚上，鄧小平繼續出席八人會議。而《鄧小平年譜》中並沒有注明詳細時間，總之，估計應該在四人會議之後八人會議之前，毛遠新根據毛澤東的意見，曾到鄧小平家中談話，毛「聯絡員」登門，並不是示弱，而是勸鄧小平就範吧？這樣的對話，自然是「談話不歡而散」。而據說，文革前，毛澤東也曾讓鄧小平與林彪談過一次話，結果一談，兩人就崩了。政治也並非一味地妥協遷就，人都是有性格的啊！如果人人都是馮道式人物，一味和稀泥，唾面自乾，政治也就不會如此跌宕起伏雲蒸霞蔚了吧？在八人會議之上，討論對文化大革命的認識問題，張春橋指責鄧小平：「劉冰之所以把信寄給你，是由於你與劉冰彼此立場、感情有某些一致的地方。」當天晚上，毛遠新向毛澤東彙報八人會議情況。毛澤東說：「我批評某人不是打倒，而是改正錯誤，團結起來，搞好工作。安定團結不是不要階級鬥爭，階級鬥爭是綱，其餘都是目。」但毛澤東並沒有鳴鑼收兵息事寧人之意。他要求，八人會議要逐步擴大幾個人，開會就是「幫助」小平同志及大家，互相幫助，搞好團結，搞好工作。十一月七日，八人會議再次召開。

處境艱難而微妙的鄧小平既要接受「批評」，還要處理日常工作。十一月五日，鄧小平就十一月一日至十五日即將訪華的緬甸總統吳奈溫的有關接待工作報告毛澤東：「奈溫已表示希望會見春橋、江青、文元同志，故我請外交部提出由我和春橋兩人之一出面接待的方案。我覺得以後對主要國賓，由我一人出面，過於繁重。故這次擬請春橋出面（當然也可能客人有點見怪，以後春橋或先念多出面，就不致於誤解了）。如何，請主席考慮指示後，再送政治局各同志審核。」鄧小平在這個時候，向毛澤東主動提出如此建議，實在是頗為兩難。但久經風浪的鄧小平開門見山坦誠主動提出讓張春橋出面接待外賓，也許還有試探毛澤東對自己究竟還是否信任的意思在吧？毛澤東豈能看不出來鄧小平的兩難心思？他批示道：「由小平主持會談。春橋可參加迎送及宴會。」毛澤東還刪去了「江青同志會見已有安排」，並把「由鄧小平或張春橋副總理代表周總理主持」、「請鄧小平或張春橋副總理講話」、「請鄧小平或張春橋副總理祝酒」中的三處「或張春橋」四個字圈掉。當時的外交部長是喬冠華，王海容是副部長，唐聞生是美大司司長但卻是候補中央委員。王海容、唐聞生這兩位被毛澤東稱作「娘們」的人物似乎地位特殊，也多少有點不無恃寵而驕洋洋自得之態。

十一月十日上午，鄧小平同胡喬木談話，談及自己的艱難處境，有推心置腹的意味在。鄧小平說，「我現在受批判，起因是轉送劉冰的信。主席作了很嚴厲的批評，我作了自我批評。信既要我轉，總是說明寫信的人認為我是同情他們的。中央講了，『三項指示為綱』這個提法不對，只有階級鬥爭才是綱。」、「過去把形勢看得太簡單了。」胡喬木提出是否吸收「革命造反派」參加政研室領導時，鄧小平堅決地說：「不要！只要吸收年輕一點的就行了。」十一月十三日下午，鄧小平陪同毛澤東會見吳奈溫後，毛澤東讓鄧小平和張春橋留下談話。毛澤東提出讓胡耀邦、胡喬木、周榮鑫、李昌、劉冰等列席中央政治局「幫鄧」會議。毛澤東不斷擴大會議範圍，並沒有讓鄧小平過關的意思，而是不斷升級。讓胡耀邦、胡喬木等人列席會議，是否有把他們歸之為小圈圈的意味在？鄧小平難道會想不到此前的所謂彭黃張周、彭羅陸楊、林陳黃吳葉李邱？毛澤東也就是在十一月十三日再次作出批示，稱之為「打招呼」：「過去只有河南同百分之八十的縣委書記打了招呼，所以沒有受衝擊。在多數人身上複雜一點。桃花源中人，不知有漢，何論魏晉。要估計這種情況。一些老同志打個招呼，如周榮鑫、李昌、胡耀邦、胡（喬木）、劉冰、李井泉等幾十人也要打招呼。」李井泉時任人大副委員長，多年擔任西南局書記、四川省委第一書記，曾一度也是毛澤東頗為器重的「封疆大吏」，是陳雲所提出的最受毛澤東喜愛的三人之一，其他兩人可能是柯慶施、陶鑄。

十一月十四日下午，鄧小平根據毛澤東的指示，與華國鋒、李先念、紀登奎召集胡喬木、周榮鑫、胡耀邦、李昌開會，指出他們的「錯誤」，各人談自己的「問題」。鑒於此種尷尬局面，鄧小平實在難以主持中央日常工作了。鄧小平於十一月十五日致信毛澤東：「洪文同志已經回到北京。七月份洪文同志到外地時，經主席批准，由我暫代替主持中央日常工作。現洪文同志已回，按例，從即日起，中央日常工作仍請洪文同志主持。近日召開的十七人會議，亦應請洪文同志主持。請主席批示（由東興同志通知）。」當晚二十三時，毛澤東批示：「暫時仍由小平同志主持，過一會再說。」

十一月十六日晚，鄧小平主持政治局會議，聽取毛遠新傳達毛澤東對劉冰等來信的批評內容。十七日晚，鄧小平繼續主持政治局會議，聽取毛遠新的指示。胡耀邦、胡喬木、周榮鑫、李昌、劉冰列席了這兩次會議。

十一月二十日的政治局會議，《鄧小平年譜》沒有說鄧小平主持，只是說出席。會議根據毛澤東的意見，提出由鄧小平主持作一個關於文化大革命的決議。鄧小平婉拒道：「由我主持寫這個決議不適宜，我是桃花源中人，『不知有漢，無論魏晉』。」第二天，鄧小平致信毛澤東：「遵照主席指示，向一些同志打個招呼，免犯錯誤。現擬了一個一百三十六人的名單，並擬了一個打招呼的談話要點，都是由政治局會議討論修改了的，現送上，請審閱批示。」、「打招呼的方法是，把大家召集到一塊談，政治局同志都出席。」、「政治局商量，準備把談話要點發給各大軍區司令員和政委以及省市委第一書記，也給他們打個招呼。此點也請主席批准。」十一月二十二日，毛澤東批示：「很好。但不僅只是老同志，要有中年、青年各一人同聽同議，如同此次十七人會議那樣。即也要對青年人打招呼，否則青年人也會犯錯誤。請政治局再議一次，或者分兩次開，或者先分後合。」十一月二十三日，毛澤東致信鄧小平：「還是你們議的好，先給老同志打招呼。青年問題暫緩。因有的還未結合，有的在打派仗（如七機部），有的貌合神離（如清華），召集不起來。」

十一月二十四日下午，鄧小平主持政治局打招呼會議，並宣讀經毛澤東審定的《打招呼的講話要點》。《要點》提出：清華大學出現的問題絕不是孤立的，是當前兩個階級、兩條道路、兩條路線鬥爭的反映。這是一股右傾翻案風。有些人總是對這次文化大革命不滿意，總是要算文化大革命的帳，總是要翻案。清華大學的這場大辯論必然影響全國。十一月二十六日，《打招呼的講話要點》傳達到省軍級，十二月十日，範圍逐步擴大到基層。

鄧小平於十二月一日至五日接待美國總統福特並舉行三次會談。十二月六日，鄧小平與即將離任返國的美駐華聯絡處主任喬治・布希會談，此人後來擔任過一任美國總統，他兒子也是兩任美國總統，統稱「大小布希」。十二月二十日晚，鄧小平主持政治局會議並作檢討發言，感謝毛主席的教育和同志們的幫助並介紹自己幾個月來的思想狀態。鄧小平在回顧總結了幾個月的工作後說：「在這次會議之前，我還自認為這些方法是對頭的，所以，當有同志對這些方針和方法提出批評的時候，我還覺得有些突然，有些抵觸情緒。」、「檢查原因，最主要、最根本的，是對文化大革命的態度問題。『桃花源中人』，八年未工作，不是主要原因，主要原因是思想認識問題。」此次會議之後，鄧小平致信毛澤東：在今（廿）晚的會議上，我對自己的錯誤作了一個檢討性的發言，現將這個發言送呈主席審閱。當然，這是一個初步的檢討，同志們還會繼續給我以更多的批評和幫助，使自己得到更大的益處和提高。我希望能夠取得主席的當面教誨，當然應在主席認為必要的時候。鄧小平在十二月二日下午，曾陪同毛澤東會見福特，作為中央副主席，多次提出想見到毛澤東進行溝通交流而得不到允許，似乎也並不是很容易啊！這樣的高層政治生活能說是正常的嗎？

一九七五年的鄧小平從最初的意氣風發信心滿滿到後來的處境艱難勉力支撐，實在是前後殊異大相徑庭。一九七五年，鄧小平到醫院與周恩來的談話相當頻繁。也是在這一年年初，李富春去世，鄧小平致悼詞。康生也是在一九七五年十二月十六日逝世，鄧小平於十二月二十一日下午，出席了康生的追悼會。而此時的周恩來也已經命懸一線生命垂危了，最終在一九七六年一月八日上午病逝。

周恩來，這個被鄧小平視為兄長與知己的離去，讓他倍感政治上的孤單，他的再次下臺也已經即將到來。

一九七六年一月一日的《人民日報》、《紅旗》雜誌和《解放軍報》「兩報一刊」聯合發表元旦社論：《世上無難事，只要肯登攀》，社論公佈毛澤東批評「以三項指示為綱」：安定團結不是不要階級鬥爭，階級鬥爭是綱，其餘都是目。這也再次向全世界宣告：鄧小平的下臺已成定局，不可逆轉。

十九、我首先向主席提出：解除我擔負的主持中央日常工作的責任

一九七六年的元旦社論，重提以階級鬥爭為綱。

一月三日，鄧小平出席政治局會議，進一步作補充檢討。鄧小平在會後將補充檢討稿送毛澤東並致信表示：「上次在政治局會上作過初步檢查之後，又聽到遠新同志傳達主席的一些重要指示。先是六位同志，隨後又是兩次大的會議上，同志們又對我的錯誤，進行了嚴肅的分析、批評和幫助，使我進一步地認識到上次檢查的不足。」、「對我批判的會議，還要繼續開，我除了繼續聽取同志們的批評和幫助外，總希望能夠向主席當面陳述自己對於錯誤的認識，取得主席的教誨，當然要在主席認為可以的時候。」一月十四日，毛澤東批示「鄧小平同志第二次檢討印發政治局討論」，但對鄧小平提出見面的請求未置可否。

一月八日下午三時，鄧小平主持政治局會議，討論周恩來喪事有關事宜。一月九日下午四時，鄧小平致信毛澤東，彙報不少國家要求派代表團或代表來京參加周恩來喪禮事宜，一律婉拒。一月十二日下午三時，鄧小平主持政治局會議討論周恩來悼詞和追悼大會有關事項，提出周恩來一九二二年擔任共

青團旅歐支部書記，應是「總支部書記」。大致也是在這次會議上，張春橋提出由葉劍英為周恩來致悼詞，葉劍英則提議由鄧小平給周恩來致悼詞，與會絕大多數政治局委員同意葉劍英的提議。在究竟誰給周恩來致悼詞這件事上，張春橋還居然有這樣的動議，足見兩人之間已形同陌路勢如水火。一月十五日下午，鄧小平出席周恩來追悼大會，並代表中央致悼詞。

一月十七日，鄧小平與胡喬木見面。胡喬木等鑒於當前形勢，致信鄧小平、張春橋、李先念、紀登奎、華國鋒，請求解除委託政研室代管的中科院哲學社會科學學部業務的責任，建議暫緩出版《思想戰線》。鄧小平表示同意。一月十九日，胡喬木等人將此信發出。一月二十日，鄧小平出席政治局會議，再作檢討，針對有人提出「為什麼提出要見主席」，鄧小平說，「我的意思是想當面向主席講自己錯誤的嚴重，特別想當面聽取主席的批評和指示，我還想當面提出自己的工作問題。我覺得這種要求是正常的，我仍然抱有這樣的希望。」當夜，鄧小平致信毛澤東：「在上次會上同志們要求我在討論之先，由我講講要對主席當面說些什麼，所以我在今（二十）晚的會議上作了一個簡短的發言，現送上，供審閱。」、「我兩次要求面見主席，除了講自己錯誤和麵聆主席的教導外，確實想談談我的工作問題。還在批判我的錯誤的時候，提出我的工作問題是否妥當，我自己確很躊躇。提，怕覺得我受不得批評。不提，也有什麼戀棧之嫌。再三考慮，還是想當主席面談這個問題為好。」、「現在，已過去兩個多月，批判還將繼續下去，再不提出會妨礙中央的工作，增加自己的過失。因此，我首先向主席提出：解除我擔負的主持中央日常工作的責任，懇請予以批准。」、「我自己再不提出，實在於心有愧。」、「至於我自己，一切聽從主席和中央的決定。」

一月二十一日，毛主席聽取毛遠新彙報二十日政治局會議情況，毛澤東說：「鄧小平還是人民內部問題，引導得好，可以不走到對抗方面去。」、「小平工作問題以後再議。我意可以減少工作，但不脫離工作，即不應一棍子打死。」當毛遠新請示說華國鋒、紀登奎、陳錫聯三位副總理提出請主席確定一個主要負責同志牽頭處理國務院的工作時，毛澤東說，「就請華國鋒帶個頭，他自認為是政治水平不高的人。小平專管外事。」也是在一月二十一日，經江青、張春橋授意，遲群召開清華、北大黨委負責人會議，公開點名批判鄧小平。

一月二十四日，王洪文致信毛澤東，送呈馬天水「揭發」鄧小平的材料，並說：「我覺得小平同志這次談話，從政治上、組織上都是錯誤的。」一月二十八日，毛澤東正式提議由華國鋒主持中央日常工作。據說，毛澤東讓毛遠新轉告張春橋、王洪文要忍一忍，「我在遵義會議之後等待了十年。」也許正因為毛澤東的此句話，王洪文方有「十年後再見分曉」之語。王洪文此一留得青山在不怕沒柴燒的狠話，給鄧小平留下了強烈的印象，鄧小平再次復出後多次提及，念念不忘。二月二十一日，中央發出一九七六年一號文件，經毛澤東提議，中央政治局一致通過，由華國鋒任國務院代總理；經毛主席提議，中央政治局一致通過，在葉劍英生病期間，由陳錫聯負責主持中央軍委的工作。自此，鄧小平實際上被停止中央的領導工作，葉劍英實際上被停止中央軍委的領導工作。

二月二十五日至三月初，中央召集各省市區和各大軍區負責人會議，傳達經毛澤東批准、由毛遠新整理的毛澤東自一九七五年十月至一九七六年一月關於「批鄧反擊右傾翻案風」的多次談話。毛澤東點名批評鄧小平：小平提出「三項指示為綱」，不和政治局研究，在國務院也不商量，也不報告我，就那麼講。他這個人是不抓階級鬥爭的，歷來不提這個綱。還是「白貓黑貓」啊，不管是帝國主義還是馬克思主義，他不懂馬列，代表資產階級。他還是人民內部問題，引導得好，可以不走到對抗方面去。要幫助他，批他的錯誤就是幫助，順著不好。批是要批的，但不應一棍子打死。

三月二十六日，鄧小平出席政治局擴大會議，遲群等帶領清華大學五名師生代表列席會議，當面攻擊鄧小平是黨內資產階級的頭子，要搶班奪權，另立中央，復辟資本主義。面對這些人的批判，鄧小平內心會是怎樣的苦澀與無奈甚至是憤怒啊！

三月下旬，南京等地爆發大規模抗議活動。四月一日，政治局連夜開會，商議對策。四月四日清明節，北京天安門廣場二百萬人集會。四月四日晚，華國鋒主持召開政治局會議，討論天安門廣場發生的事態，鄧小平、葉劍英、李先念未出席。四月五日上午，鄧小平出席政治局會議，張春橋當面說鄧小平是納吉。納吉曾任匈牙利人民黨政治局委員、部長會議主席，在一九五六年的匈牙利事件中，重新復出，宣布匈牙利退出華沙條約。一九五八年納吉以「反革命罪」名義被處死，一九八九年獲得平反。四月六日下午，江青向毛澤東建議開除鄧小平黨籍時，毛澤東沒有表態。四月七日上午，根據毛澤東提議，政治局召開會議，一致通過華國鋒任中央第一副主席、國務院總理，同時撤銷鄧小平黨內外一切職務，但「保留黨籍，以觀後效」。七月六日，朱德逝世。七月二十八日淩晨，唐山大地震。九月九日，毛澤東逝世。一九七五年十二月二日下午，也許是鄧小平與毛澤東的最後一次見面。自陪同毛澤東會見過美國總統福特後，未見毛、鄧兩人有再見面的文字記載。

十月六日晚，華國鋒、葉劍英、汪東興等採取措施，王洪文、張春橋、江青、姚文元被隔離審查。十月七日淩晨，政治局緊急會議召開，華國鋒任中央主席、軍委主席，將來提請中央全會追認。也在這一天，鄧小平就得知了「四人幫」被粉碎的消息。已經七十二歲的鄧小平再次復出雖然還稍有波折，但青山遮不住，畢竟只是時間問題了。

一九七七年七月十六日至二十一日，鄧小平出席十屆三中全會。七月十七日，全會一致通過《關於恢復鄧小平同志職務的決議》，鄧小平復任中央副主席、軍委副主席、國務院副總理、解放軍總參謀長。

一九七七年七月三十日晚，鄧小平到北京工人體育場觀看足球比賽，這是鄧小平復出後第一次公開在群眾場合露面。鄧小平時代實際上已經到來。這一年，鄧小平，這個小個子，把中國開始逐步引向改革開放的道路之時，他已經七十三歲了。

二十、高校今年就要招生，不要再搞群眾推薦

現在有多種文字，提及一九七六年十月六日之後的鄧小平，都是以一九七八年的十一屆三中全會之後為始點，來敘述改革開放的，迄今已經三十五年了。也就是說，自此，開始形成以鄧小平為實事上的第二代領導核心。但在一九七七年的十屆三中全會上，鄧小平就已經恢復了此前的所有職務，而在一九七七年三月十日至二十日召開的中央工作會議上，陳雲在向上海代表團提交的書面發言中提出：鄧小平同志與天安門事件無關。讓鄧小平同志重新參加黨中央的領導工作，是完全必要的。針對陳雲、王震等人的發言，華國鋒說：「經過調查，鄧小平同志根本沒有插手天安門事件。鄧小平同志的問題應當解決，但是要有步驟，要有一個過程，只能在適當的時機讓鄧小平同志出來工作。中央政治局的意見是，經過黨的十屆三中全會和黨的第十一次代表大會正式作出決定，讓鄧小平同志出來工作，這樣做比較適當。」一九七七年四月十日，鄧小平致信華國鋒、葉劍英和中共中央表示：「我感謝中央弄清了我同天安門事件沒有關係這件事，我特別高興，在華主席的講話中，肯定了廣大群眾去年清明節在天安門的活動是合乎情理了。至於我個人的工作，做什麼，什麼時機開始工作為宜，完全聽從中央的考慮和安

排。」」、「如果中央認為恰當，我建議將這封信，連同去年十月十日的信，印發黨內。」」四月十四日晨，鄧小平又致信華國鋒、葉劍英，說明根據他們的意見修改這封信的有關情況。同日，華國鋒在鄧小平的信上批示：「東興同志：信及附件印發中央政治局同志，經研究確定印發的範圍。」」四月十日，鄧小平同汪東興、李鑫談中央轉發他一九七六年十月十日和一九七七年四月十日兩封信的有關情況，鄧小平明確表示：「兩個凡是不行。」」、「兩個凡是」是指一九七七年二月七日《人民日報》、《紅旗》雜誌、《解放軍報》所謂「兩報一刊」的社論提出：「凡是毛主席作出的決策，我們都堅決維護；凡是毛主席的批示，我們都始終不渝地遵循。」」五月三日，中央將鄧小平的兩封信轉發至縣團級。

一九七七年五月十四日，七十三歲的鄧小平到葉劍英家祝賀他八十壽辰。五月二十四日上午，鄧小平同王震、鄧力群談話，鄧小平說：「一個人能夠『三七開』就很好了，很不錯了，我死了，如果後人能夠給我以『三七開』的估計，我就很高興，很滿意了。這是個重要的理論問題，是個是否堅持歷史唯物主義的問題。澈底的唯物主義者，應該像毛澤東同志說的那樣對待這個問題。馬克思、恩格斯沒有說過『凡是』，列寧、史達林也沒有說過『凡是』，毛澤東同志自己也沒有說過『凡是』」。「我出來工作的事定了，至於分工做什麼，軍隊是要管的，我現在還考慮管科學、教育。」在談到有些同志在一九七六年「批鄧反擊右傾翻案風」的時候講了一些過頭話時，鄧小平豁達地說：「這沒有什麼，對這事我一向沒有介意，說些違心話是完全可以諒解的。這些同志要放下包袱，不要為此有什麼負擔。不要再把這事放在心裡。」」、「最近我對華主席講，還是要講臺階論。青年要積累經驗，這是培養青年的好辦法。不用這個辦法反而把好好的青年人害了。」鄧小平讓「放下包袱」的同志之中，大概就有胡喬木吧？一九七七年七月二十三日，十屆三中全會之後，鄧小平同長沙工學院有關人員談話：「我主動提出協助華國鋒主席、葉劍英副主席管教育、管科學。我是總參謀長，當然也管軍隊。」長沙工學院的前身系解放軍軍事工程學院，一九七〇年，該學院撤銷，學院主體部分由哈爾濱遷往長沙，更名為長沙工學院。一九七七年九月一日，鄧小平審閱有關報告，指示張愛萍處理組建國防科技大學有關事宜，並隨即將此報告批送華國鋒、葉劍英、李先念、汪東興、羅瑞卿、張愛萍等。一九七八年長沙工學院改稱如今的國防科技大學。

一九七七年八月三日下午，鄧小平在閱看英國作家兼電影製作人、時任英中瞭解協會主席的費裡克斯・格林，在六月四日同新華社記者談及中國外宣存在「八股調太重」、「缺少新鮮的思想」等問題的談話記錄。鄧小平就此作出批示：「我認為格林的意見都重要，無論宣傳和文風等等方面，都值得注意。建議印發給作宣傳、外事的同志看看。」十一月三日上午，鄧小平在會見美籍華人王浩教授時，又說：「格林提的意見很好，已印發所有搞宣傳的人，主要是反對不真實、八股調。我就不願意看那些八股調。」眾所周知，德國有格林兄弟，以寫童話而著名；英國還有一格雷厄姆・格林，有大量作品傳布，不知道這兩個格林之間有什麼關聯否？至少他們都是英國作家吧！鄧小平在八月四日至八日主持召開科學和教育工作座談會，鄧小平說：「我相信中國人聰明，會大量出人才的。我們太落後了。我們自己要謙虛一點，說老實話，吹不得牛。」、「就從吉林那裡著手，與王恩茂通個電話，請他們指定人專門解決科技界的問題。像吉林光機所單奎章動不動就把人送公安局那樣的問題，要抓典型調查，集中解決，要把整個冤案平反、先平反再說，個別有問題的另作處理。」王恩茂時任吉林省委第一書記。八月八日，鄧小平在座談會結束時發表講話：「我自告奮勇管科教方面的工作，中央也同意了。我們國家要趕上世界先進水平，要從科學和教育著手。」鄧小平就十七年的估計、調動積極性、體制與機構、教育制度與教育質量、後勤工作、學風等六大問題，高屋建瓴，一一梳理，新話很多，令人耳目一新。「高等院校今年就要下決心恢復從高中畢業生中直接招考學生，不要再搞群眾推薦。從高中直接招生，我看可能是早出人才、早出成果的一個好辦法。」、「培養好的風氣，最主要的是群眾路線和實事求是這兩條。要堅持百家爭鳴的方針，允許爭論。不同學派之間要互相尊重，取長補短。要提倡學術交流，搞封鎖是害人又害己。要把對待封鎖的態度，作為檢驗一個人世界觀改造得如何的重要內容之一。」鄧小平要求今年就要招生、不要群眾推薦，這些話，看似平淡無奇，卻因此而改變了中國大陸眾多普通人的命運軌跡。也正是因為這個緣故，許多人追念他、緬懷他。八月十三日，就此次講話的傳達問題，鄧小平致信華國鋒、葉劍英、李先念、汪東興：「此件請予審閱。如無大錯，擬同意發給有關單位，免得隨意傳達。」九月八日，鄧小平審議這個講話整理稿清樣，九月十日，此講話正式印發。乘參加科技座談會之便，原北京農大副校長沈其益就北京農大在文革期間兩次搬遷遭遇的聯名信交給鄧小平，鄧小平閱看後致函華國鋒、李先念、紀登奎：「在座談時，他們談得很激動，建議國務院派專人調查和處理。」聶榮臻也很關心華北農業大學從河北涿縣搬回北京一事。一九七八年十一月二十九日，國務院下達通知，華北農大搬回北京西北海澱區馬連窪，恢復北京農業大學名稱，也就是如今的中國農業大學。一九七七年九月二十六日，鄧小平閱看有關恢復人民大學的來信，批轉教育部處理。一九七八年七月七日，一九七一年被撤銷的中國人民大學被批准恢復。一九九七年九月三十日，就華北農業機械化學院有人建議恢復北京農業機械化學院一事，鄧小平批示：「這個學院應由農林部主管起來。此件似可送農林部黨組研究處理。」並批送華國鋒、葉劍英、李先念、汪東興。一九七八年八月三日，鄧小平又在該校五名教授的「來信摘要」上批示：「由教育部商同有關單位處理。」一九七九年國務院決定該校遷回北京原址，恢復原校名。十月二日，鄧小平閱時任副總參謀長、四機部部長王諍的信，就其提出將清華綿陽分校稍加改造建成電子對抗雷達工程學院一事，批轉劉西堯：「此事請教育部黨組研究一下，提出意見，再行決定（我意見對清華無大妨礙，似可同意）」。十月二十八日，就有人來信建議以原北京林學院為主，適當充實調整，擴建為華北林學院一事，鄧小平作出批示：「交教育部研處」並批送華國鋒、李先念、方毅、陳永貴。一九七八年十二月，國家林業總局、教育部恢復北京林學院。

鄧小平在八月十二日至十八日出席黨的十一大。在八月十九日的十一屆一中全會上當選為中央副主席、軍委副主席。就在十一大期間，老舍夫人胡絜青致信鄧小平，請求儘快給老舍作出結論。鄧小平在老舍夫人的來信上批示：「對老舍這樣有影響有代表性的人，應當珍視。由統戰部或北京市委作出結論均可，不可拖延。」一九七八年六月三日，跳湖自殺的老舍的骨灰安放儀式在八寶山革命公墓舉行，鄧小平送了花圈。

八月二十四日下午，鄧小平會見美國國務卿萬斯，鄧小平以一以貫之的態度對萬斯說：「國務卿先生提出的關於中美關係正常化的方案，比我們簽訂《上海公報》後的探討不是前進了，而是後退了。」、「我們申明我們的立場，是為了在改善中美兩國關係的過程中，在處理臺灣問題時更從容、更恰當一些，有利於我們在全球戰略方面取得更多的共同點。但我們希望不要誤解為中國人對這個問題的解決可以無限期拖延下去。」

八月二十七日傍晚，鄧小平出席招待楊振寧的宴會。楊振寧談到有的科學家被「四人幫」壓了一下就糊塗時，鄧小平說：「這不要緊，是小事。那個時候講違心話的人不少，這也難怪。」楊振寧所謂的「糊塗」大概是指這些科學家不敢硬頂只能苟且，楊振寧身在美國，遠隔太平洋，當然可以站著說話不腰疼盡說風涼話了。九月六日下午，鄧小平會見美聯社社長兼總經理基恩•富勒一行，鄧小平說：「為什麼不接受世界上先進的東西？這是人類共同的成果。」談及自己被打倒後的處境時，鄧小平說：「我比較安全。有毛主席保護，專門指定人和部隊保護我。我被罷了官後，毛主席為了不讓『四人幫』掌握主要的權力，把華國鋒主席提到主要的領導崗位。這以後『四人幫』搞得更厲害了，這就創造了解決問題的條件。現在人們總是問這個問題為什麼不早一點解決？早一點解決不可能，因為『四人幫』的問題要有一個暴露過程，等他們暴露更充分後，才能解決。毛主席去世，『四人幫』就跳出來，這樣解決的條件就成熟了。」葉劍英生前談及「四人幫」為何不能早點解決時，坦言主要是「投鼠忌器」，「器」者，毛澤東也。江青是毛澤東的夫人，張春橋等人雖然受到毛澤東的嚴厲批評，但要下決心讓他們罷官免職，甚至投進監獄，毛澤東則未必有這樣的想法。毛澤東讓王洪文讀《劉盆子傳》，也是警醒之意，而讓姚文元讀《李襲吉》傳，則有不無欣賞期許的意思在。鄧小平與萬斯的此次談話，居然引起了一場風波，主要還是關於臺灣問題。當時，鄧小平與基恩・富勒談及萬斯訪華，鄧小平不無譏諷地說：「萬斯訪華有一個成果，就是萬斯來了，這是你們美國現政府第一次派高級官員來中國。但是他帶來的中美建交的方案，是一個後退的方案，就是『倒聯絡處』的方案。」九月十日上午，鄧小平會見日本客人，又談及萬斯訪華。鄧小平說：「最近，我同美國美聯社的人的談話引起一場風波，甚至美國國務院發言人還就此發表談話。我們歡迎萬斯來，談不攏也沒關係，我們都是歡迎的，都用很好的禮遇接待他。但是，他帶來的所謂方案實際上比福特、季辛吉時代後退了。後來，他向你們日本政府通報，向臺灣通報，回去發表聲明說中國人在臺灣問題上有所『鬆動』，表現了『靈活性』，訪問『很有成果』。這樣，我們就不得不把真實情況說出來，要不然就讓他欺騙了世界人民，也欺騙了美國人民。我對美聯社的人說，確實有成果，那就是萬斯來了。其他有什麼成果？談到締結中日和平友好條約，鄧小平說：「既然福田首相聲明要搞這件事，我們期待他這方面做出貢獻。其實這樣的事只要一秒鐘就解決了，不要很多時間。所謂一秒鐘，就是兩個字『簽訂』」。

九月十四日上午，鄧小平會見日本客人時，再次談到自己被打倒的經歷。鄧小平說：「人們都說我是『兩落兩起』，實際上我是『三落三起』，我在二十幾歲的時候擔負著重要的工作，在黨中央當秘書長，還領導了廣西百色起義。那時紅軍的隊伍很少。在江西根據地，王明路線奪了毛主席對紅軍、對蘇區的領導權，還反對什麼鄧毛謝古路線，我算一個頭頭，叫『毛派頭頭』。這件事，一般人不知道。我能在被打倒後的極其困難的情況下堅持下來，沒有什麼秘訣，因為我是共產主義者，也是樂觀主義者。就我個人來說，對個人安全是放心的。『四人幫』非要打倒我不可，打倒還不算，還要把我整死。我的職務是撤掉了，但毛主席還保留了我的黨籍。毛主席指定專人、專門的部隊保護我的安全，並明確交代別人不准插手幹預，也就是不准『四人幫』幹預。」鄧小平會見外賓，不斷地談及自己的經歷，直言不諱，磊落坦蕩，但講話的分寸把握還是相當老道滴水不露，遠非有些政治家一旦情緒激動就有點信口開河口無遮攔。就某種意義上說，陸鏗作為一資深媒體人，置職業操守於不顧，利用他人的直率信任而無所不用其極。陸鏗此人死有餘辜，令人齒冷。但作為黨的總書記的胡耀邦對此人毫無戒備之心，放言高論，豈是大政治家所為？據說，當時有關文件稱陸鏗「包藏禍心」，也算恰如其分！

九月二十七日上午，鄧小平會見美國前駐華聯絡處主任喬治•布希。當鄧小平得知布希一行將去西藏時說：「西藏是我在西南地區工作時派一個軍的部隊去後和平解放的。除了臺灣以外，中國最後解放的地方就是西藏。」論及中美關係，鄧小平說：「從上次見面到現在相距不到兩年，其中有一年我沒有工作，但天天看《參考資料》。總的國際形勢沒有什麼變化。很遺憾的是中美關係也沒有什麼變化。」九月二十八日上午，鄧小平會見菲律賓軍事代表團，該代表團團長是一位上將，鄧小平論及中蘇問題時說：「世界上有些人說中國想把沙俄占領的土地都拿回來，沒有這回事。中蘇邊界長達七千多公里。如果你讓一點，我讓一點，邊界問題就容易解決，但蘇聯說都是它的。」、「我們要發展海軍，但是是為了防禦，不是為了擴張。」、「日本有權利加強自己的防禦，但我們同亞洲其他國家人民一樣，要防止日本搞軍國主義。」當天下午，鄧小平和華國鋒還共同到機場迎接波布一行，並出席歡迎波布的晚宴。此後幾天，鄧小平於二十九日下午、三十日下午、十月二日晚、十月四日下午，分別與波布見面。

九月二十九日上午，鄧小平和鄧穎超共同會見英籍華人作家韓素音。這位女作家前不久剛剛去世，當下的許多人對她已經相當陌生了，但我們讀中學的時候，看過她的不少作品，名氣似乎與聶華苓相當。與韓素音談及毛澤東評《水滸》，鄧小平說：「毛主席並不是針對任何問題講的。那時他眼睛不好，找人讀書，有一次找人讀《水滸》，在讀的過程中毛主席有些評論，說《水滸》好就好在暴露了投降派。宋江同高俅的鬥爭實際上是地主階級內部的鬥爭，但《水滸》中有革命派，宋江混進去篡奪了領導權，使農民運動走向投降的道路。《水滸》好就好在這裡。金聖嘆做了一件壞事，把一百二十回改為七十一回，把暴露宋江投降的一些情節去掉了。所以，如真正瞭解作者的思想，暴露宋江，應該恢復一百二十回或一百回。毛主席評《水滸》就是那麼一個過程，並不是針對哪個人的。後來，『四人幫』歪曲毛主席評《水滸》的意思。一九七五年農業學大寨會議期間，江青以批《水滸》為名，實際上就是批『民主派』、『走資派』和『投降派』，她想借此名義轉移會議方向。我報告了毛主席，毛主席聽了我的彙報說：簡直放屁，文不對題，不要聽她的話。我馬上打電話制止了。『四人幫』就是幹這種事情。他們說宋江奪權把晁蓋架空，實際上他們首先是說周總理把毛主席架空，後來又說我把毛主席架空。這完全是『四人幫』自己製造的。那時我老想抓科研，結果不僅沒有抓上去，反而我自己被抓下去了。」

在見過韓素音之後，鄧小平在下午還會見了參加國慶二十八周年的華僑、華人等，鄧小平說：「現在教學質量、教師質量都下降了。這不是他們自己的原因，世界發展到了什麼樣子，他們不知道，也不敢知道。我們要承認落後，不要怕醜。最近我跟外國人談話都是講這些話，有些外國朋友覺得驚奇。這有什麼驚奇？承認落後就有希望，道理很簡單，起碼有個好的願望，就是要幹，想出好方針、政策和辦法來幹。世界上最先進的成果都要學習，引進來作為基礎，不管那些『洋奴哲學』的帽子。我們實行『拿來主義』。搞建設，單有雄心壯志不夠，沒有具體政策、具體措施，就像氫氣球一樣，一吹就破了。」、「前不久，恢復了中央統戰部。過去，『四人幫』破壞統一戰線，統一戰線都沒有了。現在，把『廟』建立起來，有個『菩薩』在裡面管事，要把愛國人士、民主人士、宗教人士等等，都更好地團結起來。」這一天，就《人民日報》社總編室編印的《情況彙編》反映深圳口岸進出境人數不斷增加等問題，鄧小平作出批示：「先念、登奎同志，這樣事情需要國務院具體抓一下，絕非深圳一處問題，所有口岸都要管好，設置專業職工，嚴格規章和獎懲制度如何？」

一九七七年十月一日，鄧小平閱看反映湖北天門縣謊報棉花產量的《情況報告》後作出批示：「聽說河北邯鄲專區魏縣由於縣委虛報糧食產量，農民分的糧食很少，縣委採取壓制手段，也請永貴同志派人查查。」永貴，即時任政治局委員、副總理陳永貴。十月二十六日，鄧小平在反映魏縣虛報產量、浮誇風嚴重一事的有關材料上批示：「這是我聽到傳說後，要來的一個書面材料。建議中辦查查這個縣的情況。浮誇風是值得注意的問題。又聽說省委曾派檢查組去魏縣，為縣委所欺騙，不知是否屬實。」

十一月十七日，鄧小平在農業部報送的報告上再次批示：「估計這類事情，全國不少地方不同程度地存在，我建議以中央辦公廳名義，通報到縣，引起警惕。」一個事件，從湖北天門到河北魏縣，鄧小平見微知著，揪住不放，三次批示，不厭其煩，也凸顯其不易被搪塞糊弄的敏捷淩厲作風。

十月二日，鄧小平在會見港澳人士時說：「說什麼海外關係複雜不能信任，這種說法是反動的。我們現在不是海外關係太多，而是太少。海外關係是個好東西，可以打開各方面的關係。」、「中央已下了這個決心，對願意出去的人，不要搞得那麼緊，繼承遺產、娶親等等，都可以出去。回來的也歡迎。」十月七日，鄧小平審閱教育部按照十月五日下午政治局批示修改的一九七七年高等學校招生工作文件，並在時任教育部長劉西堯的來信上批示「我看可以」，「退教育部辦」。十月十日，鄧小平在會見美籍華人高能加速器專家鄧昌黎教授夫婦時說：「我是一個外行，只能當吹鼓手，幫助他們解決後勤問題。後勤方面有了問題，要打我的屁股，如果科學研究搞不出成果，要打他們兩位副院長（指方毅、吳有訓）的屁股。這也是崗位責任制。」、「我對科學教育想管十年，條件是馬克思不要召見。我管軍隊，又管科教，一個武一個文。」、「我們希望科教方面的整頓五年初見成效，十年見到中效，十五年見到大效。」十月十三日，鄧小平審閱《人民日報》社論《搞好大學招生是全國人民的希望》，並批送華國鋒、李先念、汪東興、耿飈、方毅。十月二十一日，該社論發表。十月二十日上午，鄧小平約見劉西堯、周林、高鐵等談話。鄧小平說：「最近有人說我們只重視自然科學、文科沒人研究。北大是綜合大學，理科要抓，文科也不要丟掉。自然科學固然重要，要搞好，社會科學也很重要。文科，光有人民大學還不夠，北大文科是有基礎的，搞好文科是很必要的。」、「要抓梁效的問題。因為抓了梁效，就可能把問題解決得澈底一些。是非要搞清楚，人的處理要慎重，處理放在最後。」

鄧小平在十一月八日至二十日，南下廣州。十一月十七日下午，鄧小平和蘇振華、羅瑞卿聽取韋國清、王首道等人彙報。鄧小平說：「肥料貴，農機貴，農民買不起，增產不增收，有時還要減收。用什麼手段使生產成本降低？農業靠工業，工業要降低成本。農民負擔重的問題要很好地研究一下。現在農村中好些東西是搞形式主義，實際上我們也存在『苛捐雜稅』。」、「說什麼養幾隻鴨子就是社會主義，多養幾隻就是資本主義，這樣的規定要批評，要指出這是錯誤的。」、「逃港，主要是生活不好，差距太大。」韋國清當時是廣東省委第一書記，王首道是廣東省委書記。十一月十八日上午，鄧小平和蘇振華、羅瑞卿聽取廣州軍區許世友、向仲華等彙報。鄧小平說：「清查工作要好好抓一下，你們這裡不是清水衙門，廣州軍區出了黃永勝等好幾個與林彪有牽連的人，問題比其他單位多，不能低估。」、「我收到金敬邁的一封信，有人說他整了江青的黑材料，至今不讓他搞創作。你們要查一查。從這件事可以看出，『四人幫』打倒了，政策到現在還沒有落實。」

一九七七年十二月十二日至三十一日，中央軍委全體會議在京召開。會議提出加強軍隊建設的十項任務。鄧小平十二月二十八日出席會議並講話，他說：「軍隊是無產階級專政的主要工具。軍隊不搞好，軍隊幹部不純，禍害太大。對於同『四人幫』篡黨奪權陰謀活動有牽連的人和事，一定要澈底查清。要全面地歷史地看幹部，不僅要看他過去的歷史，也要看他在同林彪、『四人幫』鬥爭中的表現。」也是在這一天，鄧小平致信羅瑞卿：「關於軍辦工廠問題，同意保持原文，不作更動（多年證明軍辦工廠害處不小）。關於辦教導隊問題，宋時輪同志同我談過。他說如辦教導隊，在校人員會增加二十多萬，此點值得注意，是否改活一點。」、「如何，請同大家再研究一下。改好後，請送葉副主席最後定稿。」

從簡要的不無囉嗦的以上文字羅列中可以感受到，已經七十三歲的鄧小平對重新出來工作是何等的期待；而一旦抓工作，他又是那樣地雷厲風行快馬加鞭不敢有絲毫懈怠。一九七七年因高考制度的恢復，眾多高校的恢復，簡直可以被稱之為科教年，而鄧小平的不斷要求和大力推動，也催生著這個古老而又飽經憂患的民族不斷審視科學教育，不斷地開始惶恐而又新奇地注目外面的世界。當然，在政治上幾經沉浮的鄧小平對軍隊工作也沒有絲毫放鬆，他的一九七七年的南行似與軍隊有關，而年底的中央軍委全體會議之上提出的十大任務，都應該算是鄧小平全面整頓軍隊的艱難開始。

一九七七年的鄧小平沒有「徘徊」，而是積極進取，不斷思索，大膽推進。而在一九七八年，隨著十一屆三中全會的召開，鄧小平的思考更趨成熟，而其目光也更加深遂遼遠了。

二十一、華國鋒總理抽不出身，我願第一個到華盛頓去

一九七八年的中國，有太多的文字記述，諸如真理標準的討論、三中全會的召開、天安門事件的平反正名等。而鄧小平面對紛紜複雜的局勢以其超人的強勢、自信、剛毅，還有更為高邁的心胸，掌控著中國前進的方向。他的目光早已放眼全球，他著眼於中美關係的改善，謀劃運籌的是中國在全球戰略中的分量。這一年，鄧小平不斷出訪，緬甸、尼泊爾、朝鮮、日本、泰國、馬來西亞，而在鄧小平出訪未歸之時，為三中全會做準備的中央工作會議卻已經召開得如火如荼氣氛熱烈，被有人稱之為是打破原有議程的會議，無主題的會議。而在三中全會之上，陳雲成為中央副主席，胡耀邦、鄧穎超、王震等人進入政治局。黃克誠、宋任窮、胡喬木、習仲勳等進入中央委員會。

一月二十六日至三十一日，鄧小平出訪緬甸。一月二十七日上午，鄧小平前往緬甸翁山將軍墓敬獻花圈。翁山將軍抗英、抗日，是緬甸民族英雄在一九四七年被暗害，其女兒翁山蘇姬，被軟禁多年，如今境況有所好轉，是反對黨領袖。據說，翁山蘇姬拒絕流亡，為結束緬甸的軍人統治而不屈不撓。她與英國丈夫有一個兒子。二月一日上午，鄧小平在成都聽取趙紫陽工作彙報。鄧小平說：「我只是聽聽

彙報，粗略地瞭解一下情況。有些問題是共同的。農村和城市都有個政策問題。我在廣東聽說，有些地方養三隻鴨子就是社會主義，養五隻鴨子就是資本主義，怪得很！農民一點回旋餘地沒有，怎麼能行？農村政策、城市政策中央要清理，各地也要清理一下，零碎地解決不行，要統一考慮。」、「我曾經講過，可能有兩個問題拖我們的後腿。一是農業，搞糧食可不容易；二是工業管理水平，我們不會管理」。二月二日上午，鄧小平聽取趙紫陽、吳克華彙報成都軍區工作。鄧小平說：「軍隊的問題，說來說去是把班子搞好。把班子配好，其他問題就好辦。這是個方針。爭取半年把班子調整好，半年不行，一年。成都軍區解決不了，還有總政嘛。」二月十六日上午，鄧小平在北京會見美國客人。鄧小平說：「毛主席在世時，曾經同季辛吉博士談過，這個問題要看長遠一點，不要把中國當作一張牌來用。中美之間的關係是一個政治問題，不是外交問題。如果卡特總統願意來，我們真誠地歡迎，但不能對等，就是我國領導人不到華盛頓去，因為在你們那裡還有國民黨的『大使館』。中美關係如果實現了正常化，華國鋒總理抽不出身去，我願第一個到華盛頓去。」

二月二十一日，鄧小平就於光遠建議成立教育科學院和設立一批研究所的來信，批送華國鋒、葉劍英、李先念、汪東興。三月九日，就呂叔湘大致相同的建議，鄧小平再次作出批示：「這些意見值得重視」、「交教育部考慮」。一九七八年八月，中央教育科學研究所成立。二月二十七日，鄧小平閱看曾任中宣部副部長張際春子女來信並作出批示：「張際春同志死得很慘。他在文化大革命前主持國務院文教辦公室工作，沒做什麼壞事，職權有限，我認為結論修改一下是必要的。建議東興同志處理。」二月底，鄧小平同胡喬木、鄧力群、於光遠等商談全國科學大會講話稿的修改。鄧小平說：「國家科委替我起草的大會講話稿，我看了一遍，寫得很好，文字也很流暢，講話稿中的意思多半是我過去講過的，按照這個稿子講是可以的。但是，我還有一些話想講一講。我想講四個問題：第一個是關於科學技術是生產力，這是馬克思的觀點，馬克思的書裡寫過了；第二個是關於又紅又專；第三個是關於科學技術隊伍；第四個是關於黨委領導下的所長分工負責制。有把握的寫進去，需要探討的可以不寫，以後繼續探討。」鄧小平還審閱了教育部《關於一九七八年高等學校招生擬實行全國統一考試的請示報告》。

三月四日上午，鄧小平和方毅、王震、張愛萍聽取王諍、趙東宛等關於計算機發展問題彙報。鄧小平說：「大型計算機都應該由國家控制。一千萬次、兩千萬次的到底需要多少台，應該調查清楚。製造計算機要打殲滅戰。一個省可集中搞一個型號，但可集中力量來論證。這樣搞既出成果，也培養了人才。還要派人出去學習，到丁肇中、鄧昌黎那裡去學習。」、「一般的小型計算機也要很好搞一下。我們在計畫、銀行、商業、企業、學校等部門，都應該用計算機。四機部一定要搞專業化生產。搞專業化生產，才能提高產量，提高質量，降低成本。不僅要專業化，而且要搞三化，要成立計算機總局，下設一些公司。」鄧小平在二十世紀七十年代末期就能意識到計算機的重要性，並要求成立機構、派人出去學習。不能不讓人欽佩鄧小平的戰略眼光，深遠高瞻。三月十日，鄧小平出席國務院第一次全體會議。鄧小平在發言中說：「現在國際上普遍使用電子計算機，我們的銀行、商店不用行嗎？工廠要改革工藝，不用行嗎？我們要隨著工業的發展大量使用計算機。」在此次會議上，華國鋒在宣布分工時說，

「鄧小平協助華國鋒領導國務院全面工作，主管外交、科學、教育。」三月十八日下午，在全國科學大會開幕式休息時，鄧小平對方毅說：「在這次會議上的講話和報告中引用的馬克思、恩格斯、列寧和毛主席的語錄，在報紙上發表時不要再用黑體字。」在場的新華社記者隨即請示方毅，今後所有文章中引用馬克思、恩格斯、列寧和毛主席的語錄時，是否也一律不要再用黑體字？方毅說：此事由新華社報告中宣部再請示鄧副主席後批示。三月十九日，新華社總編室就這一問題寫報告給中宣部，鄧小平批示「我贊成」。現在的人們也許很難理解，機關公文、媒體之上「黑體字」的使用與否，居然要鄧小平來親自過問，並且還要新華社報告中宣部，再讓鄧小平來批示，但這就是當時中國的政治生態。對建國後十七年知識分子究竟如何估計？最終還是依據遲群的筆記本上記有毛澤東的肯定之語，似乎才能理直氣壯地說：「毛澤東也說過十七年來知識分子不能估計過低，」、「但大多數知識分子是好的」，有了毛澤東的話，就似乎有了尚方寶劍了。

大概是三月中旬，教育部就教材中使用簡化字問題進行請示，「請示」中說，最近《人民日報》等報刊發布的五屆人大文件和其他重大文件，仍未用第二次漢字簡化方案第一表的簡化字，但考慮到今秋供應的教材已經使用，並即將付印，如再改動，難以及時供應。因此今秋用書擬仍按原定辦法，不再改換。方毅批示：最好能改，如確來不及，那也沒辦法。鄧小平同意經方毅批送的這份報告。三月二十二日上午，鄧小平同劉西堯談話，就如何辦好北京大學發表意見。「如何辦好北大，首先要把是非弄清楚，把班子搞好。配領導班子，一個是有派性的不能用，一個是打砸搶的不能用。凡是屬這兩種人的，都要換掉，不能猶豫。」、「聶元梓還有市場，對她還要批判。對變成了障礙的人，要採取堅決態度。學校要像個學校，要定編，整頓秩序。大學沒有秩序不行。」四月二日，鄧小平審閱周林關於北大對聶元梓問題處理的請示報告，並作出批示：「我專門瞭解了一下，北大問題不少，但不下決心解決聶元梓問題，是不可能把北大整頓好的。」聶元梓的哥哥叫聶真，聶真的夫人王前是劉少奇的前妻，劉濤即劉少奇與王前所生。聶元梓如今仍生活在北京。四月三日，鄧小平在王殊關於自己難於勝任《紅旗》雜誌總編輯一事的來信上批示：「是否可以同意他的要求，紅旗由胡繩或吳冷西主編更適當些。」五月份，王殊調任外交部副部長。

也許是在文革期間，軍隊占據地方房屋，也許是一種臨時措施，但久而久之，就有點占而不還的意思了。北京衛戍區占據團中央的房屋，團中央不斷交涉要求歸還，也許是胡耀邦不便出面吧？報告到了鄧小平處，鄧小平作出批示：「瑞卿同志：請指定三五人（包括團中央的人）一塊去查看一次，提出報告，再作決定。」四月二十一日，谷牧召集衛戍區和團中央會商協調。四月二十四日，團中央將谷牧協調情況再報鄧小平。鄧小平再次批示：「據我瞭解，衛戍區所占房子已進行了幾年的建設，再遷出很難。建議由軍隊出錢，為團中央迅速新建所需房屋（建委可優先施工）。」四月十日，方毅批轉教育部關於二炮佔用人民大學房屋一事。鄧小平作出批示：「二炮報告該校房子難予歸還，此事如不解決（包括新建）怎麼辦？應有個方案。」五月十六日，鄧小平又在關於二炮佔用房屋問題的聯名信上批示：「二炮應千方百計，將房屋早日退還人大。」五月十七日，鄧小平聽取二炮領導人彙報此事。四月十五日，鄧小平就《來信摘要》反映天津河北工學院一教授反映河北省委決定該院由天津遷往邯鄲一事作出批示：「請教育部與河北省聯繫，瞭解情況。一般說來，搬遷要慎重，弄不好，要耽誤幾年時間。」四月二十八日，鄧小平對《情況彙編》反映一位一九五七年被劃為右派的教授要求安排工作一事作出批示：「請教育部瞭解一下，右派帽子早已摘掉，如他確有一技之長，可以給以任教的機會。」五月九日，鄧小平閱湖北財經學院要求恢復湖北大學來信後批示：「此件轉請湖北省委處理。」一九七〇年，湖北大學被撤銷，在湖北大學財經系基礎上成立了湖北財經學院。此後，湖北大學恢復。

五月二十一日下午，鄧小平會見美國總統國家安全事務助理布熱津斯基。鄧小平說：「很高興聽到卡特總統的這個口信。在這個問題上，我們雙方的觀點都是明確的，問題就是下決心。如果卡特總統下了這個決心，事情就好辦。我們雙方隨時可以簽訂關係正常化的文件。」、「過去我們打算從美國引進一千萬次電子計算機，美國商人、公司都同意賣，而且很熱心，但美國政府不批准。後來，我們向日本引進一百萬次電子計算機，其中有美國的技術，美國政府不同意，也沒有達成交易。我們從歐洲引進某種技術的時候也遇到這些問題。現在這個問題不存在了，我們自己很快就要搞出來了。總之，沒有實現關係正常化，我們受限制，你們也常受限制。」五月二十二日上午，鄧小平會見義大利客人時，在談到義大利「紅色旅」問題時說：「這是一個陰謀組織。它說自己是信仰毛澤東思想的，還說是馬列主義的。馬克思、毛澤東主席以及真正的馬列主義者都是反對個人恐怖行動的，認為這樣的行動不是革命的，是澈底脫離群眾的。還有一些形式上很激烈的行為，像劫持飛機，我們都是反對和譴責的。」五月二十六日，鄧小平審閱總政關於加強對臺宣傳工作領導問題的報告，做出批示：統一對臺宣傳問題，由東興同志召集有關（方面）擬定。華國鋒批示同意鄧小平意見。

二十二、這是編者和出版社對外國無知的反映

一九七八年四月二十七日至六月六日，全軍政治工作會議召開。六月二日，鄧小平到會講話。五月三十日，鄧小平同胡喬木談話，鄧小平說：「有的同志對這次政治工作會議的兩點提法提出了不同意見，認為新的歷史條件下的政治工作的提法，同華主席講的新的發展時期的總任務不一致；認為要保證人民解放軍的無產階級性質的提法，同毛主席講的人民軍隊的革命本質也不一致。總而言之，就是這麼個意見：只要你講話和毛主席講的不一樣，和華主席講的不一樣，就不行。毛主席沒有講的，華主席沒有講的，你講了，也不行。怎麼樣才行呢？照抄毛主席講的，照抄華主席講的，全部照抄才行。這不是一個孤立的現象，這是當前一種思潮的反映。毛澤東思想最根本的最重要的東西就是實事求是。現在發生了一個問題，連實踐是檢驗真理的標準都成了問題，簡直是莫名其妙！我放了一炮，提出要完整地準確地理解毛澤東思想，後來又加了一句毛澤東思想的體系。有人說我這個提法是同華主席唱對臺戲，結果華主席用了我這個話，這些人不吭氣了。還有知識分子的問題，也有人說我的講話背離了毛澤東思想。這些事都不是孤立的。

一九七八年六月十六日，就六月十二日逝世的郭沫若的入黨時間問題，胡喬木提出一為一九二七年，一為一九五八年，「但有一些情況需要研究」，而鄧小平則一錘定音：「可從一九二七年算起」。六月十八日下午，鄧小平出席郭沫若追悼會並致詞。鄧小平所致悼詞，稱郭沫若不僅為革命的科學家和文學家，而且是革命的思想家、政治家和著名的社會活動家。郭沫若和魯迅一樣，是我國現代史上一位學識淵博、才華卓具的著名學者，是我國文化戰線上又一面光輝的旗幟。郭沫若的才華自不待言，而對郭沫若在一九四九年之後的某些作為，許多人則有不同的看法也屬正常，其最後的居所就在北海與後海之間，門票大概是二十元，與恭王府相鄰，其隔壁據說就是王稼祥生前的居住地。

六月二十三日，鄧小平聽取時任清華大學校長劉達的工作彙報。在座者有方毅、蔣南翔、劉西堯等。鄧小平說：「清華建築系很有名。梁思成提倡民族形式的大屋頂，太費錢，但給他扣『反動學術權威』的帽子是不對的，應改正過來。對人的評價，要說得恰當，實事求是，不要說過分了，言過其實。」、「最近，我找谷牧、余秋里、康世恩談話，談到搞建築，要算大帳。建築怎麼搞得省、搞得快，很值得研究。」、「在美國，建築工業是三大經濟支柱之一，七八年時間就可以建起一個現代化中等城市。我們還差得遠。」、「我講得已經夠多了，情況也很清楚了，現在需要行動，要調動各方面的積極性。自動化，包括機械工業自動化，沒有電子計算機是自動不了的。進口了先進設備，就是要嚴格按人家規定的操作規程辦，不能亂搞。」、「我的意見是這樣，學校要辦成學校，學校要按學校的要求辦。我贊成增大派遣留學生的數量，派出去主要學習自然科學。要成千上萬地派，不是只派十個八個。」、「不要怕出一點問題，中國留學生絕大多數是好的，個別人出一點問題也沒什麼了不起。」

六月二十五日，鄧小平在一份關於所謂「六十一人叛徒集團」案的申訴材料上批示，「這個問題總得處理才行。這也是一個實事求是的問題。」一九七八年十二月，此錯案被平反。六月二十六日、二十七日，鄧小平和王震、羅瑞卿聽取呂東、張廷發等彙報，鄧小平說：「今天找你們來，是要瞭解陸、海、空軍究竟裝備什麼，將來要發展什麼，特別是空軍和海軍的裝備，我要一個部一個部地談一談。這些年科研停滯了，產品連原來的質量都保證不了。」、「最近有人就貼出大字報，說什麼『不重視工農兵』。對這些奇談怪論就不要管。該辦的還是要辦，不要怕人家不滿意。」六月二十八日、二十九日，鄧小平等三人繼續聽取柴樹藩、蘇振華、蕭勁光工作彙報。鄧小平說：「整頓企業有兩條，一個是班子，一個是管理，打亂仗是不行的。引進技術改造企業，管理要完全照外國的辦法，編制人員不能超過。質量不好，根本不接收。寧肯少，寧肯沒有，也不要破爛貨。軍艦質量有問題，海軍不接收是對的。質量不好是要死人的，要寸步不讓。不能老說是『四人幫』的流毒和影響，有流毒為什麼不肅清？」七月一日、二日，鄧小平等三人聽取張珍關於軍工生產情況彙報。八月一日、二日，連續兩天上午，鄧小平和王震、楊勇、張愛萍聽取宋任窮、鄭天翔、王純等彙報工作。鄧小平說，「揭批四人幫運動不能拖得太久。對有錯誤的幹部要做結論，給紀律處分。對『火箭式』上來的幹部要『衛星回收』，讓他回到原單位。」、「威懾力量，你有我也要有，也不能搞多了，但我有了就可以起作用。戰略武器要更新，方針是少而精。」此王純時任七機部副部長，後來還擔任過北京市副市長，與紀登奎夫人王純重名，而非同一人。

七月十二日上午，鄧小平在會見聯合國教科文組織總幹事的前與後，同教育部長劉西堯談話。在談到聯合國教科文組織提出由其出錢在中國翻譯出版其刊物《信使》時，鄧小平立即表態：翻譯出版《信使》，可以同意。印上幾千份，瞭解教科文動態也好嘛。談及聯合國教科文組織要中國派人參加政府間信息學戰略和政策大會時，鄧小平也直率表態：這些活動要參加。我們關起門來搞怎麼行？信息學是一門新的科學領域，我們去可長點知識。現在有些科學知識，我們都聽不懂。要派人去，錢又不要我們出，為什麼不去？不要再患神經衰弱症了，不要怕出去的人受外國的壞影響，出去一百個人，如果有十個人受了影響也沒有什麼了不起，也不要怕我們派出的人中有跑了的。中國人這麼多，跑幾個沒有什麼了不起，當然要加強思想教育。我們的留學生管理制度要改革，不要把我們的學生都集中住在一起，要讓他們和外國人接觸，這樣可以學習外語。要讓外國人來中國考察，不要讓人家一看到我們落後，我們就認為丟了醜。「這一次簡化漢字不夠慎重，一個專家給我寫信，對這一次簡化很有意見，社會上反映強烈。我把信轉給你們了。文字改革是科學，要搞得很准，太輕率了不行。不要一說就是經過中央領導同志同意了，中央領導同志講的也可能有不對的，我講的也可能有不對的嘛。過去對文字改革搞得比較多的是胡愈之、葉籟士、葉聖陶，他們的意見也不太一致。要多問問他們的意見。」後來，劉西堯調離教育部赴四川任副省長。他今年在武漢去世，享年九十七歲。

七月二十一日，鄧小平同時任中宣部長張平化談話，就真理標準的討論問題指出：「不要再下禁令、設禁區了，不要再把剛剛開始的生動活潑的政治局面向後拉。」七月二十二日下午，鄧小平同胡耀邦談話，明確肯定和支持真理標準問題的討論。鄧小平說：「〈實踐是檢驗真理的唯一標準〉這篇文章是馬克思主義的，爭論不可避免，爭得好。引起爭論的根源就是『兩個凡是』。七月二十五日上午，鄧小平會見一美國專欄作家時說：中國「十年基本沒有出人才，耽誤了一代人，把我們同世界先進水平的距離拉得很大。」、「我現在主要的興趣是如何使我國的經濟發展得快一點，關心最多的還是科學和教育，這是能否實現四個現代化的最關鍵的問題。我是作為外行來關注科學和教育問題的，我起的作用就是當後勤部長，就是做發現人才，支持科學家、教育家，撥款，搞設備等事情。」

八月一日，建軍節這一天，鄧小平看到《每日英國郵報》刊登一記者從北京發出的一則消息：遼寧省一本為兒童編寫的英語教材中，描寫了「一個住在倫敦的可憐的英國女孩」的生活，把現在的英國依舊描寫成像狄更斯時代那樣貧窮。狄更斯是英國十九世紀著名作家，他創作的《孤雛淚》、《雙城記》、《塊肉餘生錄》、《艱難時世》等廣為流傳，久負盛名。鄧小平對此批示：這是編者和出版社對外國無知的反映。請教育部調查一下，採取辦法加以改正。

羅瑞卿於一九七八年七月赴西德治療腿疾，手術後因心臟病於八月三日逝世，終年七十二歲。八月五日，羅瑞卿靈柩回國，鄧小平親至機場迎接。八月六日，鄧小平審閱關於羅瑞卿逝世新聞稿，並就汪東興批註「過去曾講過中央軍委常委職務不對外公開，請小平同志考慮」一事，鄧小平批示：「常委職務過去見過報。可以寫上。」八月十日，鄧小平審改羅瑞卿悼詞，並批送華、葉、李、汪、徐、聶核閱。八月十一日，鄧小平前往解放軍總醫院，向羅瑞卿遺體告別。八月十二日下午，鄧小平和華國鋒、葉劍英、李先念等出席羅瑞卿追悼會並致悼詞。

八月十九日上午，鄧小平聽取黃鎮、劉複之關於文化部工作彙報。談及理論問題，鄧小平說：「理論問題主要是由兩篇文章引起的。我說過〈實踐是檢驗真理的唯一標準〉這篇文章是馬克思主義的，是駁不倒的，我是同意這篇文章的觀點的，但有人反對，說是反毛主席的，帽子可大啦。另外一篇是關於按勞分配的文章，我看了，先念同志也看了，提過意見，也是馬克思主義的文章。」、「要讓人說話，現在剛剛講了一下，就說是針對毛主席的，那怎麼行呢？」、「毛主席沒有講過的話多得很呢。我們不要下通知，劃禁區。能夠講問題，能夠想問題就好。要敢於正視現實，敢於提問題、想問題。最近，東北反映說，有個案子是我過去批的，我說不管是我批的，還是誰批的，不對的都可以推翻。在清查中，不要把批鄧作為考察幹部的一條標準。」、「文化部的任務是很重的。現在電影不多，讀物很少。我這裡擺了一些文化大革命以來出的小說，乾巴巴的讀不下去，寫作水平不行，思想藝術水平談不上，看了開頭就知道結尾。電影也是這樣，題材單調，像這樣的電影我就不看，這種電影看了使人討厭。文藝隊伍要擴大，現在不是大了，是小了。要培養人才，發現新作者，要使他們開眼界。我們要敢於想問題，提問題，敢於理論聯繫實際。怪得很，我在全軍政治工作會議上提了在新的歷史條件下如何做政治工作問題，有人也反對，說這和華主席講的『新時期』不一樣，唱對臺戲。有的人就是不敢想問題，不能從『四人幫』的框子裡脫出來。作品不敢寫戀愛，怎麼能沒有戀愛呢？」

九月十七日下午，鄧小平在瀋陽聽取時任瀋陽軍區司令員李德生的彙報。鄧小平說：「我是到處點火，在這裡點了一把火，在廣州點了一把火，在成都也點了一把火。」、「運動不能搞得時間過長，過長就厭倦了。不痛不癢，沒有目的，搞成形式主義，這也不行。也不能一個號令，一天結束。究竟搞多久，你們研究。」、「提拔幹部，要注意人的品質，注意思想，寧肯笨點，樸實一點，不要只看他會說會寫。一定要注意幹部路線。」

九月三十日，鄧小平在審閱工會法修改草案時，將「中國工會在英明領袖華主席為首的黨中央領導下」一語，改為「中國工會在中國共產黨領導下」，並注明「根據毛主席的教導，在章程、法律這類性質的文件，以不寫個人為宜，故在第三條作了一點修改。」華國鋒看過鄧小平的批註之後，批示道：「同意小平同志所提修改意見。」當時，為了樹立華國鋒的威信，「英明」領袖要落到實處，於是便有好事者「運作」出「交城的山交成的水交城出了一個華政委」之類的歌曲，據說是紀登奎大膽陳詞，勸告說，這樣的歌不能唱，你這個政委充其量是縣大隊的政委，也就十七八人左右，還是地方武裝，但你現在是黨的主席、政府總理，又是軍委主席。你這個當年的政委，且不說鄧小平、葉劍英、徐向前等，就是楊勇、楊得志、陳錫聯等人當年不都是指揮千軍萬馬？他們心中會是怎樣的滋味？但不知道華國鋒是否聽得進去紀登奎的逆耳勸諫，而後來的政治走向，也非他們力所能及了。鄧小平的「修改」，華國鋒無言作答，也無可辯駁。十月三日下午，鄧小平同胡喬木、鄧力群、於光遠談話、商議在工會九大上的講話稿修改。鄧小平說：「現在這個稿子很平淡，沒有鼓動性，稿子應有新內容，要回答和解決一些問題。」

鄧小平在八月十日的下午，會見日本外務大臣圓田直。八月十二日晚，鄧小平和華國鋒、廖承志等出席中日和平友好條約簽字儀式。此條約談判始自一九七四年。十月二十二日至二十九日，鄧小平赴日本訪問，這是一九四九年以來中國的國家領導人第一次訪日。十一月五日至十四日，鄧小平出訪泰國、馬來西亞、新加坡，這也是中國領導人第一次訪問這三個國家。而鄧小平正在馬來西亞訪問的十一月十日，中央工作會議召開。十一月十四日上午，鄧小平即將結束新馬泰三國訪問之際，在新加坡接見中國駐新機構主要負責人時，講了這樣一番話，鄧小平說：「現在的路子走得對。葉帥講，路子要走寬一點。日本向我們建議搞合資銀行，這是可以搞的。」、「明年是建國三十周年，我們也不大搞慶祝活動，我們窮，為什麼要講排場呢？本來窮，就別擺富樣子，好起來再說。在日本訪問時，我們到處講窮，日本人說這是有信心的表現。他們說得有道理。我在日本說，本來長得很醜，為什麼要裝美人呢？」也就是在這一天，經政治局常委批准，北京市委公佈，為一九七六年清明節北京天安門事件平反，十一月十五日《北京日報》刊發消息，十一月十六日，《人民日報》刊登題為《天安門事件完全是革命行動》的新華社通稿。

鄧小平在十一月十四日以後，出席中央工作會議。會議原定議題一是討論農業問題，二是商定一九七九年、一九八〇年兩年國民經濟計畫的安排，三是討論李先念在國務院經濟工作務虛會上的講話。會前，根據鄧小平提議，會議先用兩三天的時間討論從一九七九年起全黨工作重點轉移到社會主義現代化建設上來的問題。而陳雲提出的六大問題則成為會議的焦點。此次會議自十一月十日開始至十二月十五日結束。

一九七八年十一月二十一日，鄧小平閱中央軍委顧問王建安建議恢復海南島、新疆、黑龍江生產建設兵團的來信，作出批示：「印工作會議。」王建安上將不是在一九五五年授予的，而是在一九五六年與李聚奎被一起補授上將軍銜。王建安很有個性，堅稱不能死在醫院，要死在家裡，他也是較早提出死後不進八寶山的人。他說，大平正芳，作為日本首相，死了，就是一束黃菊花，文明得很。人都死了，還爭什麼待遇，無聊得很。

十一月二十六日，鄧小平會見日本客人佐佐木良作，並就客人提出的問題一一作答，被稱為「十九條」。十一月二十七日上午，鄧小平會見美國專欄作家，談及中美關係、四個現代化的障礙、是否進行政治改革、是否採用南斯拉夫工人自治形式、對毛澤東及毛澤東思想評價等問題，尖銳而棘手，但鄧小平都坦誠作答，振聾發聵。在回答一些大字報批判了一些人是否是一個信號，說明不久將要把他們開除出政治局時，鄧小平說：「不會。對一個人的評價不能只看他一段時間的表現。」當天晚上，鄧小平和華國鋒、葉劍英、李先念、汪東興聽取中央工作會議各組召集人彙報。在談到對中央幾個有錯誤的領導人如何處理時，鄧小平說：「現在國際上就看我們有什麼人事變動，加人可以，減人不行，管你多大問題都不動，硬著頭皮也不動。這是大局。好多外國人要和我們做生意，也看這個大局。」十一月二十九日上午，鄧小平在會見日本客人時說：「我現在還有一個願望，就是想到華盛頓去，不曉得能否實現。美國人總是說，你為什麼不到華盛頓去？那裡有臺灣的大使館，我怎麼能去呢？中美關係實現正常化了，中國領導人就可以去了。」十二月一日，鄧小平在政治局常委召集的部分大軍區司令員和省委第一書記的打招呼會議上講話。鄧小平說：「中央的人事問題，任何人都不能下，只能上。現有的中央委員，有的可以不履行職權，不參加會議活動，但不除名，不要給人印象是權力鬥爭。對文化大革命問題，現在也要迴避。清華大學幾個青年貼大字報說，反周民必反，反毛國必亂，這個話水平很高。一九五七年反右派鬥爭是正確的，但後來擴大化了。」

十二月十三日下午，鄧小平在中央工作會議的閉幕會上講話，這就是著名的《解放思想，實事求是，團結一致向前看》。

十二月十三日至十五日，鄧小平同美國駐華聯絡處主任倫納德・伍德科克就中美關係舉行會談。十二月十六日，中美發表聯合公報，兩國將於一九七九年一月一日起建立外交關係，一九七九年三月一日互派大使並建立大使館。同一日，中國政府聲明：鄧小平將於一九七九年一月對美國進行正式訪問。

十二月十八日至二十二日，十一屆三中全會召開。十二月二十二日，鄧小平閱改華國鋒在十一屆三中全會閉幕會上的講話稿，在「甚至嚴重錯誤的同志，既要幫助他們認識和改正錯誤，取得群眾的諒解，又要鼓勵他們繼續大膽工作，不要挫傷他們的革命積極性」一段話中的「既要」之後，加「作恰當處理」，並將「不要挫傷他們的革命積極性」改為「在工作中繼續認識和改正自己的錯誤」。乍一看似乎改動不大，但認真琢磨，實際上分量不同，態度有異，策略之把握，分寸之拿捏，近乎爐火純青，無懈可擊。

一九七八年就這樣過去了。在二十世紀七十年代的最後一年的中國，鄧小平又會有些什麼動作呢？

二十三、動幾個人是很容易的事，一個表決，一個舉手，就辦到了

一九七九年，二十世紀七十年代的最後一年，已經七十五歲的鄧小平更加自信、強勢而成竹在胸，他在不斷推進改革開放中，也注意把握節奏，不斷校正，力求國家航船避免大的偏差。在這一年，鄧小平提出了「四項基本原則」，也提到了「小康」概念，更有「經濟特區」的出現，意義重大。而鄧小平出訪美國、「教訓」越南，為葉劍英準備國慶三十周年講話，對「文革」的清理當然還有對毛澤東的評價，鄧小平都表現得相當謹慎而從容，而清華大學有人所講「反周民必反，反毛國必亂」給鄧小平以至深的印象。這一年，鄧小平還被美國《時代》週刊評為一九七八年度世界風雲人物，《時代》週刊在一九七九年首期的序言中說：「一個嶄新中國的夢想者——鄧小平向世界打開了『中央之國』的大門。這是人類歷史上氣勢恢宏、絕無僅有的一個壯舉！」

一月一日，鄧小平致電美國總統吉米・卡特，熱烈祝賀中美建交。當天下午，鄧小平出席政協座談會，他在講話中說：「一九七九年元旦是個不平凡的日子，有三個特點：第一，是我們全國工作的著重點轉移到四個現代化建設上來了；第二，中美關係實現了正常化；第三，把臺灣回歸祖國、完成祖國統

一的大業提到具體的日程上來了。」一月十二日，鄧小平審閱劉西堯關於建議重新考慮教育部部長人選問題的報告，作出批示：「方毅同志曾建議由蔣南翔任教育部長，劉西堯另外分配工作，請耀邦同志商有關部門，提出意見。」鄧小平並將這一報告批送華國鋒、葉劍英、李先念、陳雲。後，劉西堯調任四川省委書記、副省長。也是在這一天，鄧小平就南京華東水利學院一幹部來信反映埃塞俄比亞兩名留學生無理毆打我教師和院外事辦負責人一事，作出批示：「請方毅閱交教育部會同外事部門研究政策和方法，既要適當，又要嚴肅（這類事情已多次發生）。」五月二十六日，鄧小平審閱教育部關於華東水利學院幾內亞、索馬裡留學生毆打中國教工事件的報告，鄧小平作出批示：「如經過工作還有不願意繼續學習的，可以同意退學回國。」一九八八年，華東水利學院已改稱河海大學，再次發生非洲留學生打人事件，並引發學生遊行。當時東南大學韋鈺校長勸東大學生不要上街，相信「華水」的梁瑞駒校長能夠妥當處理此事。當時聽韋鈺校長講華水，方知就是指河海大學。此次事件似乎還引來外交部發表聲明，這已經是二十五年前的舊事了。

一月二十四日上午，鄧小平會見美國時代出版公司總編輯多諾萬和《時代》雜誌駐香港分社社長克拉克。談及國外有人談論中國「非毛化」問題時，鄧小平指出：「最近我們多次講，不論現在還是以後，毛澤東思想仍是我們的指導思想，我們有許多基本原則還是毛主席和周總理生前確定的。毛主席並不是沒有缺點和錯誤，這不是馬列主義，也不是毛澤東思想。有許多事情毛主席生前沒有條件提出來，我們現在提出來，這本身不是『非毛化』，根據現實提出問題是完全應該的。我們現在還是按照毛主席、周總理畫的藍圖來建設我們的國家，來實行我們的對外政策。」一月二十八日至二月五日，鄧小平赴美訪問，這是中國領導人在一九四九年後首次訪問美國。一月二十九日晚，鄧小平在華盛頓肯尼迪中心觀看文藝表演並發表簡短講話：「藝術是使各國人民增進瞭解、消除隔閡的最好的辦法。」二月六日至八日，鄧小平訪日。二月十五日下午，鄧小平出席蘇振華追悼大會並致悼詞。蘇振華於二月七日逝世，終年六十七歲。二月十六日下午，鄧小平在中央召開的在京黨、政、軍幹部大會上，代表中央作關於對越進行自衛反擊問題的報告。對越作戰自二月十七日開始，於三月十六日結束。三月十六日，鄧小平在中央召開的對越自衛反擊戰情報告會上作報告，鄧小平說：「粉碎『四人幫』以後，全國出現了安定團結的局面，這是總的情況。但是仔細地看，還存在很多不安定團結的因素。我們必須堅決地維護毛主席這面偉大旗幟。這是我們安定團結的一個十分重要的問題，也是一個很重要的國際影響問題。我們寫文章，一定要注意維護毛主席這面偉大旗幟，決不能用這樣那樣的方式傷害這面旗幟。否定毛主席，就是否定了中華人民共和國，否定了整個這一段歷史。所以，有好多問題應該從大局著眼，不能搞得太細。現在的關鍵是安定團結。處理遺留問題，為的是集中力量向前看。像評價文化大革命這樣的問題，可以暫時放下。我們的宣傳機構包括報紙，要注意這個問題。有些帳講不清楚，就不要講，向前看嘛。不向前看有什麼希望？」

三月十七日，鄧小平同意新華社關於公開發表西藏司法機關決定寬大釋放一九五九年參加叛亂的罪犯的消息。三月十九日，新華社發表此消息。此前的三月十二日，鄧小平接見了達賴喇嘛丹增嘉措的哥哥嘉樂頓珠。鄧小平說，「歡迎達賴回來，歡迎更多的人回來看看，請達賴好好考慮。如果不願回國，只回來看看，歡迎；回來後出去，歡送。如果他們回國，政治上會作很恰當的安排。我可以保證一條：來去自由。二十年隔離，不看看怎麼行？在外邊的藏族同胞總要葉落歸根。」

三月二十七日上午，鄧小平就準備在黨的理論工作務虛會上的講話稿問題，同胡耀邦、胡喬木等談話。在此次會議上，鄧小平提出了四個堅持，亦稱四項基本原則。此次會議於一九七九年一月十八日至四月三日在京召開。三月二十九日上午，鄧小平會見香港總督麥理浩，明確提出一九九七年中國收回香港後，香港還可以搞資本主義。這次談話後，中國政府把解決香港問題提上了議事日程。

一九七九年四月五日至二十八日，中央工作會議召開，決定從一九七九年起用三年時間完成國民經濟調整任務，方針是「調整、改革、整頓、提高」。鄧小平在四月十七日聽取趙紫陽、習仲勳、林乎加等彙報。鄧小平說：「廣東、福建實行特殊政策，利用華僑資金、技術，包括設廠，這樣搞不會變成資本主義。因為我們的錢不會裝到華國鋒同志和我們這些人的口袋裡，我們是全民所有制。如果廣東、福建兩省八千萬人先富起來，沒有什麼壞處。」在此次會議上，針對習仲勳、楊尚昆提出在深圳、珠海、汕頭興辦出品加工區一事，鄧小平說：「還是叫特區好，陝甘寧開始就叫特區嘛！」七月十五日，中央決定在深圳、珠海、汕頭、廈門試辦特區。一九八〇年五月十六日，中央正式將「特區」定名為「經濟特區」。一九七九年七月十五日，這天上午，鄧小平還會見了美國芝加哥大學歷史系教授何炳棣。鄧小平說：「當前我們調整經濟計畫，主要是想把經濟發展搞得穩一點、快一點。我們要搞中國式的四個現代化。」四月十九日至二十四日，鄧小平接待到中國進行內部訪問的金日成並同他舉行了五次會談。鄧小平在二十二日上午的會談中，提及文革小組，鄧小平說：「中央文革小組，核心就是張春橋、江青，姚文元、康生也在內。康生這個人幹了很多壞事。」五月十六日上午，鄧小平會見日本時事通訊社客人。談及劉少奇，鄧小平說：「過去給劉少奇加的罪名不實。叛徒，現在材料證明沒有這回事；工賊，沒有這回事；內奸，也沒有這回事。這些問題都要實事求是，在適當的時候作出正確的結論。」談及「自由化」，鄧小平說：「我們從來不提『自由化』，我們從來都提民主集中制，現在這樣提，以後也是這樣提。」

六月十五日下午，鄧小平閱榮毅仁來信。榮毅仁針對《中外合資經營企業法（草案）》規定「中外合資經營企業外資投資比例不超過百分之四十九」和「決定重大問題要三分之二多數通過」，榮毅仁指出，「這並非國際慣例」，「建議在不喪失主權的前提下，以平等互利為原則，爭取更多的外資，引進更多的技術。」鄧小平批示，「我看很有道理，四十九和三分之二都可不寫。」鄧小平又批示：「耀邦同志辦理。」陳雲也批示：「我同意榮毅仁的意見，只要外資願意來中國，我們總有辦法對付。」榮毅仁是無錫榮氏家族的代表，他後來擔任過國家副主席。其子榮智健，在香港發展。

六月二十五日上午，鄧小平出席參加人大會議的黨內負責人會議。針對一些代表要求對犯錯誤的高級領導人進行組織處理時，鄧小平說，「這些同志的錯誤是確實的。但三中全會和中央工作會議確定的方針，就是這些問題不宜急於處理。『只進不出』，這個話是我說的，是我在三中全會上講的，也是三中全會接受了的意見，實際上也是三中全會定的方針，或者叫政策。動幾個人是很容易的事，一個表決，一個舉手，就辦到了。但帶來的國內國際影響是什麼？我們的同志沒有動腦筋，就事論事，沒有總覽全域，嚴肅地對待這樣的問題，考慮這樣的問題。我們不做人事變動影響是什麼呢？我看是會取得極好影響的。」人大會議期間，鄧小平同萬里談話。論及包產到戶但有人反對一事，鄧小平說：「不要爭論，你就這麼幹下去就行了，就實事求是幹下去。」一九七九年七月七日，鄧小平在第五次駐外使節會議上作報告，鄧小平還說：「我現在實在想退休，也不是真的完全退休，是當顧問，提點意見。」一九七九年七月十日至八月十日，鄧小平到皖、滬、魯、津等地視察。七月十二日至十五日，鄧小平遊覽黃山。鄧小平說：「黃山這一課，證明我完全合格。」鄧小平於七月二十一日上午、七月二十三日晚，在與人談話時，兩次提及寶鋼：「對於寶鋼建設，（上海）市委第一要幹，第二要保證幹好。國內對寶鋼議論多，我們不後悔，問題是要搞好。」、「寶鋼建設，中央已經定了，要搞下去，作用很大。但現在告寶鋼狀的人很多。所以，我們一定要注意，一定要把寶鋼建設搞好。歷史將證明，建設寶鋼是正確的。」是誰對寶鋼有意見告寶鋼的狀呢？七月二十九日上午，鄧小平在青島發表講話，粟裕、葉飛陪同，他指出：建國初期海軍就建立了，開始一段不錯。自從林彪把李作鵬弄到海軍，帶來災難。以後是打派仗，打派仗當然不只是海軍。總之是多災多難。」、「海軍並不是太太平平，並不是什麼事情都很順當，同空軍過去一樣，也是問題成堆。艦艇的在航率那麼低，這個作風就很不好，講作風首先是講這個。據瞭解，你們艦艇的在航率不高，你們如果抓得好，起碼可以解決相當問題。」七月三十日，鄧小平來到嶗山。他說：「這裡的路，前面有海，後面有山，危險，不安全。如果路不修好，誰還敢來這裡？」、「青島市連水都缺，搞開放、旅遊是不行的，沒法接待外賓，要趕快解決水的問題。」此前的五月二十六日，蕭勁光致信鄧小平說「我這次抱病，承蒙您親自來醫院看望，並多次關心我的平反問題，甚是感激。現在我感到力不從心。為海軍建設前途著想，還是讓我離開海軍領導崗位為好。」鄧小平將蕭勁光此信批送華、葉、李、陳等。一九八〇年一月，蕭勁光離任。蘇振華則已於一九七九年二月七日逝世。一九七九年八月二十五日下午，鄧小平和華國鋒、李先念、陳雲等出席張聞天的追悼會並致悼詞。但《鄧小平年譜》中關於張聞天的小注中未提及張聞天擔任過黨的總書記職務。張聞天於一九七六年七月逝世於無錫。八月下旬，鄧小平同胡耀邦、胡喬木、鄧力群談話，就葉劍英國慶三十周年講話稿提出意見。鄧小平說：「總的印象是，講理論的東西多了，概念的東西多了，讀後感到沉悶，需要做大的修改。」九月一日，鄧小平和華國鋒、李先念、王震、鄧穎超、烏蘭夫、胡耀邦等聽取全國統戰工作會議情況彙報。鄧小平在插話中說：「現在發現知識分子外流，程度很嚴重，一些已經出去了，還有一些人在申請出去。解決這個問題單靠政治不行，還要有物質。」、「對遺產要允許有繼承權。繼承的財產很有限，但如果廣東允許，對港澳就會有影響。港澳到內地投資的資本家就提出子女有沒有繼承權的問題。不允許遺產繼承權，即使老子贊成，兒子也反對。我們應該在法律上作出規定，解決繼承權問題。」九月三日，鄧小平和華國鋒、李先念聽取胡耀邦代表中央「兩案」審理領導小組彙報有關座談會情況。「兩案」指林彪集團案、江青集團案。這次座談會於一九七九年八月十五日至九月三日召開。九月十七日，鄧小平將新華社報送的《舞陽縣發現惡毒攻擊鄧副主席的反動傳單》等材料批轉中央政治局各同志閱。十月二十四日，鄧小平在政治局各同志傳閱材料後，又批示：「應告有關省委注意，但不要為對我的議論而進行追查。」舞陽與葉縣相鄰，都是中原腹地的窮縣。史學家郭廷以是舞陽人。九月十八日，鄧小平會見尼克森。鄧小平飽含感情地說：「一九七二年二月，尼克森先生作為美國總統第一次訪問了我國，雙方發表了具有歷史意義的中美《上海公報》，這是中美關係史上的一件劃時代的大事。」、「尼克森先生一九七二年贈送的、在中國南方落戶的加利福尼亞洲的紅杉樹正在茁壯成長。紅杉樹不僅象徵著中美兩國人民友誼的發展，也目睹了這些難忘歲月裡中國的巨大變化。」

鄧小平出席有關招待會時，面對華人、華僑等，他說了這樣一段話：「我們的政治路線就是四個現代化，一心奔向四個現代化。但是沒有組織路線的保證不行。這方面還有相當複雜的問題，會遇到一些障礙，但不解決這個問題不行。提出這個問題不等於今年明年就解決了，急不得，急了要出毛病的。」鄧小平這番話，面對海外華人華僑、港澳臺同胞，實際上是向全世界昭告了即將有人事變動的信息。變動人事格局，最為敏感，也最為複雜，牽動各方神經，觸及多方利益。但會變動誰呢？

十月十五日至十一月十日，華國鋒訪問法國、西德、英國和義大利。十月十二日，鄧小平和葉劍英、李先念等前往機場為華國鋒送行。十月十六日下午，鄧小平同葉劍英、徐向前、聶榮臻、耿飈、韋國清、胡耀邦等商議十一個大軍區司令員、政委等主要領導幹部的調配問題。十一月十日，鄧小平、李先念、汪東興等到機場迎接出訪歸來的華國鋒。

十月二十五日上午，鄧小平會見英國麥克米倫出版公司董事長、牛津大學校長、英國前首相哈羅德·麥克米倫。鄧小平說：「現在國際上越來越多的政治家們感到憂慮，一般都判斷在八十年代要出問題。這種觀點，在英國有，西歐其他國家有，美國有，日本也有。日本一個作家甚至認為第三次世界大戰已經開始了，從安哥拉開始，這話恐怕說得有些過份。我同意你們的話，危險確實存在，不看到這一點會犯錯誤，但也不是完全沒有希望。希望就是大家聯合起來，認真加強自己的力量。」十月三十日下午，鄧小平和葉劍英、李先念等出席四次文代會。鄧小平在祝詞中說：「黨對文藝工作的領導，不是發號施令，不是要求文學藝術從屬臨時的、具體的、直接的政治任務，而是根據文學藝術的特徵和發展規律，幫助文藝工作者獲得條件來不斷繁榮文學藝術事業，提高文學藝術水平，創作出無愧於我們偉大人民、偉大時代的優秀的文學藝術作品和表演藝術成果。」

十一月二十六日上午，鄧小平會見美國不列顛百科全書出版公司副總裁弗蘭克·吉布尼和加拿大麥吉爾大學東亞所主任林達光等。在談話中，鄧小平提出社會主義也可以搞市場經濟的思想。

十二月六日上午，鄧小平會見日本首相大平正芳時，提出了「小康」的概念。十二月八日，鄧小平為大平正芳送行時說：「中日兩國不僅要加強理解，還要加深依賴，你們面臨的威脅不是我們，我們面臨的威脅也不是你們。中日兩國一衣帶水，有很多條件可以互通有無，取長補短。」、「再過二十多天，就要進入八十年代，我希望首相閣下這次訪華的成果至少要管到八十年代。」

十二月十四日上午，鄧小平到北京醫院探望住院治療的陳雲。

十二月十七日，就鄧穎超同胡耀邦談話提出加強對臺工作、把中央對臺領導小組健全起來的建議，鄧小平在胡耀邦的報告上批示：「由鄧大姐任組長，重大事情我可參與。」一九八〇年一月，中央對臺工作小組成立，鄧穎超、廖承志為正副組長。

十二月十九日，鄧小平去看望聶榮臻，並商議總參、總政、總後領導班子調配問題。

進入八十年代的鄧小平，應該會有大動作了！中國已經有點不太耐煩所謂的「徘徊」和「觀望」了，因為毛澤東的權威餘緒而位居權力巔峰的華國鋒的政治時間，似乎不太多了。

二十四、要研究一下，為什麼好多非洲國家搞社會主義越搞越窮

進入二十世紀八十年代的中國，仍舊是百廢待舉諸事繁雜，但大多數人開始走出束縛與羈絆，進行反省與檢討，而初具眉目的中國的改革開放還要屢經波折艱難前行。在八十年代的第一年，鄧小平倡議集體辦公、重設書記處，而為劉少奇平反、開啟審理「兩案」、重新審視何為社會主義、傾注極大精力主持「歷史決議」，而華國鋒的辭職也是頗具影響力的重大政治事件。華的辭職與五中全會之上汪東興、紀登奎、吳德、陳錫聯的辭職應該算是前後呼應，有著重要關聯。也是在即將進入八十年代之際，蘇聯出兵入侵阿富汗，不僅牽動中東全局，也讓中國感受到了某種壓力。鄧小平在這一年，接受義大利女記者法拉奇的采訪，坦然作答一系列問題，對穩定大陸人心理清治國理政思路關係重大，影響至深。

一月一日上午，鄧小平出席全國政協舉行的新年茶話會。鄧小平說：「八十年代是十分重要的年代。在八十年代裡，我們最根本的工作就是要把自己的事情辦好，國內的事情最重要的是把經濟搞好。」、「我們要搞中國式的現代化，我們還很窮，就是要老老實實地創業，就是要吃點苦，否則不可能有今後的甜。」一月三日，胡喬木致信鄧小平，就鄧小平提出堅持集體辦公制度的意見後，中央書記

處、國務院各部已經實行集體辦公，希望鄧小平能在中央全會上就堅持集體辦公和改變冗長會議現象問題講一講，以開闢新局，形成新的氣象。一月九日下午，鄧小平在會見日本客人時說：「全世界人民是用一種沉重心情來迎接八十年代的。八十年代一開始就不平靜。阿富汗事件、伊朗問題、印度支那問題還在發展，中東、近東形勢更加不安寧。非洲、拉美也存在不少問題。就我們亞洲、太平洋地區來說，太平洋不太平。」、「中國歷來考慮問題不僅是從中國本身考慮的，甚至不僅是從亞洲、太平洋地區來考慮的，而且是從全球範圍來考慮的。中國對阿富汗事件反應強烈，就是從全球化戰略來考慮的。我相信世界人民是有力量來迎接八十年代的風波的。」一月十六日，鄧小平出席中央召集的幹部會議，並作《關於目前的形勢和任務的報告》。鄧小平提出了八十年代要做的三件大事和現代化建設必須具備的四個前提。「三件大事是：在國際事務中反對霸權主義，維護世界和平；臺灣回歸祖國，實現祖國統一；加緊經濟建設。三件事的核心是現代化建設。這是解決國際問題、國內問題的最主要的條件。」四個前提是：要有一條堅定不移、貫徹始終的政治路線；要有一個安定團結的政治局面；要有一股艱苦奮鬥的創業精神；要有一支堅持走社會主義道路的、具有專業知識和能力的幹部隊伍。「個人必須服從組織，少數必須服從多數，下級必須服從上級，全黨必須服從中央。這幾條裡最重要的就是全黨服從中央。」一月二十七日，鄧小平同意國防科委關於上半年進行「東風」五號洲際導彈全程試驗的報告，批示「如準備來得及，以五月試為好」，並批送華國鋒、葉劍英、李先念、陳雲等閱。

二月五日上午，鄧小平同胡耀邦、胡喬木、鄧力群談對《中國共產黨章程（修改草案）》二月三日稿的意見。在胡耀邦彙報到總綱中沒有提毛澤東的名字時，鄧小平說：「這個問題是總綱中最大的問題。作為一種科學的語言，馬克思主義是可以包括列寧主義和毛澤東思想的，但如果我們的黨章中只提馬克思主義，不提列寧主義和毛澤東思想，國際上就會有人說我們黨的性質變了，國內就牽涉到一個毛澤東思想的問題。所以，要寫上中國共產黨以馬克思列寧主義、毛澤東思想的科學理論作為自己的行動指南。」在胡喬木提出恐怕將來對黨員要搞重新登記時，鄧小平說：「黨員一章中增加了入黨要舉行宣誓儀式的內容很好，我很贊成。我加入共青團時，是和蔡大姐一起宣的誓，誓詞是事先背好的。入黨宣誓是一件很莊重的事，可以使人終生不忘。」

二月二十三日至二十九日，十一屆五中全會在京召開。二月二十六日上午，鄧小平出席各組召集人彙報會。談及中央人事安排和設立中央書記處問題時，鄧小平說：對於中央政治局常委中歲數大的同志，我總的傾向是，包括我在內，慢慢脫鈎，以後逐步增加比較年輕的，身體好的，年輕力壯的人。這是一個總的決策。六月全國人大以後，陳雲同志、先念同志和我都不兼副總理了，逐步地、慢慢地推一些年輕的、身體好的同志在第一線。建立書記處的目的就是這個意思，書記處作為第一線。中央政治局成員，我傾向在相當一個時期內歲數大一點、人數稍微多一點也可以，因為有書記處了。老同志可以在政治局裡發揮作用，以後的人事安排要慢慢年輕化。我們這些人是安排後事的問題，不要放到第一線了。當然，這也要根據實際情況和實際可能。我自己定了個奮鬥目標，時間定在一九八五年，就是要辦一件事，精心地選拔身體比較好的，比較年輕的同志上來搞事情。這次全會開始注意這件事，但沒有做完，還要繼續做。書記處的職權，肯定是管全局，黨、政、軍、民，工、農、商、學、兵，都要管。八大為什麼建立書記處？毛主席在相當長的一個時期裡就在考慮一線二線問題。高崗就是在這件事上出了問題，他要搶這個一線。毛主席是從這個戰略思想來考慮中央和國務院領導成員的配備的。毛主席的說法是，這樣比較能夠經得住風險，也就是說，哪一個環節出了問題，都不會影響到整個集體。這次設立的中央書記處，今後的工作重點是放在經濟工作、放在四個現代化上。二月二十八日下午，鄧小平出席五中全會各組召集人會議，就為劉少奇平反決議中是否寫他也犯過錯誤的問題，鄧小平說：「今天倒是議了一個重要原則的問題。實事求是可不容易。寫上這樣的語句不會給人們說這是貶低少奇同志，不可能這樣理解。少奇同志與一般人不同，在給他作的平反決議，如果沒有這樣的內容，會給人一個印象，就是所有錯誤都是毛主席一個人的。這不是事實。我們犯的錯誤比少奇同志犯的錯誤多，總要承認他也有錯誤就是了。這也是個黨風問題。」二月二十九日，鄧小平在十一屆五中全會上講話。鄧小平說：「三中全會確立了或者說重申了黨的思想路線。三中全會以後，黨中央考慮，不進一步解決黨的組織路線問題，政治路線、思想路線就得不到可靠的保證，這次全會在組織路線方面作出了一系列非常重要的決策。但是，就全黨來說，沒有解決的重要問題還不少，我們要有清醒的估計。例如，我們現在的體制就很不適應四個現代化的需要。不過當前最重要的還是選好接班人。」、「我希望，從重新建立書記處開始，中央和國務院要帶頭搞集體辦公制度，不要再光畫圓圈了。開會要開小會，開短會，不開無準備的會。會上講短話，話不離題。議這個問題，你就針對這個問題發表意見，贊成或反對，講理由，扼要一點；沒有話就把嘴巴一閉。不要空話連篇的會，不發離題萬里的議論。即使開短會、集體辦公，如果一件事情老是議過來議過去，那也不得了。總之，開會，講話都要解決問題。」

十一屆五中全會決定，提前召開黨的十二大，增選胡耀邦、趙紫陽為政治局常委；重新設立中央書記處，作為政治局和政治局常委會領導下的經常工作機構，胡耀邦為書記處總書記，萬里、王任重、方毅、谷牧、宋任窮、余秋里、楊得志、胡喬木、胡耀邦、姚依林、彭沖為書記處書記；澈底為劉少奇平反，恢復名譽；批准汪東興、紀登奎、吳德、陳錫聯的辭職請求，免除或提請免除四位同志所擔任的黨和國家的領導職務；建議全國人大修改憲法，取消公民「有運用大鳴、大放、大辯論、大字報的權利」的規定。胡耀邦即是中央書記處總書記，又是書記處書記。而葉劍英在此次會議的講話中又說，胡耀邦是中央委員會的總書記，這樣的權力架構，這樣的語言表述，也是特定歷史條件下的一種必然吧？三月二日，中央決定，鄧小平免兼總參謀長、總參黨委第一書記，楊得志為總長、總參第一書記、中央軍委副秘書長、軍委辦公會議成員。

三月十九日上午，鄧小平就起草《關於建國以來黨的若干歷史問題的決議》、編制長期規劃等問題，同胡耀邦、胡喬木、鄧力群談話。鄧小平說：今年要抓好兩件大事，一件是寫好若干歷史問題的決議，一件是搞好長期規劃。決議的起草工作，由鄧小平、胡耀邦主持進行，起草小組由胡喬木負責。四月一日，鄧小平同胡耀邦、胡喬木、鄧力群談歷史決議起草問題；六月九日上午，鄧小平在住地同胡耀邦、胡喬木談歷史決議的修改問題，商定對毛澤東晚年思想改為毛澤東晚年的錯誤；六月二十七日，鄧小平同胡耀邦、趙紫陽、胡喬木、姚依林、鄧力群談對歷史決議稿的意見，鄧小平說：「決議草稿看了一遍。不行，要重新來。我們一開始就說，要確立毛澤東同志的歷史地位，堅持和發展毛澤東思想，現在這個稿子沒有很好體現原先的設想；」八月十日，鄧小平在住地同胡耀邦、鄧力群談話。鄧小平說：「陸定一最近給我寫了一封信，提出要作歷史決議就需要把這些年來的路線鬥爭編一本書，像延安時期編《六大以前》、《六大以來》一樣，供一定範圍內討論。這個意見有些道理。但要編書，我看比較難。現在同延安時期不同。正面的東西好編，反面的東西就不好編，而且延安編的《六大以前》、《六大以來》每篇都是成文的東西，毛主席後期的好些東西就不是成篇成文的，怎麼個編法？錯誤不只是毛主席一個人有，我們這些人也有錯誤，一九五八年「大躍進」，就是毛主席的頭腦發熱？我們這些人頭腦也發熱嘛。」十月十日下午，鄧小平在住地同胡耀邦、胡喬木、鄧力群談話，商議歷史決議提交黨內四千人討論事宜。十月二十五日，鄧小平同胡喬木、鄧小平談話，鄧小平說：「決議稿中闡述毛澤東思想這一部分，不能不要，這不只是個理論問題，尤其是個政治問題，是國際國內的很大的政治問題。如果不寫或寫不好這個部分，整個決議就不如不做。」十一月一日，鄧小平審定鄧力群報送的此次談話記錄整理稿，並就鄧力群建議的發放範圍，鄧小平批示只發第一部分，其他存案。鄧小平此次談話，除第一部分是論及歷史決議外，還分別談到了經濟形勢、改善黨的領導、戰略問題等。

四月十一日上午，鄧小平會見美聯社記者。談及「四人幫」，鄧小平說：「我們準備在適當的時候對他們進行審判。」四月十二日上午，鄧小平會見贊比亞總統卡翁達時說：「不解放思想不行，甚至於包括什麼叫社會主義這個問題也要解放思想。經濟長期處於停滯狀態總不能叫社會主義，人民生活長期停止在很低的水平總不能叫社會主義。」四月二十一日上午，鄧小平會見阿爾及利亞客人，又談及如何進行社會主義建設，鄧小平說：「要充分研究如何搞社會主義建設的問題。現在我們正在總結建國三十年的經驗。總起來說，第一，不要離開現實和超越階段採取一些『左』的辦法，這樣是搞不成社會主義的。我們過去就是吃『左』的虧。第二，不管你搞什麼，一定要有利於發展生產力。發展生產力要講究經濟效果。只有在發展生產力的基礎上才能隨之逐步增加人民的收入。我們在這一方面吃的虧太大了，特別是『文化大革命』這十年。要研究一下，為什麼好多非洲國家搞社會主義越搞越窮。不能因為有社會主義的名字就光榮，就好。」四月二十九日上午，鄧小平接受盧森堡電視臺采訪，問及秋天是否辭職的問題，鄧小平說：「這件事世界上傳得很廣，我也是有意識地告訴人們，我確實準備在今後適當時候，辭掉副總理職務，目的是讓比較年輕的人來工作。我們中國確實存在領導層年齡過大的狀況，這種狀況需要改變。與其將來再處理這個問題，不如現在處理更有利些。」五月五日中午，鄧小平會見並宴請幾內亞客人時說：「社會主義是一個很好的名詞，但是如果搞不好，不能正確理解，不能採取正確的政策，那就體現不出社會主義的本質。」、「根據我們自己的經驗，講社會主義，首先就要使生產力發展。這是主要的。只有這樣才能表明社會主義的優越性。社會主義經濟政策對不對，歸根到底要看生產力是否發展，人民收入是否增加。這是壓倒一切的標準。空講社會主義不行，人民不相信。」

二十五、你們有一本小說叫《飄》，是寫南北戰爭的，小說寫得不錯

一九八〇年五月十七日，鄧小平出席為劉少奇舉行的萬人追悼會並致悼詞。致悼詞後，鄧小平握著王光美的手說：是好事，是勝利。五月二十四日上午，鄧小平會見前來看望他的李維漢，聽取他對「興無滅資」口號的意見，和關於反對資產階級思想的同時應反對封建主義思想的意見。鄧小平贊成李維漢關於補上反對封建主義思想這一課的建議。李維漢，曾用名羅邁，鄧小平第二個妻子金維映後來改嫁李維漢。李鐵映是李維漢之子。據說，曾任中組部副部長的李鐵林是李維漢與吳景之所生。五月三日，鄧小平同胡喬木、鄧力群談話。在談到肅清封建主義影響問題時，鄧小平說：「前些日子，李維漢同志來找我，從興無滅資口號談起，談了兩個多小時。我看，這個口號有缺點，不完全，要準確地加以解釋，其實包括內容和做法。我們的人民，我們的黨受封建主義的害很重，但是一直沒有把肅清封建主義的影響作為一個重要任務來對待。現在，黨內為什麼有人搞特權？這和封建主義影響分不開。廢除領導幹部職務終身制。黨內生活、社會生活都要肅清封建主義的影響。」五月三十日，鄧小平審閱中科院關於邀請他參加青藏高原科學討論會招待會的報告，此次會議於五月二十五日至三十一日在京召開，來自澳

大利亞、孟加拉、加拿大和中國等十七國近三〇〇多名專家、學者與會。鄧小平批示：我可於招待會開始時即出席，參加半小時，提前離開。五月三十一日，在聽到外國專家對中國學者在青藏高原的科學考察、探險、登山等成果的高度評價後，《鄧小平年譜》中說，鄧小平「十分興奮，決定和大家一起共進晚餐」。

六月五日上午，鄧小平會見美國和加拿大社論撰寫人訪華團，談及什麼時候退休問題，鄧小平說：「不是退休，是想辭掉副總理職務。我已經七十六歲了，目的是減輕日常事務的負擔。我還有三個職務：黨的副主席、軍委副主席、政協主席。這三個職務就夠我忙的了。」六月十二日，鄧小平閱柯慶施夫人於文蘭來信反映生活困難。鄧小平批示：請中央辦公廳商同彭沖同志斟酌處理。柯慶施曾是政治局委員、副總理、華東局第一書記、上海市委第一書記、上海市市長、南京軍區第一政委。一九六五年四月病逝於成都。彭沖曾在「四人幫」被粉碎後，與蘇振華、倪志福接管上海。

六月十三日上午，鄧小平會見美國費城坦普爾大學代表團。鄧小平說：「你們有一本小說叫《飄》，是寫南北戰爭的，小說寫得不錯。中國現在對這本書有爭論，有人說這本書的觀點是支持南方莊園主的。我們翻譯出版了這本書。出版了也沒有關係嘛，大家看一看，評論一下。坦普爾大學是最早同我國學術機構建立聯繫的美國大學之一。早在一九七二年，瓦克曼校長就支持牛滿江教授同我國科學院進行合作研究，取得了很好的成果。你們學校給予我榮譽法學博士學位，使我感到很榮幸。我同你們是校友了。」六月十九日上午，鄧小平會見西薩摩亞客人，當客人贊譽他是歷史上的偉大人物時，鄧小平說：「我本人只是一個很普通的人。我比較出名的是因為遭了幾次災，經歷了三下三上的歷史，就是三次被打倒，其他說不上什麼，沒有什麼突出的。」

一九八〇年六月三十日至八月四日，鄧小平到陝西、四川、湖北、河南等地參觀考察。七月五日，在峨眉山，鄧小平路遇幾位四川林學院的大學生，與他們攀談，鄧小平說：「大自然是不同尋常的課堂，也是一本永遠讀不完的書。」七月六日上午，鄧小平在四川遊覽萬年寺、雙橋清音、古功德林、清音閣等景點。鄧小平說：「這麼好的風景區為什麼用來種玉米，不種樹？這會造成水土流失，人摔下來更不得了。不要種糧食，種樹吧，種黃連也可以。」七月十二日上午，鄧小平乘船經過三峽，向魏廷錚瞭解三峽大壩建成後對下游生態環境的影響和三峽大壩的選址問題。七月十四日，鄧小平到弟弟鄧墾家中看望。鄧墾目前仍健在，但鄧墾所擔任的行政職務，也就是重慶沒有直轄前的副市長，還有就是武漢的副市長。在《鄧小平年譜》中，至少還有兩次提到鄧墾，都是在一九九二年鄧小平南巡之後。一九九二年七月十二日，在鄧穎超逝世的第二天，鄧小平與前來探望的弟弟鄧墾談話，鄧小平說：「哪天去，哪天走，不關緊要。自然規律違背不得，你們要想透這個問題。鄧大姐沒有痛苦的過去，是幸福的。」此前的六月二十一日，李先念也去世了。一九九三年九月十六日，八十九歲的鄧小同弟弟鄧墾談話，談及四個堅持、退休制度、分配問題：「少部分人那麼多財富，大多數人沒有，這樣發展下去總有一天會出問題。分配不公，會導致兩極分化，到一定時候問題就會出來。這個問題要解決，過去我們講先發展起來。現在看，發展起來以後的問題不比不發展時少。」、「我算是比較活潑的人，不走死路的人，但畢竟年齡到這個時候了，沒有精力搞了。我在旁邊看到成功，在旁邊鼓掌，不也是很好的一件事情嘛！」

一九八〇年七月十五日上午，鄧小平參觀八七會議會址。鄧小平回憶說：「當時我們二十幾個人是分三批陸陸續續進來的，我是第一批進來的，最後走的，在這裡待了六天，會議開了一天一夜。當時政局變化很大，決定一部分人舉行南昌起議，一部分人開這個會議」，「不要以為那個時候黨的主要領導人是李維漢，那時不按照什麼資歷排列。」、「八七會議前，我住在武昌三道街，那是黨中央所在地。會後，武昌局勢緊張，我搬到漢口，和李維漢同志住在一個法國商人的酒店樓上。首先要講八一南昌起義。會議是號召舉行全國武裝起義，會後在全國各地相繼組織武裝起義，雖然八一南昌起義在八七會議之前，但八一南昌起義也是體現八七會議方針的。」七月十七日至二十日，鄧小平在武漢期間，還聽取胡耀邦、趙紫陽、姚依林的工作彙報。七月二十二日晚，鄧小平由段君毅、胡立教陪同，前往鄭州。鄧小平在途中說：這次出來到幾個省看看，最感興趣的是兩個問題。一個是如何實現農村奔小康，達到人均一千美元；一個是選拔青年幹部。對如何實現小康，我作了一些調查，讓江蘇、廣東、山東、湖北、東北三省等省份，一個省一個省算帳。我對這件事最感興趣。八億人口能夠達到小康水平，這就是一件很了不起的事情。你們河南地處中原，你們算帳的數字是「中原標準」、「中州標準」，有一定的代表性。七月二十三日上午，鄧小平抵達鄭州。鄧小平在聽取段君毅、胡立教、劉傑等彙報工作時說：「不要在老框子裡選人，要吸收新的進來。現在取消幹部領導職務終身制是個大問題。搞終身制，老當第一書記，誰敢提意見。中國封建主義很厲害，這個問題不解決，就要把人推向反面。這次出來看，有的人是人才。政治上，經過『文化大革命』分清楚了，標準就是不是『四人幫』體系的人。提拔青年幹部，光靠推薦不行，要下去發現人才。學校的教授不一定比校長地位低。」

一九八〇年八月十八日至二十二日，中央政治局擴大會議在京召開。鄧小平於八月十八日下午發表講話，這就是《黨和國家領導制度的改革》，被認為是鄧小平理論中的一篇重要文獻。八月二十一日、二十三日，連續兩天上午，鄧小平接受義大利記者奧琳埃娜・法拉奇采訪，回答她的提問。印象最深的是法拉奇問天安門城樓上毛澤東的像還掛否？說『四人幫』許多人為何伸五個指頭？對江青是什麼印象等。鄧小平對江青的憎恨厭惡之情溢於言表，說到對江青印象他脫口而出：如果打分，零分以下。也是因為鄧小平有此看法，我的初中歷史老師說，審判江青，至少是死緩，零分以下嘛！這一訪談，轟動世界。當時在中原腹地的一個鄉鎮上，我這個小小少年郎曾深深為鄧小平答法拉奇問的直率敏捷與自信所折服，還把這份報紙認真地珍藏起來，有點如獲至寶的味道。八月二十二日下午，鄧小平在中央政治局擴大會議各小組召集人彙報會上說：「現在正在準備搞一個關於若干歷史問題的決議，主要是把建國後三十年的歷史清理一下，力求在十二大前的中央全會上通過這個決議，對過去的問題有一個統一的認識，作一個結束。」、「黨委領導下的廠長負責制必須取消，贊成試點，可以分步驟，但是不能慢，黨委主要管黨。」

一九八〇年九月八日上午，鄧小平會見美國《不列顛百科全書》出版公司董事代表團，並將客人贈送的一套特別精裝《不列顛百科全書》，轉送中國大百科全書出版社。這天下午，鄧小平同華國鋒、葉劍英、李先念、胡耀邦聽取彭真彙報兩案審判準備工作。十一月二十日，最高法院特別法庭開庭公審林彪、江青兩個集團的十個主犯。一九八一年一月二十五日，作出宣判。江青、張春橋死緩，王洪文無期；有期徒刑是：姚文元二十年，陳伯達十八年，黃永勝十八年，吳法憲十七年，李作鵬十七年，邱會作十六年，江騰蛟十八年。九月十日，在五屆人大三次會議上，華國鋒辭去總理職務，趙紫陽被任命為總理。鄧小平、李先念、陳雲、徐向前、王震、王任重辭去副總理。

一九八〇年九月十六日，鄧小平將李強要求繼續堅持工作的來信批送胡耀邦、趙紫陽。李強是一位傳奇人物，曾在中央特科工作，研製了共產黨第一部無線電收發報機，創建第一座祕密電臺，其「發信菱形無線理論」使其成為當之無愧的院士部長。擔任外貿部部長的李強工作至一九八二年，去世於一九九六年，享年九十一歲，是常熟人。此前的八月十九日，鄧小平函告彭沖，同意先將劉伯承、聶榮臻、蔡暢、張鼎丞四位副委員長辭職信印發政治局和書記處各位傳閱。九月二十五日上午，鄧小平會見挪威首相，對九月二十二日爆發的兩伊戰爭表示嚴重關切，此戰爭直到一九八八年八月才實現停火，這個時候，我已經要到南京上大學了。九月二十七日，鄧小平就政協章程修改作出批示：「在修改章程中，不要把政協搞成一個權力機構。政協可以討論，提出批評和建議，但無權對政府進行質詢和監督。它不同於人大，此點請注意。」十一月十二日，鄧小平又在烏蘭夫、劉瀾濤的信上批示：「原來講的長期共存，互相監督，是指共產黨和民主黨派的關係而言。對政府實施監督權，有其固定的含義，政協不應擁有這種權限，以不寫為好。」

國慶節前夕，鄧小平在住所聽取楊得志、楊勇、張震等工作彙報。在楊得志彙報一九五八年反教條主義是錯誤的，但擔心會反到鄧小平的頭上時，鄧小平大度地表態：「可以講。反教條主義主要是整劉帥，最後還是我向毛主席提出要保劉帥的。當時，有人對我說，二野打仗主要靠你。我向毛主席講，沒有一個好的司令，我這個政委怎麼行呢？」

一九八〇年十一月十日至十二月五日，鄧小平出席政治局連續召開的九次擴大會議。會議決定：向即將召開的十一屆六中全會建議，同意華國鋒辭去中央主席、中央軍委主席的職務，選舉胡耀邦為中央主席、鄧小平為中央軍委主席。在六中全會前，暫由胡耀邦主持政治局和政治局常委工作，鄧小平主持軍委工作。十一月十二日，鄧小平看閱總政關於開除張春橋、王洪文軍籍的請求，鄧小平批示：「既要判刑，軍籍當然不成問題了。即使需要辦個手續，也不必登報。」十一月十五日上午，鄧小平會見美國《基督教科學箴言報》總編輯，談及是否要寫回憶錄時，鄧小平說：「沒有時間，而且我這個人不太喜歡講自己的事情。我革命幾十年也幹了一些事，但還談不上自己有什麼了不起。我們現在要做的事情是要逐步把工作交給年富力強的人。」

華國鋒的辭職，還是有點出人意料，雖然尚在情理之中。僅在一九八〇年，除掉正式的會議外，鄧小平與華國鋒也有不少見面機會。僅舉數例：

二月十二日下午，和華國鋒等聽取東風五號導彈試驗工作彙報；

二月十五日晚，和華國鋒等出席在人民大會堂的春節聯歡晚會；
五月十八日上午，和華國鋒等觀看五號導彈發射；
二月十六日上午，和華國鋒等出席中央統戰部的春節聯歡茶話會；
三月二十三日下午，和華國稀等接見出席科協會議代表；
四月三十日晚，和華國鋒等出席五一節聯歡晚會；
五月六日至十一日，華國鋒前往南斯拉夫參加鐵托葬禮，鄧小平均到機場參加送迎；
五月二十七日至六月四日，華國鋒訪日，鄧小平均到機場參加送迎；
六月十四日上午，和華國鋒前往日本駐華大使館日本首相大平正芳；
九月八日下午，同華國鋒等聽取兩案審判工作彙報；

近來有人撰文稱，實際上在當時的權力格局中，胡耀邦也不太主張變動華國鋒的位置。但形勢如斯，華國鋒恐怕自己也感到很難在最高決策層有所作為了吧？從一九七六年到一九八〇年，華的歷史使命基本上宣告結束。比鄧小平小十七歲的華國鋒於二〇〇八年去世，享年八十七歲。

馬上要進入一九八一年，鄧小平也要七十七歲了。祈願在新的一年裡，中國能夠風調雨順蒼生平安啊。

二十六、胡耀邦的第二個方案不考慮了

有人說過，有些政治人物的文章大可當作政治散文來讀。毛澤東的文章自有其獨到的風格，當年我們讀小學的時候他的語錄鋪天蓋地，而到了讀中學的時候，課本裡則多為他的文章，也喜歡看關於他文章中的注解，窺視當年毛澤東眼中一些人物的浮沉榮辱，而後來聽說翻譯毛澤東文章的大學問家錢鍾書曾經說過：毛的「這些東西，拿到家裡，擔心弄髒了空氣」，除了佩服錢鍾書先生的勇氣可嘉見解獨到外，還真是有一點點小小的失落，且不說在陳晉等人眼中，毛澤東的詩詞文章是如何的高山仰止橫掃千古，即使在我等凡夫俗子看來，毛的文章的氣勢、分析、犀利、針對性還是相當令人欽敬的啊！《別了司徒雷登》，還有《我的一點意見》，《我的一張大字報》，都是不脛而走，家喻戶曉。而毛澤東奚落挖苦傅作義的一篇文章，據說是被傅作義的女兒壓下來而沒有讓傅作義看到，否則，北平是否能夠和平解放，還真有點難說了。

除了毛，鄧小平等人因談話而整理出來的講話稿，也往往是簡潔有力，要言不煩，從未見過鄧小平有四平八穩冗長煩瑣的大塊文章，但他的文稿卻往往是一字千鈞斬釘截鐵不容置疑，處處洋溢著一位自信政治家的敢於擔當與當仁不讓。閒讀《鄧小平年譜》，看到鄧小平在一九八一年的幾則記述，更加強化了這一印象。

一九八一年一月十二日上午，鄧小平會見時任朝鮮政務院總理李鐘玉，晚上又與李鐘玉單獨會談，並讓他轉告金日成：我們已同意華國鋒辭去黨主席和軍委主席職務的請求，至於華辭職後，「黨的主席人選，可以告訴金主席，我是不會當的，因為年紀大了。」一九八一年，鄧小平是七十七歲，黨內高層人物變動，鄧小平主動向朝鮮領導人通報情況，足見中朝兩黨關係的非同一般。華國鋒辭去職務則在大半年之後的六月二十七日至二十九日的十一屆六中全會上予以通過例行手續。而在一月十七日聽取有關方面彙報某部炮兵團於一九八〇年十一月發生的政治事件時，鄧小平說：這是敵我界限的問題，不是思想認識問題，不是一般的錯誤問題，是思想、立場附和郜懷明的反動思想。鄧小平言猶未盡，又在有關報告上批示道：這是發生在軍隊裡的一件至為嚴重的、明目張膽的反革命政治事件，也是一個非常值得好好解剖的一個麻雀。郜懷明是河北雞澤縣武裝部軍械庫臨時工，被以策動叛亂罪判刑。

三月一日，鄧小平在新華社記者反映浙江省委領導人對包產到戶問題「講了許多不恰當的話做了不少錯事」的來信上批示：請書記處瞭解一下浙江的情況。當時擔任浙江省委主要負責人是誰啊？三月七日，鄧小平在駐地同鄧力群談《關於建國以來黨的若干歷史問題的決議》稿時說：胡耀邦的第二個方案不考慮了。胡耀邦在二月十七日提出：決議可考慮改變一種寫法，著重聯繫歷史經驗，寫當前的任務和今後的做法。根據此意見，有關人員寫出了《關於建國以來黨的若干歷史問題和歷史經驗的決議》，共分九部分。對這一決議，鄧小平非常看重，多次談話，提出指導意見，明確提出決議第一位的任務就是要樹立毛澤東同志與毛澤東思想的歷史地位。針對有人說，八屆十二中全會、九大是非法的，鄧小平明確地說：這些意見不能接受；至於說文革期間，黨不存在了，鄧也說，不能這樣說。

如此忙碌的鄧小平還在四月十日前往北京醫院向茅盾遺體告別，並在四月十一日下午主持了茅盾的追悼會。做為黨的實際上的最高領導人出席實質上是一文化人的追悼會，此後還有過這樣的規格嗎？在這一年的七月十八日上午，鄧小平還會見了金庸。鄧小平說：「我們擔任領導的人，也不能太忙，往往越忙越壞事」。「擔任領導的人，不能出太多的主意。如果考慮沒有成熟，不斷有新的主意出來，往往要國家大亂。政治家主意太多是要壞事的。領導人寧靜和平，對國家有好處，對人民有好處」。多年以後，金庸這樣評價鄧小平：「鄧小平的為人，深諳人情世故。所謂人情，無非是中國社會中各樣複雜的關係；世故，亦不外種種歷史經驗的總結」。在五月四日青年節這一天，鄧小平聽取時任總後勤部部長洪學智等人的彙報，就有關技術人員問題，鄧小平提出：都應該搞成輩子兵，可以按幹部待遇，可以升級。在十一屆六中全會上，胡耀邦擔任中央委員會主席，時在一九八一年的六月底。而在七月一日，黨的生日這一天，鄧小平就王震關於恢復新疆生產建設兵團的來信，作出批示：讓王震牽頭，約請有關方面，作一系統報告，代為中央擬一決議，以憑決定。鄧小平於八月份赴新疆調研考察，八月二日，也就是建軍節次日，鄧小平同意楊尚昆關於新疆建設兵團不要冠以解放軍稱號的報告，並批轉王震。十二月三日，中央作出《關於恢復新疆生產建設兵團的決定》。七月九日，鄧小平同楊尚昆、耿飈、韋國清、楊勇等人談話。鄧小平說：軍委辦公會議是一種過渡性的臨時辦法，五年作為過渡期，五年後可以取消軍委辦公會議，軍委常委制度也應該考慮。這個制度是「文化大革命」後期搞起來的。現在軍委常委作為一級，人數多，很不靈便，什麼事也辦不通。三總部要在職責範圍內充分發揮作用，總參就是司令部。今後，軍事命令應該由總長下，有的命令應該由總政主任、總後勤部部長下。這實際上是楊尚昆由全國人大調到軍隊履新的一次重要談話，他叮囑楊尚昆：你到職後，要先理出個頭緒來，要議幾個制度，解決一進二出的問題。同時要設想五年後，把這支軍隊建設成什麼樣子，五年後又怎麼辦？八月十六日，鄧小平在新疆與時任烏魯木齊軍區政委、新疆第二書記的谷景生談話：「穩定是大局，不穩定一切事情辦不成。不允許搞分裂，誰搞分裂處理誰。」谷景生有一女兒穀開來，是薄熙來的第二任妻子，因投毒謀殺一英國人而名噪海內外，其丈夫薄一波之子薄熙來的政治生命也因此而逆轉，被判無期徒刑。薄熙來妹妹薄小瑩是北大歷史系教授，與人合作翻譯過魏斐特的《洪業：清朝開國史》，這是一部相當有分量的史學名著。而鄧小平與谷景生談話相關的則是既有新疆生產建設兵團的恢復，更有新疆黨政班子的調整，王恩茂從東北吉林調入新疆，汪鋒調出。在十月份，具體日期不詳，鄧小平與汪鋒談話，就汪鋒擔任對臺工作領導小組副組長說：對臺工作是大事，需要專職的人專門做。現在專做此事的人還不夠。鄧小平還談到，要給汪鋒加上「專職」兩個字。那個時候的對臺工作，方針是葉劍英的談話，簡稱葉九條。兩岸對立隔膜，幾無鬆動跡象，但鄧小平作為大政治家則是著眼未來，早做謀劃。現在，提到台海，大家多提到已故的汪道涵。對汪鋒，似乎很陌生了，年輕人也許還以為是正在鬧婚變的歌手汪峰吧？

一九八一年，這一年的鄧小平年逾七旬，但砥柱中流，改革開放，篳路藍縷。此時，我正在中原大地一個極為普通的喚作洪莊楊與高莊的兩個集鎮中間的學校裡讀書，根本沒有可能知曉鄧小平這些大到關乎國家體制、人事更迭、邊疆安全、軍隊體制、毛澤東地位、對臺工作，小到參加一位作家的追悼會這樣的軍國大事。而在當時的鄉間，因為華國鋒的辭職、責任制的推行正處在議論紛然地痞流氓也特別囂張蠢蠢欲動的時期，能夠看到的所謂紅頭文件也就是偶爾從同學殷青年家裡知道一星半點而已吧？因為他父親是他們村裡的黨支部書記。

二十七、如仲勳留，仍由胡啟立同志任常務書記

一九八二年的鄧小平仍不輕鬆，要召開黨的十二大，要佈局各種人事，還要考慮中美、中蘇關係，還有思考如何收回香港的問題、臺灣問題。而鄧小平與胡耀邦卻還一同訪問朝鮮，而金日成的訪華，鄧小平則幾乎是全程陪同。也是在這一年，鄧小平會晤了英國首相柴契爾夫人，有了一番針鋒相對擲地有聲的談話。一位大國領導人的凜然氣度躍然紙上，呼之欲出。而與格達費的會晤也更是一段令人回味的往事吧？還有人來問鄧小平關於遵義會議的事情，鄧回答說記不清了，但明確地告訴對方，地名叫鴨溪，不是鴨雞。

一月十一日的鄧小平在會見美國華人協會主席李耀滋時說，九條方針是以葉副主席的名義提出來的，實際上就是一個國家兩種制度。說什麼「統戰手法」，我們不搞。我講大政方針，沒有這樣的氣度不行。同日，在胡喬木的來信中批示，贊成胡喬木的兩個建議：一是在全國農村恢復鄉政府、恢復村長等，並普遍在鄉級設立派出所；二是必須堅持在農村地區實行義務教育，並就如何落實為好，請書記處、國務院批復。胡喬木的這一建言，還真是帶有根本性與全局性的重大事情啊！

二月十七日，鄧小平在住地同彭真、胡喬木、鄧力群談對憲法修改草案的意見。鄧小平說：「現在許多人一到香港、國外，什麼話都說，憲法裡要專門有一條講這個問題，」二月二十、二十三日鄧小平出席政治局會議，主張設立國家主席，就有人提出如果要設立國家主席只能由鄧小平擔任，鄧小平予以拒絕，這樣會增加工作量，對健康不利，「除了我，別人也可以擔任」。「如果國家需要就設立，不能從某一個人的考慮來確立我們國家的體制」。眾所周知，毛澤東曾擔任國家主席，此後是劉少奇，而劉少奇於一九六九年死於古城開封時，其國家主席似乎還沒有履行過罷免手續，而到了一九七〇年重議召開三屆人大之時，討論修改憲法，當時的常委是毛、林、周、陳伯達、康生。除毛澤東外，其他常委都傾向於設立國家主席，而毛澤東對此事一直無明確表態。他先初說，如果設立，只有林彪來當了。但九大之上，林彪集團與江青集團似已呈水火難容之勢，毛澤東對設立國家主席態度更為消極，他甚至說，若設，董老來當，陳永貴也可以，或者工農兵代表。董老是指董必武。此事在廬山的九屆二中全會上更是引起軒然大波，最終釀成一九七一年的九一三事件。而此後誰也不願不敢再提設立國家主席這檔子事了。而到了一九八二年，要召開十二大，此事又浮出水面，而宋慶齡被公佈為名譽國家主席，也許算是為此事放一個試探氣球？

三月五日，鄧小平就胡喬木給鄧小平、陳雲、胡耀邦、趙紫陽、彭真等寫信提出修改與補充《刑法》的建議，與彭真、胡喬木談話，要求要儘快提出修改刑法的條文，「一周內搞出，彭真主持，喬木參加」。三月三日，鄧小平會見薩馬蘭奇這位八面玲瓏圓融精明的西班牙人，針對一九八四年的洛杉磯奧運會，鄧小平明確地說：中美關係處在微妙的時刻，如果搞不好，出現我們不希望出現的情況，那不是一件好事，但對奧林匹克運動不會有大影響，除非美國把臺灣當作一個國家接待。只要不出現這種特殊情況，我們參加沒有問題。四月六日，鄧小平會見英國前首相希斯，這位英國政治家很會切入話題。他說，記得一九七四年五月我第一次見到毛主席與周總理時，你也在座，我們討論了香港問題。當時毛和周說，反正要到一九九七年，還早哪，還是讓年輕人去管吧。現在離一九九七年只有十五年的時間了，你是如何考慮在這個期間處理香港問題的？鄧小平回答：「香港的主權是中國的」，「如果中國那時不把香港收回來，我們這些人誰也交不了帳」。這大概是鄧小平最早面對英國政治人物表明中國人對香港的鮮明立場吧？

四月十六日，鄧小平會見羅馬尼亞總書記、總統齊奧塞斯庫，談到中蘇關係，鄧小平提到了布里茲涅夫的塔什幹講話，給予了積極評價，並請齊奧塞斯庫見到布里茲涅夫時帶話，叫他先做一兩件事看看，從柬埔寨、阿富汗事情上做起也可以，從中蘇邊界或蒙古撤出他的軍隊也可以。至於後來齊奧塞斯庫夫婦的結局，是大家都知道的，東歐局勢演變如雪崩一樣之迅猛，令人目不暇接，而齊奧塞斯庫夫婦下場之慘烈血腥，更是令世人瞠目結舌。東歐領導人當中，這一對政治夫妻的結局之戲劇性之暴力性，大概是唯一的一例吧？十天以後，鄧小平與胡耀邦一同訪朝，鄧小平同金日成無所不談，中美關係、中蘇關係、香港回歸等，還提到了設立中顧委的問題。鄧小平說：「如果有人不願意當，別人又贊成他當，他願意當顧問委員會的主席」。鄧小平做此番表態時，胡耀邦在座。而在晚上的宴會上，金日成提到贊成為劉少奇恢復名譽，並說劉少奇搞白區工作很有成績。而鄧則說，劉少奇實際上是我黨白區工作的負責人。據說，金日成對一九五九年彭德懷在廬山會議上遭到批判，也有明確態度，還要到中國來參與批判揭發彭德懷，也許是因為在朝鮮戰爭期間積蓄了不少對彭德懷的意見吧？但也是據說，毛澤東拒絕了金日成的這一份熱心，中國共產黨內部的事情，還是自己來解決的好。鄧小平還在平壤觀看了《光榮頌》、《人民歌頌領袖》等演出並表態：在毛主席誕辰九十周年時，我們要重演《東方紅》，當然有些內容需要修改和調整。

六月二十五日，鄧小平在住地同胡耀邦、胡喬木談十二大報告稿修改問題時說，「報告架子可以，但要寫得精彩一些，短些。」、「稿子在十天左右改出來。」針對一些外國領導人希望中國能成為第三世界的領頭羊時，鄧小平明確表示：「千萬不要想當什麼頭，兄弟關係、朋友關係比那個牢靠得多。」、「很多朋友說，中國是第三世界的頭頭，我們說，頭頭可不能當，頭頭一當就壞了。搞霸權主義的名譽很壞，當第三世界的頭頭名譽也不好。這不是客氣話，這是一種真實的政治考慮。」、「希望從發達國家取得比較多的東西很難，最靠得住的是窮朋友，越窮的越慷慨，越富的越吝嗇。窮朋友之間的幫助不可能太大，但靠得住，政治上、道義上的相互支持更是可以信賴的。」

針對烏蘭夫、劉瀾濤來信擬同意陸定一提出的人大代表、政協委員發表任何意見不受追究的建議，並要求寫入憲法一事，鄧小平批示道：喬木同志閱，我認為這兩條不宜列入憲法，實際上這樣做就行了。針對有人提出政協章程中把無黨派人士的提法恢復為無黨派民主人士，鄧小平表示同意。

八月十四日上午，鄧小平前往陳雲住地，同李先念、陳雲商議新一屆中央領導機構的人事安排事宜。八月二十五日，針對十二大報告修改稿，鄧小平又作出批示：「喬木同志，第四部分注了點意見，詞句請斟酌，五十六頁刪了一句。餘無意見。」鄧小平刪掉的一句是什麼呢，「從五十年代後期開始，個人崇拜現象逐步發展，個人專斷作風逐漸滋長」，鄧小平把「個人專斷作風逐漸滋長」刪去了。九月一日，十二大開幕。九月十二日，十二屆一中全會召開，而這期間的九月二日，鄧小平在胡喬木給胡耀邦、鄧小平的信中批示：退耀邦同志，可以考慮，如仲勳留，仍由胡啟立同志任常務書記。胡喬木的信中說，胡啟立找他談話，談到中央書記處和辦公廳日常工作十分繁重，他又很生疏，認為仲勳同志對他幫助很大。建議仲勳仍留中央書記處一段時間。因此之故，十二日，習仲勳在十二屆一中全會上當選為中央書記處書記。應該也是圍繞十二大人事佈局，四月十七日，鄧小平閱陳雲建議宋任窮繼續擔任中組部部長的電話記錄，作出批示：「宋這次不動」。一錘定音，宋任窮繼續主掌吏部大權。而在九月十日，鄧小平審閱楊尚昆關於中央軍委組成人員及總政主任人選徵求意見情況的報告時，作出批示：「就這樣改定，秋里去總政，不顯管政法。問問三帥、陳、李、趙的意見」，一個「改」字，表明與原來的方案有所不同，而徵求人員之中，三帥指葉劍英、徐向前、聶榮臻，而陳、李、趙則分別是陳雲、李先念、趙紫陽，而當時的黨主席是胡耀邦，為何沒有提及？胡耀邦不參與人事安排？胡耀邦當時的名義是黨的主席啊！而趙紫陽當時在軍隊並無職務。兩天後，胡耀邦在十二屆一中全會上成為總書記。十二大剛結束，九月十七日，金日成來訪，鄧小平親自陪同金日成去了四川，達四天之久，再次表明他對中朝關係的重視。

在一九八二年的鄧小平，還有幾件事頗可一提。一是，四月二十二日就馬寅初的長孫赴美留學護照的來信作出批示：「教育部處理，對馬老的事應照顧些」；對有人反映臺灣輔仁大學教授馬璧在北京似受「冷落」一事作出批示：「安排要恰當，要使他能有所作為，還可考慮他加入政協常委」，「應該有人同他常來常往。」鄧小平在日理萬機之中，對這些事情也是思慮周全滴水不漏。而鄧小平在十月二十五日在駐地同趙紫陽、彭真、胡喬木、萬里、楊尚昆、陳丕顯談檢察、司法機構的設置問題，在聽取彭真彙報存在兩種不同意見時說：檢察院仍維持現狀，不與司法部合並。

三天後的十月二十八日，鄧小平會見了格達費上校，並在中午設宴招待了他。面對這位個性張揚高調不羈的利比亞領導人，鄧小平說：我現在的年歲大了一點，已退到第二線，主要是減輕一些工作，大事管一管，小事就不管了。到了這個年齡，自然規律是違背不了的。所以，在我們黨的十一屆六中全會上，大家都要我當黨的總書記，我堅決推辭掉了，國家和國際上事很多，讓精力充沛的同志來擔當比較好。我們中國存在幹部老化問題。打了二十二年仗，我們的將軍可編成一個團。

據說，格達費提出要購買中國的原子彈。鄧小平說了這樣一番話，估計聽了鄧小平這一番談話後，心裡不是滋味的不僅僅是卡紮非吧？鄧小平說：核的合作是幹不得的。我們可以在別的方面同超級大國進行鬥爭、較量，在核武器方面不能同他們較量。在這方面，中國如果採取不恰當的政策，同其他國家進行核合作，就會帶來很大的災難性後果。第三世界國家不值得把錢花在這方面。第三世界國家在這方面進行戰略合作，有百害而無一利。

鄧小平講這一席話是在一九八二年，迄今已經三十一年了，而鄧小平離開這個世界也已經十六年了。但鄧小平關於第三世界的核問題的闡述，現在看來，仍不失大政治家、大戰略家的遠見卓識。如今的世界紛紛擾擾，伊朗核問題仍在糾結，朝鮮核問題也在鬥法，中國若是蹚了這些濁水會是怎樣的處境？格達費在一九八三年血氣方剛、氣沖鬥牛，而他自己也很難想到，在自己六十四歲的時候，卻以如此慘烈的方式告別這個世界，而他的兒子或拋屍荒野或正在接受審判，看似威風八面的格達費家族連同這個被人民所唾棄的政權似乎已成為一個並不遙遠卻已開始陌生的記憶。格達費這個愛吃原生食物常住大帳篷女保鏢如雲的怪人更像是一個笑柄，也許偶爾還會被人所提起？

二十八、無產階級不搞專政，社會主義一天也維持不下去

一九八三年，十二大召開以後第一年的中國政壇，大體上穩定下來，以鄧小平為核心的領導集體始自一九七八年的十一屆三中全會，而眾望所歸的鄧小平則著眼長遠，並沒有出任黨的主席或總書記，當時的中央政治局常委的人員構成，實際上帶有一線二線性質，胡耀邦、趙紫陽分任總書記、總理，而鄧小平與葉劍英、陳雲、李先念則帶有二線的意味，葉劍英年事已高，鄧小平與陳雲、李先念過問的事情多一些，而鄧小平毫無疑問是最高決策層中最為核心者。在這樣的權力架構中，雖然總體平穩，但也不是沒有分歧與雜音。而隨著改革與開放的不斷深入，各種矛盾也漸次凸顯，如關於市場經濟中的雇工問題，還有黨政之間關於經濟工作的主導問題，而香港回歸似乎也要擺上議事日程，這一年的鄧小平，已經七十九歲了。

元旦這一天，葉劍英的兩個兒子葉選平、葉選寧看望鄧小平，而一月九日，鄧小平則前往葉劍英住地看望，兩人會談些什麼呢？也就在一月六日，最終也沒有擔任總參謀長的楊勇逝世，終年七十歲。楊勇是胡耀邦的表哥。與楊勇同一天去世的還有曾經擔任過副總參謀長的徐立清，鄧小平作為曾經的總參

謀長，也是現任的軍委主席，分別向兩位將軍的遺體告別。一月十四日上午，鄧小平還分別與秦基偉、楊成武談話。一月十七日，《人民日報》披露，鄧小平與新任蘭州軍區司令員鄭維山談話。

一月十一日，鄧小平會見墨西哥客人時說：「你們國家是個古老的國家，我們也是古老的國家。你們的文化給我最深的印象之一是銀元，是在清朝傳入中國的，那時叫『鷹洋』，我年輕時見過，現在沒有了。中國的銀元也是模仿你們的。」一月十二日上午，鄧小平和胡耀邦同萬里、姚依林、胡啟立、張勁夫、宋平等談話，談及如何看待目前出現的一些新事物時，鄧小平說：「農村、城市都要允許一部分人先富裕起來，勤勞致富是正當的。一部分人先富裕起來，一部分地區先富裕起來，是大家都擁護的新辦法，新辦法比老辦法好。農業搞承包大戶我贊成，現在放得還不夠。總之，各項工作都要有助於建設有中國特色的社會主義，都要以是否有助於人民的富裕，是否有助於國家的興旺發達，作為衡量做得對或不對的標準。」、「三個有助於」與後來的「三個有利於」似有一脈相承的某種關係。

二月五日晚至二十七日，鄧小平赴蘇、浙、滬等地視察。在蘇州南園賓館，鄧小平與江蘇省委負責人座談，聞聽蘇州社隊企業（後來稱鄉鎮企業）憑藉靈活的經營機制得到成長與發展時，鄧小平說：「看來，市場經濟很重要」。遊覽太湖時，鄧小平說，「浙江對你們有意見，你們圍湖造田，湖面縮小，影響了平衡。」、「太湖水要注意保護好，不要弄壞了。」多年後，太湖的藍藻暴發，引起恐慌，不知道是否算是把太湖的水弄壞了？鄧小平在遊覽虎丘、留園過程中說：「蘇州園林是老祖宗留給我們的寶貴遺產，一定要好好加以保護。蘇州作為風景旅遊城市，一定要重視綠化工作，要制定綠化規劃，擴大綠地面積，發動幹部群眾義務植樹，每年每個市民要植樹二十株。要保護好這座古城，不要破壞古城風貌，否則，它的優勢也就消失了。」在浙江，鄧小平說：江蘇從一九七七年到一九八二年的六年時間裡，產值翻了一番，照此下去，到一九八八年前後可以達到翻兩番的目標。浙江能不能實現這個目標？浙江能否多翻一點呢？像寧夏、甘肅翻兩番就難了。你們這裡的水杉樹很好看，長得筆直。水杉樹好，既經濟，又綠化了環境，長粗了，還可以派用處，有推廣價值。泡桐樹也是一種經濟樹木，長得很快，板料又好，用來做箱子沒縫，日本人可喜歡了。杭州的綠化不錯，給美麗的西湖風景添了色。你們一定要保護好西湖名勝，發展旅遊業。三月二日上午，鄧小平同胡耀邦、趙紫陽、萬里、姚依林等談話，暢談江浙滬之行，信心大增。鄧小平說：「搞經濟協作區，這個路子是很對的。我主張不只是搞上海和山西兩個經濟協作區，也不要老是試點。經濟協作有許多思想問題要統一，但現在要開步走。智力開發是很重要的，包括職工教育在內的智力開發。大專院校要發展，重點院校增加一倍沒有問題。我們現在一方面是有些地方知識分子少，一方面是有些地方中青年知識分子很難起作用。落實知識分子政策，包括改善他們的生活待遇問題，要下決心解決。《人到中年》這部電影值得一看，主要是教育我們這些老同志的。我這裡一位護士的丈夫，是個醫生，從一九五九年起當醫生，現在還是七十多元工資，這太刻薄了。怎麼窮也要解決這個問題。」、「最近香港有個報道，說廣東的速度放慢了，是什麼原因？上海的同志問我，對中美和中蘇談判的立場應該不冷不熱是什麼意思？我說，我懂你們問的意思了。我指的是政治上的態度，至於開放政策是不變的，不受這個態度的束縛。是不是有的地方也受了所謂不冷不熱的束縛，如有，這說明我們有些同志對開放政策仍是有顧慮的，也要加以注意。」《人到中年》的電影是潘虹主演的，小說作者是諶容，其丈夫為《人民日報》副總編范榮康，兒子有梁天、梁左等。

三月十四日上午，鄧小平同陳雲談話；三月十五日上午，鄧小平就領導作風、經濟工作歸口等問題同胡耀邦、趙紫陽、胡喬木等談話；三月十七日下午，鄧小平出席政治局常委和書記處會議，聽取彙報後論及中央領導經濟工作的方法問題。鄧小平說：一段時間裡，我們中央的一些同志的講話，人們感到有那麼一些不一致，下面已經有些擔心。這種狀況應該結束。政出多門，下面難辦，而且對中央的威信有損害。中央政治局和它的常委會、書記處當然要領導經濟，現在黨的領導中心任務就是這個，但是領導的方法要明確。以後財經工作，通過中央財經領導小組，所謂發號施令，所謂對問題的解釋，都由這個口子，避免多頭。中央政治局書記處和常委會的決定，通過它去講，通過它去做。這樣，不但中央領導的一致性保持得好，而且工作也會順利，即使有差錯，也容易糾正。所以，我們確定這一條中央領導經濟工作的方法。三月二十二日，鄧小平指示胡喬木就此起草一個決議，並請姚依林在正在召開的全國工業交通工作會議上宣讀。

三月三十日上午，鄧小平會見美國眾議院議長小托馬斯・奧尼爾率領的美國眾議院代表團，鄧小平再次重申：「中國努力和平方式解決臺灣問題，但是中國決不能作出不使用武力解決臺灣問題的承諾，用什麼方式解決臺灣問題這是中國的內政，別人無權干涉。我可以坦率地告訴朋友們，我們是努力用和平方式解決臺灣問題的，所以我們提出九條。如果這條路走不通怎麼辦？最終用武力也必須解決中國的統一問題。到那個時候，美國的選擇有兩個，一是不干涉，一是參戰，中美直接衝突，這是一個危險的選擇。談了臺灣問題，而更為緊迫的則是香港問題，四月二十二日上午，鄧小平出席政治局擴大會議，審議《關於解決香港問題的修改方案》，此前的四月四日，鄧小平就此方案作出批示：我看可以，茲事體大，建議政治局討論。鄧小平說：「談判首先要確定前提，就是一九九七年中國收回香港，這個問題是不容討論的。「香港五十年不變」是個大問題，有必要在香港成立若干政治性社團，以便從中鍛鍊一批政治人物」。四月二十三日，鄧小平閱看葉劍英四月二十日致中央政治局常委的信，此信，胡耀邦在四月二十一日已有批語，鄧小平批示同意耀邦同志意見（刪了一句）。葉劍英四月二十日致信政治局常委是緣於此日，薄一波與王震到廣州葉劍英處彙報全國人大和政協人事安排事宜，故有此信。葉劍英表示對中央工作至為欣慰，並對個別人事安排提出三條具體意見。葉劍英的三條具體意見究竟是什麼？《鄧小平年譜》略而不提，也許是因為不便多說吧？

四月二十六日，鄧小平閱看胡耀邦擬在訪問羅馬尼亞期間的兩個講話稿。鄧小平在胡耀邦來信中批示：「可以，刪去了一些過分的不大得體的語言。」四月二十九日上午，鄧小平會見印度客人，席間談及中蘇兩黨兩國關係，鄧小平說：一九六〇年莫斯科會議，我是我們黨的主要發言人，在二十六國會議上我講了四個多小時。但如果現在講，有好多提法就不同了，同蘇聯打交道，我打得多了，我七次去莫斯科。同蘇聯談判，中國黨代表團差不多都是我出面的，他們是蘇斯洛夫。在談及幹部年輕化時，鄧小平說：我看要大膽提拔，讓年輕人幹，對這個問題要解放思想。我二十三歲就當中央秘書長。要講馬列主義水平，說實在的，馬列主義的書看得不多，經驗也不多。剛從國外回來，擔任中央秘書長，這是個不低的崗位，但還是承擔起來了。我們這一輩老同志都在二十多歲就獨當一面了。現在我的最高目標是每天工作四小時，以後改變為兩小時，直到不幹工作。事情讓別人幹，自己多活幾年有什麼不好呀？這也叫解放思想。五月五日上午，鄧小平會見法國總統弗朗索瓦·密特朗。鑒於法國與柬埔寨的傳統關係，鄧小平說：我們理解你們對波布的評價，我們也不贊成他的做法。我們有一個原則，就是對其他黨和國家的內部事務採取不干涉、不過問的態度。柬埔寨人包括波布在北京時，我們就對他們說過。波布犯錯誤的時候，還認為是在搞社會主義。將來柬埔寨搞和平、民主、中立和不結盟。那時，如果實行真正民主選舉，施亞努的機會較多。這點我們想得通，支持施亞努。波布其人，如今年輕的中國人估計對他已經很陌生了，此人在西方、在柬埔寨都是類似於薩達姆、格達費式的人物，此人在柬埔寨這一小國，據說讓上百萬人喪失了生命。波布後來也喪命於叢林之中。六月二十四日，鄧小平在審閱趙紫陽於六月二十一日《關於增補中央財經領導小組成員的報告》上批示「同意」。調整與增補後的中央財經領導小組由趙紫陽、萬里、姚依林、胡啟立、方毅、谷牧、張勁夫、杜星垣八人組成。趙任組長，姚依林任副組長，杜星垣兼秘書長。

六月二十五日上午，鄧小平會見出席人大與政協會議的港澳地區人大代表與委員，談及香港回歸問題，鄧小平說：人們擔心變。一九九七年以後我們談的這一套會不會變？我們說不變。只講不變還是空的。我們考慮定個年限，總的是保持香港自由港、國際金融中心的地位，還有法律等等。我們先來個五十年不變好不好？五十年夠長了。講五十年比不講年限好，更能使大家放心。今天講的有一點新話，就是五十年。中國根基在大陸，不在臺灣，不在香港。四個現代化建設，香港出了點力，以後甚至出力更小也有可能，但我們不希望小。一九九七年以後北京不派總督，不派頭頭。將來香港採取什麼形式，由你們香港人去定。名字叫特別行政區。我們派個小軍隊去，不要香港負擔費用。六月三十日，鄧小平出席中央工作會議，談及集中資金保證重點建設時，鄧小平說：我們提出翻兩番，每年增長多少，都必須是沒有水分的。如果「六五」達到百分之六以上的速度，「七五」達到百分之七以上，而且在能源、交通、原材料工業等方面為今後十年打好基礎，集中資金保證重點建設，那我們就能更有把握地說，後十年達到百分之八以上是可能的。這並不是冒險的計畫，而是講求實際的可行的能夠達到的計畫。但是，搞得不好，有可能改變十二大的決議，那就嚴重了！這不但在國內是個政治問題，在國際上也是個大的政治問題。不搞重點建設沒有希望。能源、交通等重點項目，都是十年八年才見效的。比如三峽工程、長江上游的二灘工程，應該搞哪個，不要再猶豫了，猶豫一年就多耽誤一年。外國人說我們翻兩番靠不住，為什麼？因為我們的計畫中電力只能翻一番多，光這條就斷言我們翻兩番要落空。我們加強了這方面。如果不搞重點建設，到那時什麼也上不去。

七月十六日上午，鄧小平同胡耀邦、趙紫陽談話。當天晚上，鄧小平離京去北戴河。七月十八日，鄧小平審閱公安部《關於發揮專政職能改善公安裝備的報告》，認為報告寫得「不疼不癢」，不解決問題，要求公安部領導人到北戴河做專題彙報。七月十九日上午，鄧小平和彭真聽取時任公安部部長劉複之的彙報。鄧小平說：刑事案件、惡性案件大幅度增加，這種情況很不得人心。主要原因是犯罪分子打擊不嚴、不快，判得很輕。七月二十九日至八月二日，全國政法工作會議在京召開。八月二十五日，中央發出通知，要求以三年為期，組織一次、兩次、三次戰役，按照依法從嚴從快、一網打盡的精神，對刑事犯罪予以堅持打擊。此次嚴打，涉及面廣，震動很大，在當時對穩定局勢打擊邪惡勢力功不可沒。但在這次嚴打過程中，也的確有違犯程序傷及無辜的情況發生。南京作家魯敏有小說《家書無法投遞》，多少涉及到了這一重大事件。

八月五日至二十二日，鄧小平赴東北三省及河北承德視察。八月二十七日上午，鄧小平會見美國民主黨參議員亨利·傑克遜一行。鄧小平坦率地說：美國決策人曾一度說，中國只能起地區性的作用，對全球無足輕重。我們對這樣的判斷並不在意，因為我們從來沒有把中國看成是了不起的力量，但是我們也不認為中國對國際安全和穩定是無足輕重的。美國要真正同中國改善關係，必須從全球戰略來認識這個問題。如果始終抱著杜勒斯主義不放，把臺灣當作美國的一艘「不沉的航空母艦」，中美關係遲早要破裂。

八月二十九日，鄧小平閱趙紫陽八月六日在國務院常務會議上的講話。趙紫陽在講話中提出十個需要調研的題目，即引進人才工作、建築建材業的發展、食品飼料業的發展、提高企業素質、利改稅、計畫工作改革、價格改革、外貿體制改革、勞動工資改革、機關工資改革等。鄧小平作出批示：退趙紫陽同志。這些題目出得好，希望如期實行。

八月底，鄧小平在住地聽取胡喬木彙報當前思想領域裡的一些情況。鄧小平說：最近看了一些材料，覺得思想界的問題不少，有的問題相當突出。我準備在這次二中全會上講講這個問題，請幫助搞個講話稿。鄧小平在談話中提及所謂社會主義異化問題。九月七日上午，鄧小平在住地同鄧力群、龔育之談十二屆二中全會上講話稿的起草問題，再次談及人道主義、異化與精神汙染問題：現在思想戰線是一片混亂。青年和人民不知道哪個是對的，哪個是錯的。如果說我們這幾年撥亂反正在各條戰線搞得比較有條理的話，但思想戰線還沒有搞個頭緒出來，是亂的。這在一個時期看不出它的壞處，但再亂幾年，是不是會出現一個運動就難講了。一九五七年反右，我幾次講是對的，錯在擴大化了。那也是一片混亂，殺氣騰騰。講的那些內容同現在很相像。形勢分析要寫這個戰線的混亂，黨的領導是軟弱無力的。這個我們有責任了。鄧小平的這番分量很重的話，是否針對時任總書記的胡耀邦，幾乎是毋庸置疑的了。九月十三日上午，鄧小平會見美國賓夕法尼亞大學榮譽教授顧毓琇。顧毓琇請鄧小平在一本《鄧小平文選》上簽名，並說：你在科學大會上的講話，是科技現代化的宣言，可以和馬克思的《共產黨宣言》相比。鄧小平沒有否認。他回應說：馬克思主義歷來認為，科學技術是生產力。鄧小平對顧毓琇說：立夫先生能見到嗎？希望在我們有生之年完成祖國統一。請你在方便的時候，代我向他問好。我們這些老人很多觀點是不同的，也打過仗，但有一個心願是一樣的，都希望祖國統一。鄧小平說到的立夫，即陳立夫。陳立夫、陳果夫兄弟是陳英士的侄子，在國民黨內一度曾頗有影響力，被陳伯達概括的所謂「四大家族」中，就有陳家兄弟。但多年後看，陳家兄弟似乎並沒有聚斂多少財富。他們退穩賦閒後，生活還是相當低調節儉的。顧毓琇是江蘇無錫人，是清華大學工學院創始人，擔任過中央大學與交通大學的校長，還曾任國民政府教育部政務次長，據說還有中將軍銜，也舞文弄墨，筆名顧一樵。因他與清華、交大的淵源，江澤民、朱鎔基都算是他的學生。大概是東南大學百年校慶之時，他曾經來過六朝松下的東南大學四牌樓校區。

九月二十日上午，鄧小平就整黨問題同胡耀邦、趙紫陽、鄧力群、胡啟立、王鶴壽、陳野蘋、胡繩等談話。鄧小平說：現在的問題是，進行黨紀處理下不了手，至少在我腦子裡打了個問號。好多同志向我反映，這樣搞下去，整黨要走過場。純潔黨的組織，最核心的、最關鍵的是發現和處理「三種人」。三種人是真正的隱患、禍根，對黨危害最大，這些人最危險，有些是埋藏、潛伏很深的。三種人大多數是文化大革命期間的年輕人，也有老幹部，是少數。三種人容易辨別，實際上，其中大多數人的政治面貌，我們也都清楚。對這些人的能量，對這些人對於我們黨的危險性、危害性，千萬不能低估。對這些人絕對不能信任。三種人專指文革中造反起家者、幫派思想嚴重者、打砸搶者。鄧小平也說，對三種人，「各有各的理解」。九月二十八日上午，鄧小平會見美國國防部長溫伯格，談及臺灣問題，鄧小平再次表示：用和平方式解決臺灣問題是我們的方針，如果和平的方式不可能，那只有用武力。中國出於民族利益不能放棄統一。那時美國怎麼辦？這個問題我並不要你答覆，只要你理解就夠了。九月三十日上午，鄧小平與鄧力群、龔育之談話。鄧小平說：我看了一位同志送來的馬克思講異化的材料，引用所有的話都是講的資本主義社會，講的勞動創造的成果變成壓迫自己的力量。所有的話，都在這個範圍之內。也怪，怎麼搬出這些東西來了。搬了些古老的東西加以歪曲，這是嚇唬人嘛。一位同志，大概是指周揚或王若水吧？十月一日國慶節這一天，鄧小平為北京景山學校題詞「學校要面向現代化，面向世界，面向未來」。這「三個面向」，至今看來，仍有著深遠的現實意義。十月十一日至十二日，十二屆二中全會召開，鄧小平在十二日發表講話，著重講整黨不能走過場和思想戰線不能搞精神汙染：加強黨對思想戰線的領導，克服軟弱渙散的狀態，已經成為全黨的一個迫切的任務。

十月二十一日上午，鄧小平會見高理文、羅亞南夫婦，回憶在莫斯科中山大學學習的情景。高理文，原名高衡，一九二五年到莫斯科中山大學學習，與蔣經國是同班同學，一九七七年離台赴美定居。鄧小平說：我們那時在法國是一批一批去莫斯科的，我算是第一批。當時我們在法國的黨員有三百多人，大體上有二百多人到莫斯科中大。在中大呆了一年，我們二十幾個回國了，說是馮玉祥要人。結果交通不便，只有我們三個人隨運子彈的車到寧夏。一路走沙漠，騎駱駝，一個月老曬太陽，很熱。鄧小平詢問過蔣經國的近況後說：你看我們有希望聯合起來嗎？我是講和蔣經國聯合起來。如果能辦成這件事，蔣氏父子的歷史可以寫好一些。我帶信給臺灣的老人，我說我們老一輩來解決這個問題，至少我們有一個共同點就是都是炎黃子孫，這個觀點比年輕人更明白，這是我們共同的語言。什麼民主主義統一中國，我們不拿社會主義去統一臺灣，你也不拿資本主義統一大陸。

十一月六日上午，鄧小平在會見澳大利亞客人前，與有關人員談話，肯定了無產階級專政等馬克思主義基本原理仍然有效。鄧小平說：不專政不行，無產階級不搞專政，社會主義一天也維持不下去。十二月九日，鄧小平收到鄧力群、王任重分別送來的涉及雇工問題的講話稿和有關材料及信件，鄧小平讓秘書打電話給胡啟立：我在政治局會議上講過，聽其自然，看兩年再說。十二月二十二日上午，鄧小平聽取姚依林、宋平彙報當前經濟情況。鄧小平說：雇工問題，先不要隨便發表意見，現在問題還不十分嚴重，可以稍微緩一緩，等兩年再說。關於集中財力，這是大事情。這是明明白白的事情，中央手中沒有錢，就辦不成大事，錢在地方手裡，他就不一定聽你的。中央財政收入要占到全國財政收入的百分之七十。看來，寶鋼二期要搞，能不能提前上，可否定下來？三峽工程怎麼樣？能不能上？十二月二十九日，陳雲致信鄧小平：「我在明年一號文件的清樣上提了一點意見。請你先看看，然後再送書記處。」陳雲的批示是：一雇工政策還可以再看幾年，即使出一點問題也不可怕。二對黨員雇工要慎重。針對陳雲的意見，鄧小平作出批示：中央書記處再議。

又是一年歲將盡。一九八三年是毛澤東誕辰九十周年，根據紀生不紀死的慣例，自然要有一番紀念活動。時任黨的總書記的胡耀邦寫了一篇《最好的懷念》送請鄧小平閱示。胡耀邦在信中說：為紀念毛主席誕辰九十周年，我勉為其難寫了這一篇，請喬木等幾位同志幫助修改過。請你看看是否能用。鄧小平當日就批復，好，退耀邦同志。十二月二十六日，《人民日報》發表了胡耀邦的這篇署名文章。

二十九、文件看過了，寫得很好，政治局會議我就不參加了

鄧小平八十歲這一年，也就是一九八四年，我們這個地處中原的小戶人家搬到了縣城，因為父親大學畢業後到全縣唯一的縣級高中任教。而在這一年，鄧小平要在國慶三十五周年閱兵，但那個時候，我家裡還沒有電視，就連黑白電視也沒有。「小平你好」的電視畫面，我是無緣看到現場直播的空前盛況了。一九八四這一年，召開了十二屆三中全會，香港問題的談判也大體上有了眉目，美國總統雷根訪華，日本首相中曾根康弘訪華，英國首相柴契爾夫人出席中英關於香港聯合聲明的簽字儀式，當然還有金日成的來華。而繼續推動改革開放，到南方視察，裁軍一百萬，高度關注知識分子與科技工作，都是鄧小平要關注的大題目。八十高齡的鄧小平依舊忙而有序從容不迫。也是在這一年，已經記不大清楚是通過什麼渠道，我大致聽說了歐威爾，還有他的《一九八四》。

鄧小平對自己收到的來信大都能儘快做出批示。一月十日，鄧小平收到楊振寧來信。楊振寧致信鄧小平，就我國研發的小麥種子贈送外國一事提出批評：一、送給外國只會有利於第一世界、第二世界，第三世界很難得到好處；二、向第一、第二世界討論交換條件可以，贈送之辦法太理想化了，太天

真了。國際對「贈送」之反應將不是感激，不是嘆服，而是驚訝，是譏嘲。鄧小平將楊振寧來信批給胡耀邦：「楊振寧先生的意見是比較妥當的，請再考慮。」一月十二日，鄧小平閱一外籍友人反映旅遊部門存在的問題，即作出批示：「這是一個熱心友好的批評建議，請中央辦公廳轉知有關部門，注意改進工作和作風。」三月五日，鄧小平在《國內動態清樣》上看到《著名科學家談鎬生在科學院受到種種非難》一文，即作出批示：「方毅同志，為什麼這種情況，現在還不能改正。科學院是些什麼人在管事，請查一下。」談鎬生是從美歸國的物理學家，當時是中科院學部委員、力學所副所長。六日，方毅批示給中科院院長盧嘉錫、副院長嚴東生：「請重視小平同志的批示，並將情況寫一報告上報小平同志。」三月三十一日，胡厥文致信鄧小平反映外經貿部在促進臺灣與大陸之間貿易工作不力，鄧小平批示：「紫陽、幕華同志：各方反映，對外經部意見很多。此事表明，不守信用，官僚主義，指揮不靈，總應下定決心，從速糾正。」六月十五日，時任全國人大副委員長嚴濟慈致信鄧小平反映：核廢料運來我國，即使把它埋入到人煙稀少的西南地區，也將是後患無窮的。此事是關係子孫後代的大事，有關方面切不可圖近利而不慮埋下的長期隱患，輕率從事。嚴濟慈這封不同意中國為聯邦德國貯存核廢料的信寫於六月十五日。僅僅兩天之後，六月十七日，鄧小平即批送趙紫陽、萬里、姚依林：「此事反映十分強烈，應加慎重考慮。」九月三十日，鄧小平將李政道等海外華人對西方報刊說中國將與西德達成協議，接受其核廢料一事表示關注和憂慮的來信，再次批送趙紫陽斟酌處理。六月十九日，鄧小平閱薄一波六月十七日來信，即批示：「科委與經委合並之議不可取。」七月三十日，鄧小平審閱外交部請示黃華是否可以參加由日本前首相福田赳夫等人發起的一個非官方的政界知名人士組成的團體時，鄧小平批示「同意黃華同志參加。」八月二十九日，鄧小平閱廣西黨史辦來函，就其整理《鄧小平同志在廣西》專題資料中遇到的問題，認真作出書面答覆：「一、我是中央的代表，任務是做上層統戰工作和領導廣西全盤工作，七月到南寧。二、我在廣西時，廣西特委（不是省委）沒有設立軍委。三、一九二九年底中央電令我回上海報告工作，途經香港住了兩三天，那個報告《關於〈廣西紅軍工作布置的討論〉的補充報告》，談了左江的發動，從內容看，可以確定是我作的。」九月五日，就中國人大一教師反映盛成的待遇問題，鄧小平致信胡啟立：「請你批示一下，請教育部應抓緊解決。」九月六日，胡啟立批示何東昌。九月二十九日，何東昌致信胡啟立：正會同有關部門以求儘快解決。九月二十七日，鄧小平閱王首道轉來的全國政協委員秦德君來信，作出批示：「請中組部處理。她的情形，我不清楚，也許鄧大姐知道一些，她講的馮玉祥一段是確實的。」秦德君曾在東南大學讀書，也曾去蘇聯，與劉伯堅同居，後與茅盾同赴日本，一起生活。抗戰爆發，茅盾回國，兩人分手。秦德君曾口述有《火鳳凰》一書，也是大時代浪潮之中一傳奇女性，談及茅盾，秦德君憤懣不屑之態，溢於言表。十二月二十八日，鄧小平閱韓先楚轉送安徽蕪湖一群眾手抄《鄧小平文選》的來信，鄧小平作出批示：「存中辦。由中辦覆信致謝和勉勵。」

鄧小平最為關心的還是改革開放的推進情況。一月二十二日至二月十七日，鄧小平到南方視察，所走路線是深圳、珠海、廣州、廈門、上海，幾乎與一九九二年的南巡相彷彿。鄧小平在上海說：「我這次看了幾個經濟特區，看了幾個飯店。」二月二十日上午，鄧小平在住地同李先念談話，而在二月二十二日上午，鄧小平會見布熱津斯基。鄧小平說：「世界上有許多爭端，總要找個解決問題的出路。我多年來一直在想，找個什麼辦法，不用戰爭手段而用和平方式，來解決這種問題。我們提出的大陸與臺灣統一的方式是合情合理的。統一後，臺灣仍搞它的資本主義，大陸搞社會主義，但是是一個統一的中國。一個中國，兩種制度。香港問題這樣，一個中國，兩種制度。我還設想，有些國際上的領土爭端，可以先不談主權，先進行共同開發。」二月二十四日上午，鄧小平同胡耀邦、趙紫陽、萬里、楊尚昆、姚依林、胡啟立和宋平等談話。鄧小平說：「最近，我專門到廣東、福建，跑了三個經濟特區，還到上海，看了看寶鋼，有了點感性認識。我們建立經濟特區，實行開放政策，有個指導思想要明確，就是不是收，而是放。」鄧小平談話結束時，指定姚依林、宋平將談話內容向陳雲彙報。這也充分體現出鄧小平對陳雲的尊重。二月二十八日，鄧小平同薄一波談話，對雇工問題提出兩點意見：（一）農村雇工，我說看三年，沒有什麼了不起，將來經濟發展了，如果有了偏差，一個命令就可以收回來；（二）我們是搞社會主義的，要提倡黨員搞合作生產，我們終歸是要搞社會主義的。一九八四年三月三日，薄一波將鄧小平此意見，致信告訴胡喬木。同日，胡喬木將薄一波轉告的鄧小平意見轉送陳雲、趙紫陽、萬里、王鶴壽等。

三月十四日，鄧小平同胡喬木、鄧力群談話。談到同外國黨派在思想理念上的分歧問題、改進大學政治課教學問題、清除精神汙染問題、農村問題、對外開放問題、思想工作等，還談到翻譯世界名著問題，鄧小平說：「這個工作很重要，需要用幾十年的時間。除了組織國內人力進行翻譯，還可以在英國、日本、西歐分別成立編輯部，組織外籍華人和華僑中的學者進行這一工作，訂立合同，稿費從優。」三月二十五日上午，鄧小平會見日本首相中曾根康弘，談及個人經歷時，鄧小平說：「在我一生中，最高興的是解放戰爭的三年。那時我們的裝備很差，卻都在打勝仗，這些勝利是在以弱對強、以少勝多的情況下取得的。建國以後，成功的地方我都高興。有些失誤，我也有責任。在『文化大革命』前，工作搞對的有我的份，搞錯的也有我的份，不能把那時候的失誤都歸於毛主席。我一生最痛苦的當然是『文化大革命』的時候。其實即使在那個處境，也總相信問題是能夠解決的。前幾年外國朋友問我為什麼能度過那個時期，我說沒有別的，就是樂觀主義。」美國總統雷根四月二十六日至五月一日對中國進行國事訪問，這是中美兩國自一九七九年建交以來訪問中國的第一位在職總統。四月二十八日上午，鄧小平會見羅納德·雷根，鄧小平直言相告：「中國同美國前一段吵了一架，近來是好的。但說中美關係已進入『成熟階段』，這種判斷不準確。中美關係的主要障礙還是臺灣問題。希望雷根總統和美國政府認真考慮中國人民的感情，不要做使蔣經國翹尾巴的事情。」、「如果美國按照杜勒斯的政策對待臺灣，不知哪一天，臺灣又成為爆炸性問題。」、「美國應從『四個航空母艦』的政策中走出來，否則將同世界上十幾億人結成疙瘩。」五月二十三日上午，鄧小平會見斯里蘭卡總統時談到中美關係，也許是有感於同雷根的會見，更有中美自恢復正常關係以來的坎坎坷坷曲曲折折，鄧小平說：「同美國人的事不大好辦。美國有『三個政府』，一個政府叫總統，法院是另一個政府，議會也是個政府，打交道可麻煩了。從一九七二年起，我們同美國的關係逐步開始發展，儘管有曲折，總的還是發展了。有發展並不意味著對美國的霸權主義不反對，不批評。我們多次批評美國『四個航空母艦』政策。臺灣問題是中美間最大的疙瘩，可能今後還是這個問題，如果處理不好，帶來某種衝突都有可能。」

一九八四年五月二十一日上午，鄧小平會見李政道夫婦。李政道反映要快點確定正負電子對撞擊工程建設時，鄧小平表態：「要解決具體問題，不要拖，拖是最大的官僚主義，財政撥款找萬里。」當李政道建議在中國國內培養博士後並建立博士後流動站時，鄧小平說：「博士後，對我來說是新事物，新名詞，我第一次聽到。」一九八五年七月，中國開始實行博士後制度。一九八四年五月二十五日上午，鄧小平會見出席六屆人大與政協的港澳地區人大代表和政協委員。針對五月二日香港《明報》報道中央一位負責人對記者表示，一九九七年後中國不會在香港駐軍一事，鄧小平說：「趁這個機會，我要對記者們說幾句話。關於『將來不在香港駐軍』的講話，不是中央的意見。既然香港是中國的領土，為什麼不能駐軍！『沒有駐軍這個權力，還叫什麼中國領土！』」

五月二十九日上午，鄧小平會見巴西總統若昂·菲格雷多。鄧小平說：「我們很注意學習你們的經驗，也注意你們的教訓。你們的經驗就是我們所說的開放政策，發展速度快。不到十年時間發展到現在這個程度，不容易。你們的教訓是債務太多。據說你們在解決這個問題上有能力，我們很高興，我們接受你們發展快的經驗，但也避免債務過多的教訓。」

七月十一日，鄧小平前往葉劍英住地看望。八月十六日上午，鄧小平會見丁肇中教授，並就丁肇中提出想讓他的父親臺灣大學教授丁觀海回大陸參加國慶一事，表示歡迎。鄧小平還在十月四日上午，會見丁家父子並設午宴招待之。

十月一日上午，國慶三十五周年，鄧小平出席閱兵式、檢閱部隊並在天安門城樓發表講話。十月二日上午，鄧小平會見參加國慶活動的楊振寧、李政道、丁肇中、吳健雄等六十名外籍華人科學家，鄧小平說：「好多年沒有舉行慶祝儀式了。舉行慶祝儀式有點作用，就是教育人民，是一種鼓舞的作用。可以說是對十一屆三中全會這五年來我們的指導思想和實際政策的一種檢閱，對人民解放軍的檢閱也是一部分，開拓新的局面，鼓舞士氣。今天同你們見面，是對你們付出的知識和勞動表示感謝。」、「我在昨天講話中特別講了知識分子問題，在一些老幹部思想中還沒有完全解決這個問題。中國知識分子問題是一個特殊的問題，所以要專門講。」、「儘管一九四九年到『文化大革命』中間犯了一些錯誤，如反右擴大化、『大躍進』、人民公社，特別是『文化大革命』，但不管怎麼樣，中國人在世界上不再是二等公民了。中國人有十億在大陸這邊。臺灣有些人想用三民主義統一中國，這太不可能，太不現實，也太不謙虛了。」十月三日上午，鄧小平會見港澳同胞觀禮團，八十歲的鄧小平說：「你們這麼多人回來觀禮，我非常高興，我看香港一定有希望」，「就我個人來說，我願意活到一九九七年，親眼看到中國對香港恢復行使主權。」十月八日，胡耀邦在政治局擴大會議上傳達鄧小平對中央《關於經濟體制改革問題的決定》第七稿的意見：「文件看過了，寫得很好，政治局會議我就不參加了。」

一九八四年十一月一日上午，鄧小平出席中央軍委座談會並講話：「大家都很贊成減少三百萬這個方案，減到三百萬，一是必要，二是沒有風險。我希望用兩年、三年的時間實現這個決策。」十一月九日上午，鄧小平會見義大利共產黨人時說：「經濟發展起來後，當一部分很富的時候，國家有能力採取調節分配的措施。目前，有的雇工達二十多人，有些同志就著急了。我說，不要關掉，這只是個別現象，不必改變現行的政策，過幾年再說。」

一九八四年十二月六日，《鄧小平文集》英文版由英國培格曼出版公司出版並向世界各國發行。這本書是作為該公司組織編輯的世界領導叢書出版的。文集收入鄧小平從一九五六年至一九八四年二十多年間的九篇論著。一九八七年十一月二十五日，該書出版第二版，增收了三篇文章和九幅照片。一九八五年八月二日下午，鄧小平會見該公司總經理、《鏡報》集團董事長羅伯特・馬克斯韋爾一行。

一九八四年十二月十日，鄧小平同意總參《關於改革大軍區體制的設想》的報告。十二月十九日下午，鄧小平出席中英兩國政府《關於香港問題的聯合聲明》簽字儀式，並會見英國首相柴契爾夫人。鄧小平說：「請柴契爾夫人在過幾天見到美國總統雷根時介紹一下中英兩國合作解決香港問題的情況，並祝賀雷根先生連任總統。」、「雷根總統認為『一個國家，兩種制度』的方式是可取的話，美國在臺灣問題上是可以做很多事情的，特別是雷根總統本人。」簽字儀式結束後，鄧小平再次對香港記者說：「如果一九九七年身體還行，一定會去香港看看。」十二月二十日上午，鄧小平會見包玉剛，對包玉剛提出的寧波北侖港建設和籌辦寧波大學表示支持。

讀鄧系列，到此告一段落。此後的鄧小平，公眾大多已比較熟悉，勿庸我在這裡再更多贅語饒舌。

特摘錄一簡略大事記，掛一漏萬，聊以備忘這位小個子歷史偉人的輝煌餘生：

一九八五年一月二日晚，鄧小平在住地同胡耀邦談話。

一九八五年一月三十一日至二月二十七日，鄧小平前往蘇、滬、粵等地視察。二月一日上午抵達南京，二月二日上午遊覽玄武湖，參觀南京長江大橋；二月三日上午，遊覽靈穀寺，參觀中山陵、中山植物園、紫金山天文臺，聽取張鈺哲彙報。

一九八五年三月九日，鄧小平簽署中央軍委任免命令，三總部以及國防科工委等領導班子調整。

一九八五年六月五日，鄧小平分別就蘭州、成都、廣州、南京、濟南、瀋陽、北京軍區領導班子調整問題，簽署中央軍委命令。

一九八六年十二月三十日，同胡耀邦、趙紫陽、萬里、胡啟立、李鵬、何東昌談話。鄧小平說，「學生鬧事，大事出不了，但從問題的性質來看，是一個很重大的事件。」

一九八七年一月二日晚，鄧小平在人民大會堂參加橋牌冠軍賽。一月四日上午，鄧小平出席政治局常委會。一月七日下午，鄧小平出席黃克誠追悼會。一月十日，鄧小平審閱全國人大有關加強法制教育宣傳維護安定團結的決定（草案）後，作出批示：「同意，紫陽同志處理。」

一九八七年一月十三日上午，鄧小平會見日本自民黨幹事長竹下登。

一九八七年一月十三日下午，鄧小平在住地同楊尚昆等談胡耀邦的失誤，提出「軟處理」，大家表示同意。一月十六日上午，鄧小平主持政治局擴大會議，胡耀邦辭去總書記，趙紫陽代理總書記，胡耀邦保留政治局常委職務。二月四日上午，鄧小平在住地同楊尚昆、薄一波、姚依林、王震、宋任窮、伍修權、高揚談十三大人事工作。二月六日上午，鄧小平在住地同志趙紫陽、楊尚昆、萬里、薄一波等談十三大籌備和十三大報告起草問題。七月三十日，深夜，鄧小平乘專列離開北戴河，次日晨回京。七月三十一日，深夜，鄧小平乘專列離開北京，次日晨抵達北戴河。八月二十八日，深夜，鄧小平乘專列離開北戴河，次日晨到北京。十月二十五日上午，鄧小平出席十三大。十一月二日下午，十三屆一中全會召開。十一月七日，鄧小平在住地與李鵬談話。

一九九三年十一月十一日，鄧小平同身邊人員談西雅圖會議和香港問題。鄧小平表示：處理國際問題要非常冷靜。我最近處理問題有點急，這是老年人心態，今後不宜再過問政治問題。這一年，鄧小平八十九歲。此前一年，也就是一九九二年，八十八歲的鄧小平南巡談話，他稱之為是自己的政治交代。

一九九七年二月十九日，鄧小平在北京逝世，享年九十三歲。

後記

似乎沒有更多的話要說。

我不諱言，對鄧小平這個政治人物有著複雜的情感。據說，是在文革期間，幾乎中國的每一個角落都知道打倒鄧小平了，當時稱之謂「劉鄧陶」，還有我們小小縣城的一些所謂「段派」的人物，如段永鑒、段發展等，批鬥他們的大會、遊行，甚囂塵上，驚心動魄。最為令人驚駭的宣傳批鬥機器不是報紙，更不是電視，那個年代，在偏遠農村，怎麼可能看到電視？也不是廣播，而是解放牌汽車上的高音喇叭。那種斬釘截鐵的聲音，那種泰山壓頂的氣勢，那種橫掃千軍如捲席的沖天豪情，那種打倒一切害人蟲的暢快淋漓，至今想來，還是令人震顫。但就是在這樣的狂熱氛圍中，媽媽居然默默思量，設若鄧小平和段發展如果無處躲藏，我們可以掩護他們！初中畢業了，要去幾十里外的這座曾喚作昆陽的縣城讀高中，媽媽才說起當年曾有這樣的想法。我當時感受到的不是自己母親的幼稚天真，而是深深為母親的不趨炎附勢隨波逐流而有勇氣表達自己的政治傾向樸素愛憎所折服！實際上，我到縣城讀高中的時候，要想見到當時的老校長段發展，也並不是一件很容易的事情。但是我的母親，為何會對她眼中的所謂大人物哪怕做了一點點好事，就會如此感恩戴德念念不忘呢？也許許多人很難理解鄧小平做出決策恢復高考「不要群眾推薦」這看似極為簡短平常的話，卻使多少在中國底層當時正處於無望中的蒼生重燃生活的信心猶如久旱而逢甘霖啊！

卡麥隆正在中國訪問，而一些媒體對卡麥隆表現出令人驚訝的膚淺與輕慢，連起碼的禮儀都不講了，這倒讓我想起深秋時節的英倫之行來。穿行在英國的鄉村之間，諸多人物浮現腦際。與人閒談間，說到鄧小平說「我是中國人民的兒子」還是出自為英國一家出版機構熱心要為他出版圖書所作的序言。而一個英國記者撰文稱中國遼寧編撰小學英文教材，把倫敦附近描寫成狄更斯筆下的《孤雛淚》中那樣「水深火熱」，此事引起鄧小平的關注，鄧小平批示責問，大意是說，為何會這樣無知？請教育部查一查，及時改正。這樣的夜郎自大，即使在如今，也不見得就已經沒有吧？同行者說，鄧小平還曾有這樣的批示？把這些東西寫出來，一定會很有意思啊！受大家的慫恿，我就這樣拿了雞毛作為令箭了！

我無力為鄧小平做一完整的傳記，我能夠做的僅僅是根據鄧小平擔任黨的總書記之後截取他從一九五七年五十三歲到一九八四年他整整八十歲的若干片段，寫他大致三十年的從政生涯，當然其間有十年基本上是空白，文革前大致十年左右，文革末期四年左右，文革結束後大致八年時間。而每篇文字，大致以一年為限，有長有短，有些年份，如一九七四年、一九七五年、一九八〇年，內容豐富，就多寫一些。僅一九七五年，因是鄧小平政治生涯中頗為獨特的一年，就寫了四篇。但所有時間、談話內容，均依據中央文獻出版社出版的《鄧小平年譜》。而鄧小平的這一《年譜》，我相信，隨著研究的深入，一定會有某種程度上的不斷修訂。但目前，這算是國內最為權威的一種依據了。

這樣寫鄧小平，給我啟發的是傅高義先生，還有臺灣的鍾延麟先生。雖然，我並不能完全同意他們的一些解讀。知我罪我，其惟春秋。我自認為做了一件有意義的事情，並不完全是為了二〇一四年鄧小平的一百一十年誕辰。

懇請各位方家不吝賜教。

二〇一三年葵巳年冬日霧霾中於白下

Do人物70 PC0643

瞧，這個小個子：

年譜中的鄧小平

作　　者／雷　雨
責任編輯／洪仕翰
圖文排版／周好靜
封面設計／蔡瑋筠

出版策劃／獨立作家
發 行 人／宋政坤
法律顧問／毛國樑　律師
製作發行／秀威資訊科技股份有限公司
地址：114 台北市內湖區瑞光路76巷65號1樓
電話：+886-2-2796-3638　傳真：+886-2-2796-1377
服務信箱：service@showwe.com.tw
展售門市／國家書店【松江門市】
地址：104 台北市中山區松江路209號1樓
電話：+886-2-2518-0207　傳真：+886-2-2518-0778
網路訂購／秀威網路書店：https://store.showwe.tw
國家網路書店：https://www.govbooks.com.tw

出版日期／2017年1月　BOD一版　**定價**／340元

獨立作家
Independent Author

寫自己的故事，唱自己的歌

瞧,這個小個子：年譜中的鄧小平 / 雷雨著. --
一版. -- 臺北市：獨立作家, 2017.01
面；　公分. -- (Do人物；70)
BOD版
ISBN 978-986-93886-3-4(平裝)

1. 鄧小平　2. 政治思想　3. 中國史

628.76　　105021240

國家圖書館出版品預行編目

讀者回函卡

感謝您購買本書，為提升服務品質，請填妥以下資料，將讀者回函卡直接寄回或傳真本公司，收到您的寶貴意見後，我們會收藏記錄及檢討，謝謝！

如您需要了解本公司最新出版書目、購書優惠或企劃活動，歡迎您上網查詢或下載相關資料：http:// www.showwe.com.tw

您購買的書名：________________

出生日期：______年______月______日

學歷：□高中（含）以下　□大專　□研究所（含）以上

職業：□製造業　□金融業　□資訊業　□軍警　□傳播業　□自由業

□服務業　□公務員　□教職　□學生　□家管　□其它_____

購書地點：□網路書店　□實體書店　□書展　□郵購　□贈閱　□其他

您從何得知本書的消息？

□網路書店　□實體書店　□網路搜尋　□電子報　□書訊　□雜誌

□傳播媒體　□親友推薦　□網站推薦　□部落格　□其他________

您對本書的評價：（請填代號　1.非常滿意　2.滿意　3.尚可　4.再改進）

封面設計____　版面編排____　內容____　文／譯筆____　價格____

讀完書後您覺得：

□很有收穫　□有收穫　□收穫不多　□沒收穫

對我們的建議：________________

請貼
郵票

11466
台北市內湖區瑞光路 76 巷 65 號 1 樓
獨立作家讀者服務部 收

（請沿線對折寄回，謝謝！）

姓　　名：＿＿＿＿＿＿＿＿　年齡：＿＿＿＿　性別：□女　□男

郵遞區號：□□□□□

地　　址：＿＿＿＿＿＿＿＿＿＿＿＿＿＿＿＿

聯絡電話：(日)＿＿＿＿＿＿＿＿　(夜)＿＿＿＿＿＿＿＿

E-mail：＿＿＿＿＿＿＿＿＿＿＿＿＿＿＿＿